Alquimia
DE LAS HIERBAS

«En este libro tan práctico, Rosalee de la Forêt nos presenta hierbas y especias culinarias que nos resultan muy familiares para que aprendamos a verlas desde otra perspectiva. Con una narrativa personal e íntima nos enseña a adaptar las hierbas a las personas de un modo muy eficaz, en lugar de limitarse a utilizar dichas plantas solo como alternativas a los fármacos. Es posible que las abundantes y deliciosas recetas que contiene este libro te impulsen a cogerlo con actitud de cocinero, pero acabarán convirtiéndote en un herborista, inspirado por el poder de la alquimia de Rosalee».

GUIDO MASÉ, autor de *The Wild Medicine Solution* y *DIY Bitters*

«La alquimia de las hierbas pone a tu alcance el poder de algunas de las medicinas herbales más potentes del planeta, cuya eficacia ha sido probada y experimentada una y otra vez desde hace miles de años. Ahora, al combinar la sabiduría ancestral con los descubrimientos científicos modernos, Rosalee de la Forêt te ayuda a poner en funcionamiento la farmacia de la naturaleza. Si quieres tener más energía, digerir mejor los alimentos, dormir con un sueño más profundo o sufrir menos enfermedades, La alquimia de las hierbas te aportará los conocimientos necesarios para recuperar la salud y sentirte mejor durante más tiempo. Es un libro inspirador y, al mismo tiempo, profundamente práctico que guardarás como un tesoro y tendrás a mano el resto de tu vida».

OCEAN ROBBINS, copresentadora y directora general de The Food Revolution Network

«Resulta raro encontrar una autora capaz de describir ideas complejas de una forma tan clara y habilidosa que cualquiera pueda captar su esencia; Rosalee de la Forêt es una de ellas. En este libro desmenuza las cualidades energéticas y los usos medicinales de las hierbas y les da un formato accesible y coherente. Si alguna vez te has esforzado por adaptar las hierbas a las personas —el auténtico don de un herborista—, Rosalee te ofrece las herramientas necesarias para comprender que las hierbas son capaces de «dar un empujoncito» muy eficaz al cuerpo para devolverle el equilibrio. La alquimia de las hierbas contiene unas descripciones medicinales muy detalladas, recetas apetitosas y una sabiduría de larga tradición, los ingredientes perfectos para un libro de hierbas fantástico que conservarás como un tesoro durante muchos años y al que recurrirás en busca de inspiración una y otra vez».

JULIET BLANKESPOOR, herborista y fundadora del Chestnut School of Herbal Medicine

«Aquí tienes una guía maravillosamente accesible que te permitirá incorporar a tu vida cotidiana todo un botiquín de plantas curativas. La autora, gran amante de las hierbas y de la alegría sencilla que estas aportan a nuestra vida, presenta la información de un modo innovador y fácil de comprender. Las numerosas recetas nos muestran cómo acceder a los dones curativos de las hierbas como comida y han sido creadas para resultar deliciosas y, al mismo tiempo, eficaces. ¡Esta es la auténtica herbología!».

DAVID HOFFMAN, herborista y autor de *Medical Herbalism* y *Holistic Herbal*

«Otro tesoro verde de información sobre hierbas que nos ofrece una herborista en ejercicio. Resulta delicioso contemplar las hierbas que tanto gustan a Rosalee de la Forêt y apreciar el ávido deseo de la autora de que tú también empieces a gozar de la dicha de la medicina herbal».

SUSUN S. WEED, autora de la serie *Wise Woman Herbal*

«Hace ya varios años, cuando conocí a Rosalee de la Forêt, me quedé impresionado por su sabiduría, su pasión por la medicina herbal y su capacidad para comunicar con gran claridad todos sus conocimientos. Ahora compruebo que es también una escritora muy buena y estoy disfrutando mucho con su primer libro. La alquimia de las hierbas es una maravillosa introducción a 29 hierbas y especias comunes en la que la autora nos enseña a utilizar estas plantas de un modo seguro y eficaz para cuidar nuestra salud en casa, nos muestra cómo podemos preparar nuestras propias medicinas y nos ofrece unas recetas muy sabrosas para incorporarlas a nuestra dieta».

DAVID WINSTON, herborista clínico, etnobotánico y autor de *Adaptogens: Herbs for Strength, Stamina, and Stress Relief*

«Muchísimos de los libros dirigidos a los que empiezan a explorar el mundo de las plantas medicinales ofrecen solo consejos muy básicos —toma esta hierba para tratar este problema—, convencidos de que la base de la herbología resulta "demasiado complicada" para que los principiantes puedan captarla. En este, en cambio, Rosalee de la Forêt nos demuestra, con un lenguaje llano, que la forma en la que los herboristas eligen las hierbas apropiadas para los desequilibrios concretos de cada persona no se basa en ningún poder mágico ni en ninguna habilidad al alcance solo de los que pueden dedicar sus vidas al estudio, sino que se asienta más bien en unos patrones basados en el sentido común que cualquiera puede aprender a reconocer si se le da un modelo para hacerlo. Y el que esto se haga utilizando hierbas y especias conocidas y al alcance de todos nosotros es un plus valiosísimo. Un libro apropiado para todo el mundo».

JIM MCDONALD, herborista y fundador de herbcraft.org

«La medicina herbal nos ofrece muchísimas cosas. Sin embargo, muchas veces no sabemos por dónde empezar a aplicarla. ¿Cómo podemos saber qué hierbas son apropiadas para cada persona y diferenciar la realidad de la ficción? Rosalee de la Forêt nos presenta un método excelente para introducirnos en el rico mundo de las hierbas. Como educadora y terapeuta experimentada une la tradición con la experiencia y la ciencia, nos presenta un enfoque holístico de cada planta y, al mismo tiempo, nos proporciona unos consejos específicos y prácticos que nos permiten incorporarlas a nuestro hogar y a nuestra vida. La alquimia de las hierbas es un tesoro para la biblioteca de todos los que se interesan por la salud».

RENEE DAVIS, fundadora de Goldroot Botanical Medicine

«Existen muchos libros que muestran a los lectores las hierbas y sus propiedades, pero lo que hace Rosalee de la Forêt es introducir con gran habilidad a las personas en la herbología, ese arte lleno de matices que consiste en conjuntar las plantas con las personas. Toma las tradiciones energéticas y las introduce en un contexto moderno, directamente en nuestra cocina, y nos ofrece un sistema sencillo y elegante de mirar más allá de los síntomas y las curas genéricas para llegar al corazón de la auténtica curación herbal».

LARKEN BUNCE, herborista clínica y codirectora del Vermont Center for Integrative Herbalism

«¡La alquimia de las hierbas es un libro de lectura obligatoria para cualquier herborista, ya sea novato o experimentado! Es tanto una guía de referencia como un libro de recetas y un tratado herbal, pero constituye, en conjunto, un libro al que recurrirán una y otra vez todos los herboristas. Rosalee de la Forêt tiene una gran facilidad para enseñar a otras personas cuál es la mejor forma de utilizar las hierbas adaptándolas a las personas. Este libro es la mejor guía que existe en este tema y da a todo el mundo la confianza suficiente para utilizar las plantas y sacar de ellas todo su potencial. Todos los capítulos enganchan y transmiten información herbal a través de anécdotas, estudios científicos y usos tradicionales, todo ello mezclado con una gran diversidad de recetas únicas y atractivas y unas fotografías maravillosas. Es un libro que tendrás siempre a mano en tu mesa de trabajo, en la mesilla y en la encimera de la cocina, todo a la vez».

KRISTINE BROWN, herborista y autora e ilustradora de *Herbal Roots Zine*

«La alquimia de las hierbas es *una maravilla para los sentidos. Nos ofrece las medicinas de la forma más deliciosa y apetecible posible: como medicinas culinarias. Aléjate de los fármacos embotellados y encapsulados y experimenta toda la riqueza que nos ofrecen las hierbas como medicinas y también como compañeras en una vida rica en plantas*».

BEVIN CLARE, catedrática adjunta de Salud Integrativa en la Universidad de Maryland y presidenta de la American Herbalist Guild

«*Como herborista francés siento una afinidad particular por aquellas hierbas que son al mismo tiempo culinarias y medicinales. En el sur de Francia, donde vivo, tenemos una larga tradición de alimentos curativos, sobre todo gracias a la incorporación de hierbas aromáticas a nuestras comidas cotidianas. La* alquimia de las hierbas *es lo que llevo años esperando. Rosalee de la Forêt nos transmite un mensaje muy importante: cuidar de nuestra salud no significa necesariamente tomar unas pócimas repugnantes. Este libro aúna unas imágenes muy bonitas con recetas deliciosas y las recomendaciones de salud de una sanadora experta. En resumidas cuentas: es una invitación a cocinar para disfrutar de una vida larga y sana*».

CHRISTOPHE BERNARD, fundador de AltheaProvence.com

«*Informativo, conciso, documentado y generoso... el planteamiento elegante de Rosalee de la Forêt y su experiencia personal con las hierbas se translucen en unas recetas muy hermosas que combinan de un modo muy elocuente la comida y la medicina herbal. Ten siempre este libro en la balda de la cocina... ¡lo consultarás una y otra vez siempre que necesites curación e inspiración!*».

JOHN SLATTERY, autor de *Southwest Foraging*

«*En este libro inspirador y práctico, Rosalee de la Forêt te ofrece todo lo necesario para que despiertes tus sentidos y puedas elegir las hierbas más apropiadas para tus necesidades. ¿Y qué mejor manera de experimentar los beneficios y los placeres de las hierbas y especias que en la cocina? Tanto si eres un recién llegado al mundillo de las hierbas como si llevas años utilizándolas, te entusiasmarán estas recetas tan atractivas de bebidas deliciosas, comidas cotidianas y remedios sencillos*».

EMILY HAN, autora de *Wild Drinks & Cocktails: Handcrafted Squashes, Shrubs, Switchels, Tonics and Infusions to Mix at Home*

«*En* La alquimia de las hierbas, *la autora Rosalee de la Forêt comparte alegremente con nosotros su profundo conocimiento de las hierbas para inspirarnos y darnos la posibilidad de transformar nuestra cocina en una botica natural de la que salen comidas deliciosas y curativas y remedios herbales. Leche Dorada, Cordial de Espino Albar y Dukkah de Hojas de Ortiga son solo una muestra de las muchas recetas sabrosas y curativas que nos ofrece. Nos desvela el mundo hechicero y sin embargo accesible de la herbología y ha conseguido que me enamorara perdidamente del reino vegetal... ¡y lo mismo te va a pasar a ti!*».

DINA FALCONI, herborista y autora de *Foraging & Festing: A Field Guide and Wild Food Cookbook*

«*En su libro, maravillosamente escrito,* La alquimia de las hierbas, *Rosalee de la Forêt anima al lector a liberarse de la locura del Síndrome de la Solución Única eligiendo fórmulas herbales personalizadas basadas en lo que nuestros propios sentidos nos dicen que necesita nuestro cuerpo. ¿Y qué mejor escenario para utilizar nuestros sentidos y adivinar este conocimiento que una cocina llena de hierbas y especias sabrosas y aromáticas? El autoempoderamiento empieza en la cocina porque Rosalee nos tienta con docenas de recetas exquisitas y nos anima a "seguir adelante con el esquema mental de un explorador". Las personas que acaban de conocer la curación a base de plantas y también los herboristas experimentados descubrirán que este libro tan exquisitamente ilustrado ejemplifica el alma de la curación herbal a través de una comida deliciosa que es, al mismo tiempo, una medicina muy eficaz*».

JEFF CARPENTER, autor de *The Organic Medicinal Herb Farmer: Ultimate Guide to Producing High-Quality Herbs on a Market Scale*

«Rosalee de la Forêt ha hecho una labor maravillosa fundiendo los usos culinarios y medicinales de las hierbas de un modo tal que cualquiera puede incorporarlas a su vida cotidiana. Las recetas de La alquimia de las hierbas son, además de muy apetitosas, tan sencillas que están al alcance de cualquier cocinero o herborista novato. Es el libro perfecto para todos aquellos que quieran ponerle un poco de pimienta a su vida y mejorar su salud».

NATALIE VICKERY, herborista y fundadora de TheFamilyHerbalist.com

«Rosalee de la Forêt ha desmenuzado algunas de las partes más complejas de la medicina herbal y las ha convertido en algo claro y directo. Es un enfoque muy práctico que respeta, sin embargo, el arte y la belleza. Este libro se va a convertir en un clásico».

TRACI PICARD, herborista y fundadora de FellowWorkersFarm.com

«Es emocionante observar cómo cada vez son más las personas capaces de cuidar mejor de sí mismos y de sus familias utilizando hierbas y especias. Rosalee de la Forêt nos muestra conceptos como la energética y el sabor de una forma muy sencilla de entender y nos enseña a encontrar las hierbas más apropiadas para cada individuo. Estoy segura de que este libro será de gran valor para todos aquellos que deseen dar el salto que les llevará a sentirse cómodos y confiados incluyendo las hierbas en su vida. ¡Todo el mundo va a aprender algo nuevo!».

TINA SAMS, editora de *Essential Herbal Magazine* y autora de *Healing Herbs*

«Recomiendo de corazón la maravillosa recopilación de historias personales, recetas e información herbal que nos ofrece la encantadora Rosalee de la Forêt, persona de gran talento y experiencia en el mundo de las hierbas. Leerla es como estar trabajando a su lado en la cocina. Es un libro único porque explica tanto la composición química como la energética de las hierbas medicinales y, al mismo tiempo, nos muestra la forma de utilizarlas de un modo muy fácil y atractivo».

HOLLY BELLEBUONO, autora de *The Healing Kitchen* y *The Essential Herbal for Natural Health*

«El libro de Rosalee de la Forêt es una introducción excelente a la energética y la ciencia de nuestras hierbas culinarias y medicinales más comunes, lo que proporciona al lector una base sólida sobre la que aumentar su aprendizaje e investigación».

TODD CALDECOTT, terapeuta ayurvédico, herborista médico y autor de *Food as Medicine*

Alquimia
DE LAS HIERBAS

Alquimia
DE LAS HIERBAS

CÓMO TRANSFORMAR
EN REMEDIOS
Y PLATOS CURATIVOS
LOS INGREDIENTES
CON LOS QUE COCINAS
A DIARIO

ROSALEE
DE LA FORÊT

PRÓLOGO
DE ROSEMARY
GLADSTAR

Gaia
ediciones

Título original: *The Alchemy of Herbs*

Traducción: Blanca González Villegas

© 2017, Rosalee de la Foret
Publicado originalmente por Hay House Inc.
Sintoniza www.hayhouseradio.com

Publicado por acuerdo con Hay House UK Ltd., Astley House, 33 Notting Hill Gate, Londres W11 3JQ, Reino Unido.

De la presente edición en castellano:
© Gaia Ediciones, 2017
  Alquimia, 6 - 28933 Móstoles (Madrid) - España
  Tels.: 91 614 53 46 - 91 614 58 49
  www.alfaomega.es - E-mail: alfaomega@alfaomega.es

Primera edición: septiembre de 2018

Depósito legal: M. 8.267-2018
I.S.B.N.: 978-84-8445-733-6

Impreso en China

Para mi marido, Xavier, por ser mi fuente inagotable de amor e inspiración.

ÍNDICE

SALADAS

ÁCIDAS

AMARGAS

DULCES

PRÓLOGO

En los más de cuarenta años que llevo ejerciendo como herborista, una de las mayores alegrías que he recibido ha sido observar cómo la herbología resurgía del «inframundo». El interés por esta disciplina —el arte y la ciencia de curar con plantas— ha crecido a pasos agigantados, sobre todo en las últimas décadas. Este sistema legítimo de curación había quedado marginado y enterrado a grandes profundidades por el advenimiento de la medicina farmacológica moderna y la «era de las sustancias químicas». Sin embargo, ha conseguido salir de la oscuridad relativa en la que estaba sumido y ahora florece para ocupar el lugar de honor que le corresponde entre otras profesiones vinculadas al cuidado de la salud.

Las hierbas nos ofrecen muchísimas cosas, no solo en el ámbito sanitario sino también como forma de vida. Nos proporcionan belleza, equilibrio y cordura en un mundo que a menudo nos da la sensación de andar desencaminado. Imagina un mundo sin hierbas... ¡es imposible! Si no existieran las plantas, la vida tal y como la conocemos tampoco existiría. ¡Para respirar, para vivir y para *ser* necesitamos esta masa de materia verde rica en clorofila, repleta de nutrientes y que absorbe dióxido de carbono!

Al igual que las plantas tenaces en las que se basa este sistema de curación, la herbología ha vuelto a enraizarse en lo más profundo de la conciencia de nuestras comunidades... ¡afortunadamente! Sin embargo, este interés renovado trae consigo unas cuantas preguntas y un cierto grado de confusión. Es necesario revisar la información de que disponemos sobre la seguridad de las plantas, la forma de utilizarlas, qué especies emplear, cómo prepararlas y qué cantidad tomar. En último término, lo que en realidad quiere saber cada persona es qué hierba es la mejor para *ella*.

Durante los miles de años que lleva la humanidad utilizando las hierbas, en todo el mundo se han desarrollado sistemas que ayudan a explicar cómo, cuándo y por qué deben usarse determinadas plantas. Los mejores de estos sistemas o tradiciones se han conservado y transmitido de generación en generación. En India, la medicina ayurvédica, conocida como la Ciencia de la Vida, es un compendio de más de cinco mil años sobre el uso de las plantas para mejorar la salud y curar. De igual forma, durante varios miles de años evolucionó en China un sistema de sanación muy sofisticado que se conoce como Medicina Tradicional China. En América del Norte, Central y del Sur, las culturas indígenas que prosperaron en este continente tan rico en plantas desarrollaron muchos sistemas diferentes de curación herbal. A lo largo y ancho del mundo, en lugares tan diversos como África, Europa occidental y oriental y el Mediterráneo, han evolucionado tradiciones herbales transmitidas de generación en generación durante siglos.

No es raro que la herbología llegue a resultar abrumadora, confusa y en ocasiones incluso contradictoria... Así que ¿cómo podemos acercarnos a este multifacético sistema (o sistemas) de salud y curación ancestral complejo y a menudo poco claro para llegar a entenderlo?

¡Pues para eso está Rosalee! Con su forma de enseñar, maravillosamente sencilla y al mismo tiempo muy profunda, capta la esencia de algunas de estas grandes tradiciones herbales, nos las traduce y las hace accesibles para que cualquiera pueda entenderlas sin necesidad de dedicarles años de estudio. El núcleo de sus enseñanzas es el arte de asociar unas hierbas determinadas con un individuo según el tipo de constitución que este tenga; dicho de otra forma, se trata de vincular las hierbas con las personas y no con las enfermedades. Este concepto, que a menudo resulta complicado y difícil de entender, nos lo presenta Rosalee de un modo fácil y le da el nombre de «la fórmula de óptimo rendimiento».

Rosalee es una maestra a la hora de enseñar la «energética» herbal, gracias a lo cual nos permite captar lo que hacen las plantas, cómo actúan en nuestro organismo y de qué manera nos afectan como individuos. En *La alquimia de las hierbas* no aprendemos estos conceptos estudiando la composición química ni los componentes complejos de las especies, sino experimentando realmente cómo estas actúan a través de nuestros sentidos, sobre todo a través del gusto. Solo Rosalee es capaz de enseñar o escribir acerca de estos conceptos con tanta sencillez y claridad pero sin sacrificar su complejidad.

La autora nos recuerda también que no existe una «Solución Única» para nuestra salud personal. Este es uno de los principales problemas de la medicina moderna, y también de la herbología actual; nos han enseñado que existe una forma de ver la salud basada en el «santo remedio», una solución capaz de funcionar para todo el mundo. El enfoque de Rosalee, por el contrario, es diferente... y todo menos dogmático. No tiene ningún reglamento con obligaciones y prohibiciones. Ella más bien nos guía en un «viaje de descubrimiento y consciencia» en el que nuestras observaciones y experiencias personales tienen una importancia suprema a la hora de descubrir lo que mejor nos funciona a cada uno como individuo. Nos recuerda que somos nuestro mejor aliado para conseguir el máximo beneficio de las hierbas, y, por encima de todo, a lo largo de este periplo nos incita a desarrollar una profunda relación personal con las plantas con las que trabajamos, lo que precisamente constituye el alma y el núcleo de la herbología.

En *La alquimia de las hierbas*, Rosalee no se limita a darnos una serie de datos para que reflexionemos sobre ellos; en lugar de eso, nos inspira para que utilicemos las hierbas en nuestra vida diaria. Desprende alegría y convierte el aprendizaje en algo divertido y práctico, sobre todo porque traslada la herbología a la cocina y nos invita a jugar con ella mientras cuece, mezcla y combina. Sus recetas son fabulosas; tanto, que algunas están ya en vías de convertirse en clásicas. Rosalee demuestra el viejo proverbio de que la salud empieza en la cocina y de que la comida es nuestra mejor medicina.

En mi opinión, los grandes maestros y los grandes libros sobre hierbas son aquellos que nos animan a pensar por nuestra cuenta y nos empoderan para hacerlo. Esto es precisamente lo que consigue Rosalee a través de todas sus enseñanzas y sus escritos. En *La alquimia de las hierbas* da en el blanco y nos ofrece una joya para que la apreciemos como el gran tesoro que es.

Rosemary Gladstar,
herborista, escritora y fundadora del Sage Mountain
Herbal Retreat Center and Botanical Sanctuary

INTRODUCCIÓN

Hace ya más de dos mil años, la escuela de medicina hipocrática proclamaba un gran precepto: «Que el alimento sea tu medicina». En la actualidad, este sabio consejo sigue estando plenamente vigente. Por suerte, cada vez son más las personas que adoptan la máxima de convertir el alimento en medicina y que consumen productos locales, ecológicos y ricos en nutrientes. Desde 1994 se ha cuadruplicado el número de mercados agrícolas en el mundo occidental, lo que significa que el número de personas que consumen alimentos enteros y cultivados en su zona está creciendo[1]. Sin embargo, aunque es cierto que los alimentos nutritivos cada vez son más valorados, yo sigo echando de menos en nuestras mesas un ingrediente fundamental: ¡las hierbas y las especias!

Las hierbas y las especias pueden transformar una comida insulsa en una experiencia sibarítica y deliciosa. Sin embargo, la profundidad de sabor de una comida bien especiada consigue unos efectos que van mucho más allá de la estimulación de nuestras papilas gustativas. Como comprobarás en este libro, las hierbas y las especias pueden revolucionar drásticamente nuestra salud. Mejoran nuestro estado de ánimo, reducen el estrés oxidativo, se aseguran de que digiramos y absorbamos los nutrientes de los alimentos saludables que ingerimos y previenen muchas enfermedades crónicas.

He basado todo este libro en una premisa muy sencilla: eres un ser único. En esta era de la información no hacemos más que encontrar «expertos» que nos dicen qué alimentos debemos consumir, cuáles debemos evitar, qué fármacos milagrosos pueden enmascarar nuestros síntomas y qué hierbas deberíamos tomar todos y cada uno de nosotros. Sin embargo, lo cierto es que, cuando se trata de determinar qué le va bien a tu cuerpo, tú eres el mejor experto porque tu cuerpo es único. Por eso, en lugar de promulgar el nuevo superalimento milagroso, voy a enseñarte a elegir personalmente las hierbas que mejor se adaptan a tus necesidades y a tu situación teniendo en cuenta tus cualidades especiales.

Aunque este libro trata de hierbas, especias y alimentos, te aseguro que lo que propongo no es en absoluto una dieta. No tienes que convertirte en vegano ni en vegetariano, ni empezar a tomar carne si es que no lo haces ya. No tienes que pluriemplearte para poder costear los ingredientes que te voy a mostrar ni viajar a lugares exóticos para encontrar estas hierbas curativas. Este libro te enseña a utilizar el poder de las hierbas y especias en tu vida cotidiana mediante una serie de recetas prácticas y fáciles: bebidas y remedios herbales sencillos y también desayunos, comidas, cenas e incluso postres. Después de ayudarte a desarrollar algunas habilidades simples de observación, te animaré a emprender una divertida aventura de descubrimiento personal y herbal que te empoderará y transformará tu salud de por vida.

NUESTRA SITUACIÓN ACTUAL: EL SÍNDROME DE LA SOLUCIÓN ÚNICA

Todo lo que tiene que ver con la salud hoy en día sufre de lo que yo denomino el Síndrome de la Solución Única. Es la creencia falsa de que existe una *solución* para todo el mundo: una medicina para una enfermedad, una sola forma correcta de comer y un único conjunto de prácticas para mantenerse sano. Otra creencia muy común es que nuestra medicina occidental es el pináculo infalible de la medicina y que las terapias tradicionales o naturales están desfasadas. Estas dos ideas explican el hecho de que para la atención sanitaria actual resulte más importante suprimir los síntomas con fármacos que encontrar la raíz de una enfermedad.

Un buen ejemplo de todo esto es la forma en que la medicina occidental aborda el eccema. En lugar de analizar los factores que pueden estar favoreciéndolo —como el entorno y la dieta—, los médicos suelen recetar esteroides tópicos para aliviar los síntomas. Si bien este enfoque puede resultar temporalmente eficaz, a largo plazo tiene consecuencias negativas graves y no hace nada para combatir la causa subyacente. Los esteroides no «curan» el eccema; sencillamente suprimen los síntomas, pero los problemas que lo provocan siguen existiendo.

Tengo muy claro que la medicina occidental es importante. Es evidente, por ejemplo, que los cirujanos reparan una cantidad asombrosa de traumatismos graves o de dolencias agudas que, de no tratarse, pondrían en peligro la vida del paciente. Si me rompiera un brazo acudiría al hospital, no a mi herbolario local. Sin embargo, me llena de consternación comprobar lo mala que es la salud de muchas personas hoy en día. Más de la mitad de la población sufre algún tipo de enfermedad crónica y un 25 por ciento tiene dos o más [2]. Estados Unidos es el país del mundo que más dinero gasta en atención sanitaria, quizá porque muchas de estas enfermedades crónicas están sencillamente manejadas por una industria farmacéutica que factura miles de millones de dólares [3]. Es evidente que hay algo claramente equivocado en la forma en la que nuestra sociedad gestiona su salud.

Si bien la medicina moderna ha conseguido grandes mejoras en el ámbito de la salud, no ha resuelto muchos de nuestros problemas crónicos. Es posible que mucha gente esté esperando fervientemente la llegada de nuevos avances tecnológicos capaces de salvar a nuestra población enferma, pero yo sé que nunca vamos a poder transformar nuestra salud con una pastilla. En realidad, lo que tenemos que hacer es prestar más atención a nuestro pasado.

LA HISTORIA DE NUESTRA CONEXIÓN CON LAS PLANTAS COMO MEDICINAS

Durante miles de años, mucho antes de que existieran internet e incluso los libros, las plantas eran un medio de curación importantísimo para los habitantes de todo el mundo. El uso de las plantas medicinales, conocido como herbología, tiene tantas tradiciones y teorías como culturas ha habido sobre la faz de la Tierra. Entre las muchas tradiciones que existen, las tres teorías herbales más importantes que se enseñan en el mundo occidental hoy en día son la tradición herbal occidental, el ayurveda y la medicina tradicional china.

Hasta el comienzo del siglo xx, la medicina herbal se practicaba de forma cotidiana. No era solo una medicina popular que utilizaba la gente en su casa sino que existían médicos formados en la universidad —a los que se conocía como médicos eclécticos—, cuyas medicinas principales eran las plantas. Estos médicos eclécticos contaban con universidades por todas partes y escribieron importantes textos basados en su amplia experiencia que se siguen consultando hoy en día. Sin embargo, a principios del siglo xx, la Asociación Médica Americana (AMA) diferenció por su cuenta y riesgo lo que era «ciencia» de lo que era «curanderismo». A partir de ese momento, las hierbas y otras terapias naturales fueron rutinariamente despreciadas en favor de los fármacos químicos y las intervenciones invasivas. La AMA estableció también lo que podía y lo que no podía enseñarse en los temarios de las facultades de Medicina. Como resultado de esta política, las facultades eclécticas empezaron a cerrar.

Con el descubrimiento de los antibióticos en los años treinta, la población empezó a decantarse más por la idea de «vivir mejor gracias a la ciencia» y a utilizar píldoras farmacéuticas en lugar de plantas para tratar sus enfermedades. La gente estaba tan impresionada con los antibióticos y los componentes químicos aislados, como el ácido acetilsalicílico de la aspirina, que la herbología cayó rápidamente en desgracia. En las décadas siguientes consiguió subsistir en reductos aislados, pero ya no era en absoluto una disciplina a la que se recurriera de forma habitual.

Con la llegada del movimiento de regreso a la tierra que se produjo en los años sesenta, las hierbas revivieron. Y aquí es donde podemos observar el comienzo de nuestro actual resurgir. Varias décadas después, las hierbas se han convertido en una industria que genera miles de millones de dólares. Espero que algún día podamos disfrutar de un modelo médico plenamente integrado en el que se dé prioridad a la prevención de las enfermedades mediante un estilo de vida saludable y que, cuando una persona enferme, se analice su dieta y estilo de vida y las hierbas sean consideradas posibles opciones de tratamiento, de tal manera que los fármacos y la cirugía queden como últimos recursos.

Este libro, sin embargo, no pretende solo analizar lo que sucedió a lo largo de la historia ni es el Síndrome de la Solución Única disfrazado de hierbas y suplementos. Trata más bien de hacer que las hierbas resulten realmente importantes para ti en el mundo actual. Quiere invitarte a que te alejes de la locura del Síndrome de la Solución Única para emprender tu propia aventura de descubrimiento personal y averiguar lo que te funciona a ti como individuo. Espero que este nuevo camino esté lleno de momentos de revelación que te aporten beneficios inmediatos y prácticos, tal y como me sucedió a mí.

DESDE MI AVENTURA HERBAL A LA TUYA

La salud natural es un tema que me lleva interesando desde hace mucho tiempo, aunque no siempre me lo tomé en serio. Hubo un tiempo en el que la consideraba una afición divertida que quizá podía resultar útil para males menores. Creía firmemente que la medicina occidental y los médicos eran la solución evidente para los problemas más graves. Sin embargo, cuando tenía veintitrés años me diagnosticaron una rara enfermedad autoinmune. Empecé entonces a buscar respuestas y eso cambió para siempre mi forma de vivir.

El diagnóstico que me dieron fue mi primera experiencia del Síndrome de la Solución Única en la institución médica occidental. Los especialistas me dijeron que mi enfermedad no tenía cura y que el único tratamiento disponible eran grandes dosis de esteroides... que, según admitieron, llegaría un momento en que dejarían de hacer efecto. Me dijeron que solo podía esperar un lento deterioro y una expectativa de vida de menos de veinte años.

Tras el choque inicial que me produjo semejante diagnóstico, emprendí llena de energía la búsqueda de un camino que me recondujera hacia la buena salud. Acudí a terapeutas holísticos —herboristas, acupuntores y naturópatas, entre otros— y observé que su enfoque era muy diferente. Parecían menos preocupados por el diagnóstico que me habían dado los médicos y más interesados en conocerme. Con su ayuda, y mis propias investigaciones, cambié mi dieta, abordé mis deficiencias nutricionales y utilicé muchas fórmulas herbales. Al cabo de seis meses ya no presentaba ningún síntoma y así sigo desde hace más de una década.

Esta experiencia transformadora cambió no solo mi realidad sino también mi forma de vivir. Supe que quería ayudar a gente que estuviera en una situación parecida a la mía y por eso me introduje en el mundo de la herbología. Empecé a estudiar las plantas con la etnobotánica Karen Sherwood. Pasamos mucho tiempo en la naturaleza mientras yo aprendía a incorporar plantas nativas y silvestres a nuestra vida cotidiana a través de la comida y la medicina e incluso como herramientas. Después de aquello, emprendí estudios más específicos y me sumergí en la investigación de la herbología popular, que incluye el uso de plantas como alimento y para tratar dolencias menores.

En el 2005 conocí a John y Kimberly Gallagher y creé con ellos una sociedad que marcó definitivamente mi forma de entender el mundo de las plantas. Al principio me sentí atraída por la forma sencilla con que John y Kimberly enfocaban el aprendizaje, que honraba lo que habían recogido de sus propios maestros: investiga una hierba cada vez y estúdiala a fondo utilizándola a diario en tu vida. Poco después de conocerlos empecé a escribir boletines de recetas para su empresa, LearningHerbs.com, y más tarde entré a formar parte de HerbMentor.com, su comunidad de internet. En la actualidad soy la Directora Educativa de LearningHerbs y me sigue llenando de inspiración la tarea de conseguir que todo el mundo disfrute aprendiendo a conocer y a utilizar las hierbas en su vida cotidiana.

Con el paso del tiempo me di cuenta de que quería continuar con mis estudios, en esta ocasión centrándome en la idea de convertirme en terapeuta herbal clínica. Me gradué en el programa de cuatro años de la East West School of Planetary Herbology, donde estudié con Michael y Lesley Tierra, y luego hice mis estudios profesionales y de asesoramiento con el renombrado herborista y antiguo presidente de la American Herbalists Guild, Karta Purkh Singh Khalsa.

Estos estudios clínicos me introdujeron en un mundo totalmente nuevo de fórmulas herbales personalizadas, y no solo me permitieron crear planes individuales de salud complejos sino además centrarme de verdad en conseguir excelentes resultados utilizando hierbas y otras terapias naturales. Me entusiasmó este nuevo enfoque de la salud y, después de una década trabajando con personas y hierbas, me sigue asombrando lo eficaces que pueden resultar las plantas para tratar enfermedades crónicas. He visto con mis propios ojos que personas destrozadas por una enfermedad inflamatoria intestinal recuperaban su vida, y que otras, abrumadas de dolor a raíz de una artritis reumatoide, conseguían moverse por primera vez en muchos años sin que ello supusiera una tortura. He sido testigo de la eliminación de migrañas de semanas de duración, de cómo algunas personas han podido dejar con éxito la medicación para la diabetes (con la supervisión de su médico) y de la desaparición total de erupciones crónicas como el eccema. En ninguno de estos casos existió una Solución Única (te aseguro que si hubiera una hierba o especia que pudiera curar por sí sola cualquier enfermedad, el libro que estarías leyendo sería muy distinto). Más bien, como te recordaré a menudo a lo largo de esta obra, necesitamos saber *quién* sufre la enfermedad, no solo *qué* enfermedad es.

Como he visto muchas veces lo que las hierbas y las especias son capaces de conseguir, ahora me resulta extraño pensar que alguien pueda recurrir a los fármacos para solucionar sus problemas de salud en lugar de utilizar primero las plantas. Por suerte, cada vez son más los profesionales sanitarios, incluidos médicos, naturópatas y acupuntores, que están empezando a tomar conciencia de los grandes beneficios que ofrecen las hierbas y especias. En un artículo de la revista *Hopkins Medicine* titulado «Toma dos zanahorias y llámame por la mañana», el doctor Gerard Mullin, uno de los principales expertos estadounidenses en la relación que existe entre los alimentos y los trastornos intestinales, ofrece un ejemplo del poder medicinal de los alimentos: «Para las personas que sufren náuseas, dismotilidad u otros problemas gastrointestinales, mi primer remedio es el jengibre. Produce los mismos efectos que el Zofran, uno de nuestros fármacos antieméticos más potentes. De hecho, actúa sobre el mismo receptor cerebral. Sin embargo, muchos médicos no son conscientes de ello»[4].

Las hierbas y las especias pueden producir unos efectos muy importantes en nuestra salud, ya sea facilitando la digestión o modulando la inflamación crónica. Y cuando compruebe que estamos mejor, es posible que el médico nos recomiende modificar nuestro tratamiento o nos permita ir dejando los fármacos. De todas formas, yo no aconsejo abandonar la medicina occidental ni dejar de tomar la medicación prescrita sin que el médico así lo aconseje. Como verás, si bien en algunos casos resulta lógico elegir las hierbas en lugar de los fármacos o utilizarlas como complemento de estos, no van a resultar tan eficaces si estamos atascados en el Síndrome de la Solución Única. Dicho de otra forma, si bien el jengibre es fantástico para combatir las náuseas, no lo es para todas las personas que sufren náuseas.

Es más, aunque conozco la complejidad de las hierbas, creo que la forma más potente de utilizarlas es en la cocina. Es evidente que puedes tomar un puñado de píldoras herbales o unos chorros de tintura (extracto alcohólico de una planta), pero lo cierto es que las hierbas y las especias van a ejercer una influencia mayor y más positiva sobre tu salud si las empleas muy a menudo en tu vida cotidiana.

EN MARCHA:
LOS BENEFICIOS EMPIEZAN EN LA COCINA

Uno de los obstáculos más habituales en el camino hacia la recuperación de la salud es el hecho de que muchas personas dan por supuesto que una vida «sana» es una vida aburrida en la que no tienen cabida sus placeres favoritos. La realidad, sin embargo, es completamente opuesta, sobre todo en lo que respecta a las hierbas y especias. Una amiga me contó hace poco que un día preparó una comida llena de hierbas y especias, y que en cuanto su marido entró en casa empezaron a brotar alabanzas de su boca. Comenzó con «¿qué es ese olor tan delicioso?» y continuó con el disfrute pleno de cada bocado y la petición de que preparara más platos como esos en el futuro.

Eso es exactamente lo que debería ser la transformación de nuestra salud: una sucesión de comidas agradables repletas de nutrientes y antioxidantes que nos hagan sentir estupendamente. Este libro está lleno de recetas que te van a permitir conseguirlo. Aunque mucha gente añade hierbas a la comida, rara vez utilizan una cantidad suficiente para experimentar todo su poder. Con incorporar una pizca de hierba a una comida no vamos a conseguir un plato sabroso ni un gran beneficio para la salud. Sin embargo, cuando disfrutas de los beneficios calmantes de la Infusión Nutritiva de Melisa (página 213), saboreas cada bocado de la sibarítica Tarta de Mousse de Chocolate y Cardamomo (página 263) o animas las comidas con tu propia Mostaza Casera (página 129), descubres que existen muchísimas formas de incorporar fácilmente todos los beneficios de las hierbas y especias a tu dieta, ya seas vegano, vegetariano, paleo, locávoro o cualquier otra cosa.

Esta aventura empieza en la primera parte del libro, en la que desarrollarás tu consciencia y adquirirás la capacidad de elegir las hierbas y especias que mejor se adapten a ti. La segunda parte está dividida en cinco secciones basadas en las clasificaciones del gusto: picante, salado, ácido, amargo y dulce. Cada capítulo de la segunda parte se centra en una hierba o especia diferente e incluye recetas que te ayudarán a experimentarla. Al final del libro encontrarás información muy práctica que incluye un índice temático y un glosario. Y si quieres descubrir todavía más recetas y remedios, «tomas falsas» del libro y otras sorpresas divertidas, visita nuestra página web www.AlchemyOfHerbs.com.

Lo bueno de las hierbas es que resultan divertidas desde el principio. En lugar de aprender memorizando teorías complicadas, lo haremos *haciendo cosas*. Cuando estés leyendo el libro, si encuentras la hierba perfecta para tu problema puedes empezar a utilizarla inmediatamente con una de las recetas sencillas que proponemos en estas páginas. Averigua qué es lo que te funciona y así podrás incorporarlo a tu vida cotidiana y a la de toda tu familia.

El objetivo de este libro es transformar tu relación con las hierbas y las especias. Espero que amplíe tu perspectiva y despierte tu mente y tus sentidos al poderoso efecto de las plantas medicinales para que te sientas inspirado a utilizarlas con abundancia en tu vida cotidiana. De ese modo podrás evitar o incluso empezar a curar algunos de los problemas crónicos que afectan hoy en día a la población. Y, sobre todo, tendrás la capacidad de tomar decisiones empoderadas sobre el cuidado de tu propia salud.

PRIMERA PARTE

TU
INTRODUCCIÓN
A LAS

hierbas y especias

CAPÍTULO 1

Los beneficios de las hierbas y las especias

Cada una de las comidas que hacemos se convierte en una oportunidad para alimentarnos y reforzar nuestra salud. Las hierbas y las especias que añadimos a nuestra dieta encierran grandes beneficios: nos proporcionan nutrientes esenciales, potencian la energía natural, favorecen el envejecimiento saludable, previenen enfermedades, ayudan a reparar procesos vitales y fortalecen las funciones corporales saludables. Es más, cuando se utiliza de manera correcta, esta forma de medicina herbal es totalmente segura... y muchísimo más divertida que meterse en la boca una cápsula herbal o una tintura.

Quizá te estés preguntando cómo es posible que en tu despensa pueda haber algo que influya en tantos aspectos distintos de la salud. En la segunda parte del libro analizaremos lo que nos ofrece cada especie en concreto, pero, antes de entrar en detalle, vamos a examinar en líneas generales el método del que se valen las plantas para proporcionarnos todos estos beneficios.

LAS HIERBAS FORTALECEN LA DIGESTIÓN

Uno de los principios de la herbología es que la mayoría de las enfermedades crónicas comienzan por una mala digestión. Si no eres capaz de transformar los alimentos que ingieres en los nutrientes que tu cuerpo necesita, es imposible que tu salud sea buena. De hecho, muchas de las plantas culinarias habituales se llevan utilizando desde hace miles de años no solo porque están ricas sino también porque favorecen la digestión.

Por desgracia, mucha gente lleva tanto tiempo digiriendo mal los alimentos que ha acabado asumiendo que se trata de algo natural. Como herborista clínica he trabajado con cientos de personas que han acudido a mí aquejadas de diversos problemas relacionados con enfermedades crónicas y he podido observar que muchas de ellas no daban importancia a sus molestias digestivas porque las consideraban «normales». Más tarde, después de haber trabajado con hierbas y especias para fortalecer su digestión, han descubierto que gran parte de sus otros males también habían desaparecido.

Presta atención a los siguientes síntomas, porque son indicios de una mala digestión:

- Hinchazón
- Gases
- Indigestión
- Ardor de estómago
- Estreñimiento
- Náuseas
- Falta de apetito
- Diarreas recurrentes
- Úlceras

LAS HIERBAS SON RICAS EN ANTIOXIDANTES

Las hierbas y las especias son muy ricas en antioxidantes y constituyen, por tanto, una clave importante para limitar el daño que provoca el estrés oxidativo en el organismo, un elemento relacionado con las enfermedades del corazón, los problemas hepáticos, la artritis, el envejecimiento prematuro de la piel y las enfermedades oculares. Se produce cuando el organismo está sobrecargado de radicales libres, que son todos los átomos o moléculas que tienen un electrón desparejado. Cuando estos radicales libres entran en contacto con otras células, pueden robarles un electrón, con lo que la molécula «robada» se convierte a su vez en otro radical libre y el proceso empieza de nuevo. Esto crea una reacción en cadena que deja tras de sí una estela de estrés oxidativo. Los antioxidantes cuentan con un electrón extra que puede unirse al desparejado del radical libre y detener el proceso.

La formación de radicales libres es, por naturaleza, una parte intrínseca del hecho de vivir, comer y respirar. Sin embargo, hay factores que hacen que aumente muchísimo: el estrés, los alimentos procesados, los aceites recalentados, los contaminantes del aire y el humo del tabaco, la falta de sueño o la ingesta de carnes churrascadas. Para minimizarla, es importante limitar estas influencias negativas e incluir habitualmente en las comidas alimentos ricos en antioxidantes como las hierbas y las especias.

LAS HIERBAS FORTALECEN EL SISTEMA NERVIOSO

Si echas un vistazo crítico a tu alrededor, me imagino que estarás de acuerdo conmigo en que vivimos en una sociedad permanentemente estresada. ¿Cuántas veces le has preguntado a alguien qué tal le va y has recibido un «estoy ocupadísimo» como respuesta? El estrés excesivo es tan común que nos resulta casi normal dormir muy poco, andar siempre apurados, trabajar en exceso y tener demasiadas obligaciones.

Aunque este ajetreo se haya convertido en una parte normal de nuestra sociedad, nuestros organismos delatan los efectos del estrés constante. Por desgracia, las seis causas principales de mortalidad en el mundo occidental —cáncer, enfermedades cardiovasculares, accidentes, trastornos respiratorios, cirrosis hepática y suicidio— están relacionadas con el estrés emocional crónico[1]. Espero que, a medida que la sociedad se vaya dando cuenta de lo que implica esta situación, empiece a tomar medidas para simplificar el estilo de vida moderno y poner coto a nuestras expectativas no realistas. Esto supondrá unos cambios importantes en nuestro esquema mental y también grandes transformaciones en las políticas de ayuda para las familias trabajadoras que tienen problemas para llegar a fin de mes.

Nadie dice que las hierbas nos vayan a conceder poderes sobrehumanos. No nos van a permitir vivir sin dormir ni pasar a velocidad de vértigo de una actividad a otra con una lista de obligaciones excesivamente ambiciosa. Sin embargo, tal y como irás leyendo en este libro, las hierbas y las especias pueden ayudarnos a modular los efectos negativos del estrés. Nos permiten pasar de la respuesta de lucha o huida generada por el sistema nervioso simpático al estado de descanso y digestión que rige el sistema nervioso parasimpático. Nos ayudan a disfrutar de un sueño reparador por la noche y a reducir los niveles de ansiedad durante el día. Junto con la comida fresca local, nos ofrecen con gran abundancia las vitaminas y minerales que necesitamos para reforzar nuestro sistema nervioso.

LAS HIERBAS SON ANTIMICROBIANAS

Algunas hierbas y especias nos ayudan de un modo muy eficaz a defendernos de las bacterias patógenas. Como hoy en día contamos con antibióticos farmacológicos, es posible que esta idea no nos resulte demasiado revolucionaria; sin embargo, la resistencia a este tipo de medicamentos plantea un problema muy importante para la humanidad. Las bacterias han evolucionado y, con ello, se han adaptado a los antibióticos sintéticos que utilizamos. En la actualidad, tras décadas de abuso rampante de estos fármacos, cada vez son más las bacterias que ya no responden al tratamiento. Solo en Estados Unidos mueren más de veintitrés mil personas al año por culpa de infecciones resistentes a los antibióticos[2]. Como las plantas llevan miles de años cambiando y evolucionando junto con las bacterias, poseen un sistema muy complejo al que a los patógenos les cuesta mucho adaptarse.

Aunque los antibióticos farmacológicos pueden resultar necesarios para tratar determinadas enfermedades, también provocan efectos adversos de largo alcance, sobre todo en la flora gastrointestinal, es decir, en las bacterias beneficiosas presentes en nuestro tracto digestivo. En los últimos años se están realizando investigaciones novedosas que demuestran la importancia de tener una flora gastrointestinal sana y variada. Los antibióticos farmacológicos, sin embargo, acaban con todo tipo de bacterias, incluidas las beneficiosas. Después de todo, el término *antibiótico* significa 'antivida'.

Las especias pueden ser muy antimicrobianas sin ser antivida. En lugar de utilizarlas para acabar con todo aquello con lo que entren en contacto, podemos elegirlas según el tipo concreto de infección que queramos combatir. Algunas hierbas afectan más a unos tipos de bacterias que a otros. Además, también pueden ser eficaces contra los virus y las infecciones fúngicas.

Los científicos están estudiando la forma de aumentar la efectividad de los antibióticos mediante el uso de plantas. La berberina, por ejemplo, una sustancia presente en especies como el sello de oro (*Hydrastis canadensis*) y la mahonia (*Mahonia spp.*), hace que los antibióticos resulten más eficaces contra las infecciones resistentes[3].

¡Y eso no es todo! Las hierbas no se limitan a matar a un patógeno y favorecer el ecosistema del organismo. También son capaces de restaurar la integridad de las membranas mucosas y de reforzar la salud de la flora gastrointestinal.

LAS HIERBAS POTENCIAN EL SISTEMA INMUNITARIO

Otra propiedad muy eficaz de las hierbas para reforzar nuestra salud durante las infecciones es que fortalecen o modulan el sistema inmunitario del organismo, que, sin duda, es nuestra mejor defensa contra los patógenos que producen las enfermedades. La disfunción del sistema inmunitario puede aumentar el riesgo de sufrir una infección y está también implicada en el cáncer, los trastornos autoinmunes y las alergias estacionales. Las hierbas refuerzan y estimulan el sistema inmunitario y le ayudan a realizar bien sus complejas funciones.

Las hierbas y las especias potencian nuestra salud de mil maneras distintas. Entre otras cosas, fortalecen la digestión, refuerzan el sistema inmunitario, despiertan los sentidos y dan alegría a la vida. Para que te rindan todos sus beneficios, deberás utilizarlas cada día y en grandes cantidades. No se trata solo de espolvorear unas pocas hierbas y especias en la olla. Estamos hablando más bien de considerar cada comida como una oportunidad para incluir en nuestra vida hierbas en abundancia porque son una forma muy potente de reforzar la salud. ¡Esto sí que es alimento como medicina en el mejor de los sentidos!

CAPÍTULO 2

¿Cómo sabemos que las hierbas son capaces de esto?

A medida que vayas conociendo todos los beneficios y propiedades de las hierbas, es posible que tu mente inquisitiva empiece a plantearse preguntas: *¿Es cierto que las plantas son capaces de esto? ¿Cómo lo sabemos? ¿No se lo estará inventando la autora?*

Cuando queramos aprender cosas sobre las plantas, es importante que seamos conscientes de que no existe una única forma de hacerlo. Existen registros históricos del uso de las plantas que datan de hace miles de años. Muchos herboristas actuales las utilizan en su propia vida y en su práctica profesional y nos cuentan sus experiencias personales. Y, por supuesto, cada vez se hacen más estudios científicos sobre ellas.

DE LOS TEXTOS HISTÓRICOS A LOS HERBORISTAS ACTUALES

El primer registro escrito del uso de hierbas con fines medicinales que ha llegado hasta nosotros data de hace más de cinco mil años. De entonces acá se han escrito muchos textos importantes que se conservan y que siguen ejerciendo una enorme influencia sobre los conocimientos actuales. Aunque se debe mantener siempre un cierto grado de escepticismo con respecto a los textos más antiguos, podemos espigar en ellos muchos datos que han resistido el paso del tiempo. El simple hecho de que un texto haya quedado obsoleto no significa que no podamos encontrar en él auténticas perlas de sabiduría.

Muchas veces, los herboristas modernos sustancian el uso histórico de las hierbas a través de su propia experiencia personal y clínica. De este modo se arraigan en el pasado y, al mismo tiempo, hacen avanzar la tradición y desarrollan formas nuevas de utilizar las plantas. La formación profesional, las escuelas, las conferencias y organizaciones como la American Herbalists Gild son una fuente de información muy valiosa en lo que se refiere a las hierbas y a través de ellas los herboristas comparten sus experiencias y exponen casos prácticos de sus ensayos y éxitos.

Yo llevo utilizando hierbas para mi familia, para mis clientes y para mí desde hace más de una década. He comprobado que (junto con el estilo de vida, la dieta y el asesoramiento) pueden cambiar drásticamente la experiencia curativa de una persona. Su efecto puede ser tan simple como suavizar un dolor de garganta o tan complejo como afrontar la causa inicial de una enfermedad crónica. Entretejidos a lo largo del libro encontrarás relatos de mis propias experiencias y también historias de algunas personas con las que he tenido el honor de trabajar a lo largo de estos años (he cambiado los nombres para proteger su intimidad).

LA CIENCIA DE HOY EN DÍA

Cada vez se realizan más estudios y ensayos clínicos acerca del uso de las hierbas y especias. Aunque con frecuencia oímos decir que la evidencia científica demuestra que las hierbas no funcionan, lo cierto es que existen miles de estudios que prueban lo contrario. Muchos de ellos confirman el uso tradicional de las plantas y otros, por su parte, señalan formas nuevas de utilizarlas.

Existen muchos estudios bien diseñados que utilizan las hierbas tal y como lo haría un herborista tradicional: por ejemplo, usando la dosificación correcta y la mejor forma de extracción (infusión, tintura, etc.) y tratando las dolencias para las que resultan más indicadas.

Sin embargo, hay algunos estudios que han sido mal diseñados y que, por desgracia, dan lugar a titulares fantásticos que nos quieren hacer creer que las hierbas no funcionan. Un ejemplo muy desgraciado fue un estudio publicado en el 2009 en el *Journal of the American Medical Association*. Los investigadores llegaron a la conclusión de que el ginkgo no previene la demencia[1]. Por todas partes circularon grandes titulares que proclamaban: «El ginkgo no funciona»[2]. Poco tiempo después, el Consejo Americano de Botánica emitió un comunicado de prensa donde señalaba los numerosos fallos del estudio, que incluían, entre otros, la falta de un grupo de control y unas estadísticas chapuceras que no tenían en cuenta el 40 por ciento de personas que no habían completado el ensayo. El comunicado señalaba también lo siguiente:

> Al menos 16 ensayos clínicos controlados han evaluado diversos extractos de ginkgo en adultos sanos y sin ningún déficit cognitivo. Un estudio sistemático ha revelado que, en once de estos ensayos, el ginkgo aumentó la memoria a corto plazo, la concentración y el tiempo de procesamiento de las tareas mentales[3].

Por desgracia, las críticas que se hacen a *posteriori* a los fallos de un estudio no resultan muy llamativas y no consiguen grandes titulares, por lo que el público se queda con la impresión de que las hierbas no funcionan.

La mayoría de los estudios que cito en este libro proceden de ensayos clínicos en humanos, lo que se conoce también con el nombre de ensayos *in vivo*. He incluido también unos cuantos estudios *in vitro* interesantes sobre plantas, es decir, estudios realizados en un entorno controlado fuera del organismo vivo como, por ejemplo, el análisis de células en una placa de Petri. Si bien los experimentos *in vitro* pueden permitirnos entender mejor los efectos de una planta, no reflejan necesariamente los que podría tener en un ser humano. Lo que no he incluido es ningún ensayo con animales por dos razones. En primer lugar, pongo en duda la ética de muchos de estos estudios. En segundo lugar, muchas veces los resultados que se obtienen no se corresponden con los que se conseguirían en seres humanos.

Si ignoramos el uso tradicional de las hierbas y nos centramos exclusivamente en ensayos clínicos mal diseñados, seremos incapaces de comprender correctamente todo el potencial que tienen las plantas. Por el contrario, si nos quedamos solo con la historia y la tradición e ignoramos los estudios científicos y todas las experiencias de los herboristas modernos, estaremos igualmente desinformados. ¡Lo realmente emocionante es cuando el uso tradicional, la práctica moderna y la ciencia convergen! Lo ideal es combinar miles de años de conocimiento con las experiencias actuales de los herboristas y los muchos ensayos clínicos bien diseñados que se han hecho en seres humanos. De este modo podemos empezar a ver con mayor claridad las muchas formas de curar que tienen las plantas.

Para mantener este enfoque holístico de las hierbas he hecho todo lo posible por presentar la información contenida en este libro desde la perspectiva de la herbología pero resaltando al mismo tiempo cómo la ciencia está validando el uso tradicional de las plantas. En el próximo capítulo vamos a estudiar las bases de la herbología: la energética y el sabor.

CAPÍTULO 3

Las hierbas se emparejan con la persona, no con una enfermedad

Las hierbas y los suplementos constituyen una industria que mueve en el mundo billones de euros. Y no para de crecer. Sin embargo, por muy populares que sean las hierbas hoy en día, el planteamiento más generalizado tiene todavía una carencia. Al herborista y escritor David Winston le gusta decir que, aunque las *hierbas* son cada vez más populares, no sucede lo mismo con la *herbología*.

Dicho de otra forma, nuestra sociedad sigue manteniendo la mentalidad generalizada del Síndrome de la Solución Única también en lo que se refiere al uso de las plantas medicinales: «Ah, tienes el problema X. Entonces usa la hierba Y». Resulta muy fácil ver este esquema mental reflejado en las curas «milagrosas» que circulan por las redes sociales y en otras prácticas de mercadotecnia carentes de ética: «¡La cúrcuma cura el cáncer!», «¡La melisa mata los virus!», «¡La equinácea cura el resfriado común!».

El Síndrome de la Solución Única es un buen reflejo de la forma en la que nuestra sociedad se plantea la salud: hay muchísima gente buscando *esa cosa*, ya sea natural o farmacológica, capaz de curar los problemas de *todo el mundo*. Es un planteamiento que vemos también en los consejos dietéticos; todas las dietas especializadas que existen por ahí —vegana, paleo, South Beach, Atkins, baja en hidratos de carbono, DASH o lo que sea— proclaman que son la única manera de comer bien. Sin embargo, si abordas las plantas medicinales con este enfoque, no estás utilizando los conceptos clave de la herbología tradicional.

La teoría herbal considera la salud de una forma completamente distinta, con principios y diagnósticos que van más allá de «esto para eso». Los terapeutas suelen denominarlo el «arte de la herbología». Es importante entender que un herborista bien formado no trata, diagnostica, cura ni prescribe hierbas para enfermedades. Muy al contrario, la herbología suele adoptar un enfoque más personalizado y elige hierbas para la *persona*, no para una dolencia concreta.

PERSONALIZAR EL TRATAMIENTO PARA EL INDIVIDUO

Básicamente, la idea de que tú y yo somos distintos es una especie de observación evidente. Está claro que existen muchas diferencias entre nosotros. Lo más probable es que tengamos distinta edad, peso, altura y color de ojos, que vivamos y trabajemos en un lugar diferente, que nuestro estado físico, nuestras preferencias alimentarias y nuestras experiencias de vida en general no sean las mismas. Por eso intuitivamente nos resultará lógico pensar que, aunque nos hayan diagnosticado la misma enfermedad, la solución pueda ser completamente distinta.

La idea de que todos somos seres individuales y de que las hierbas, los alimentos e incluso el estilo de vida deben adaptarse a nuestras necesidades particulares está presente en los tres grandes sistemas herbales actuales. En la herbología occidental nos basamos en los cuatro temperamentos: colérico, sanguíneo, melancólico y flemático. El ayurveda, por su parte, emplea el sistema tridóshico: Pitta, Vata y Kapha. La medicina tradicional china se basa en el sistema de Fuego, Tierra, Metal, Agua y Madera y también en numerosos patrones de sistemas de órganos (estancamiento del qi en el hígado, bazo húmedo, etc.).

Todos estos sistemas son bellos y complejos y hacen falta muchos años de estudio para llegar a comprenderlos. En este libro he tomado conceptos simplificados de todas estas tradiciones para crear una base con la que todo el mundo puede empezar... ¡y que resulta muy cómoda porque no requiere años de estudio!

El proceso de la medicina personalizada, de combinar las soluciones de salud con la persona y no con la enfermedad, puede llevarse a cabo de muchas formas, dependiendo de la formación del herborista. Muchos emplean como principio básico de diagnóstico lo que se conoce como *energética*.

LA ENERGÉTICA DE LA HERBOLOGÍA: CALIENTE/FRÍO Y SECO/HÚMEDO

¿Y qué es la energética? Aunque este término pueda sonar un poco peculiar o esotérico, se basa en las sensaciones físicas que experimentamos cada día. En esencia, hace referencia a un sistema de clasificación basado en cuatro cualidades complementarias: caliente/frío y seco/húmedo.

En lo que se refiere a las cualidades de caliente y frío, no estoy hablando de lo que marca el termómetro. Es más bien la *sensación* de calor o de frío. Por ejemplo, si alguna vez has tomado una comida muy picante, probablemente habrás notado que te hace sentirte más caliente, aunque tu temperatura corporal no haya variado. Del mismo modo, las sensaciones de seco y húmedo son algo que podemos observar fácilmente a diario. ¿Sueles notar la piel seca o húmeda? ¿Alguna vez has observado que una tos fuera seca o húmeda? Algunas personas perciben que la humedad del tiempo atmosférico les afecta mucho. A mí, por ejemplo, me encanta el desierto árido, pero otras personas pueden percibirlo como un lugar desagradablemente seco.

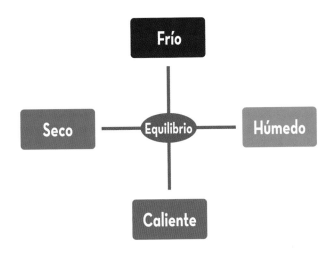

Los herboristas suelen utilizar estas cuatro cualidades para evaluar tanto a las personas como las plantas con el objetivo de nutrir el equilibrio energético y fomentar la salud. Si una persona está caliente, utilizaremos hierbas refrescantes. Si una persona tiene un exceso de sequedad, utilizaremos hierbas humectantes. Quizá al principio suene raro pero, cuando captes la idea, verás que llevas mucho tiempo percibiendo la energética en tu vida sin saber lo que era. ¿Sabes de alguien que tienda a ser por naturaleza más caluroso? ¿Conoces a alguna persona que necesite ponerse un abrigo grueso, bufanda y gorro cuando los demás solo precisan una chaqueta ligera? ¿Alguna vez has conocido a alguien que tenga la piel seca y necesite estar dándose lociones y cremas todo el rato? Pues todo esto se debe a las diferencias de la energética de cada persona.

LA ENERGÉTICA DE LAS PERSONAS

Cada persona nace con una mezcla exclusiva de las cuatro cualidades. Su energética es lo que a menudo denominamos *constitución*. La constitución de una persona tiene una graduación, no es fija. Las influencias exteriores como el clima, la comida, la enfermedad, la medicación, los hábitos de sueño y el estrés influyen sobre nuestro paisaje interior, que está en constante evolución. Tu constitución está formada por algo así como diferentes tonalidades de gris y no solamente por blanco o negro, caliente o frío.

En ocasiones podemos percibir la constitución de una persona en sus preferencias. Si alguien tiende a ser más frío, disfrutará del tiempo cálido más que otro que tenga una constitución más caliente. Una persona con una gran sequedad se sentirá mal en el desierto y prosperará en un entorno más húmedo. Cuanta más atención prestes a estas cosas, mejor podrás reconocer el concepto de la energética en tu propia vida.

¿Alguna vez te ha ensalzado alguien los maravillosos beneficios que le había procurado el suplemento de moda y cuando tú lo has probado te has sentido peor? Es muy habitual que cualquier sustancia produzca en ti unos efectos completamente distintos de los que le produce a otra persona. Por ejemplo, tengo una amiga a la que el jengibre siempre le da insomnio. A mí, sin embargo, nunca me lo ha provocado. Más bien me facilita la digestión y me mantiene caliente en invierno. La energética explica por qué cada uno reaccionamos de una forma distinta ante los tratamientos. Cada persona es un conjunto único de cualidades que explica nuestras experiencias únicas e individuales. Cuando conoces tu constitución personal, se abre ante ti una consciencia completamente nueva de lo que te va mejor.

LA ENERGÉTICA DE LAS PLANTAS

Al igual que los seres humanos, las plantas también son calientes o frías y húmedas o secas. Estas cualidades pueden variar dependiendo del lugar donde creció la planta, de cómo lo hizo y de cómo la hemos preparado para su consumo. Por ejemplo, el jengibre fresco se considera templado mientras que el seco se considera caliente. Esto no es una observación que un termómetro pueda medir porque lo más probable es que muestre la misma temperatura para ambos. Más bien procede de cómo la planta actúa en el organismo y de las sensaciones que nos produce.

Aunque considerar de esta forma las plantas puede parecer extraño de primeras, estoy segura de que ya has reconocido la energética en las comidas más habituales. ¿Crees que el pepino es caliente o frío? ¿Y qué me dices de un chile habanero? ¿Y la sandía es seca o húmeda? ¿Y una galleta salada?

LA ENERGÉTICA DE UNA ENFERMEDAD

Uno de los factores que pueden hacer cambiar tu constitución personal es la enfermedad. Pongamos, por ejemplo, que normalmente tiendes a ser fresco y seco. Sin embargo, coges una infección de las vías respiratorias altas y desarrollas un cierto grado de humedad en los pulmones, una congestión mucosa. También tienes fiebre y estás sudando. Por tanto, aunque por lo general tiendes a ser fresco y seco, la enfermedad te hace sentirte más caliente y húmedo. Para devolver el equilibrio energético a tu organismo, tienes que conocer tu constitución personal para ver cómo le está afectando la enfermedad.

Un principio importante que aprendí de mi maestro Michael Tierra es que lo primero que debemos atender son los síntomas agudos. Por tanto, si normalmente eres fresco y seco y una influencia exterior te está provocando síntomas calientes y húmedos, lo primero que debes tratar son estos síntomas calientes y húmedos.

DESCUBRE TU CONSTITUCIÓN

Para ayudarte a descubrir tu constitución he preparado dos cuestionarios que cubren los datos fundamentales de caliente/frío y húmedo/seco. Los resultados te indicarán tu combinación de resultados térmicos y de humedad: caliente/seco, caliente/húmedo, frío/seco o frío/húmedo.

Recuerda que estos son los principios más básicos de la constitución personal. Si acudes a un terapeuta que trabaje con la energética herbal, lo más probable es que te someta a un examen más exhaustivo para conocer con más precisión cómo eres. Sin embargo, para sacar el mayor partido a este libro lo único que necesitas de momento es conocer tus tendencias básicas.

A la hora de rellenar estos cuestionarios, recuerda lo siguiente:

- Todo el mundo tiene algún aspecto de las cuatro cualidades. Tú, por tu parte, tienes una mezcla única de puntos fuertes y débiles.
- Busca las tendencias generales; dicho de otro modo, intenta ver cómo te sientes la mayor parte del tiempo. Si, por ejemplo, lo más normal es que tengas calor pero no te gusta el invierno y hubo una vez en que sentiste frío en mitad de una ventisca, gana el calor.
- Aunque las fuerzas exteriores puedan influir sobre nuestras cualidades, todos nacemos con una constitución especial que no cambia de forma drástica. Si no eres capaz de decidir tu respuesta a alguna pregunta, piensa en cómo eras de niño.

Cuestionario A: Determinar el grado de frío y calor

Marca con una X cada una de las afirmaciones con las que te identifiques. Al final, suma el número de afirmaciones correctas de cada columna. Un total más alto en la primera columna indica que posees más cualidades calientes. Un total más alto en la segunda columna indica que posees más cualidades frías.

☐ Suelo tener más calor que el resto de la gente.	☐ Suelo sentir más frío que el resto de la gente.
☐ Suelo tener una voz muy alta.	☐ Suelo tener una voz suave.
☐ Se me pone toda la cara roja o arrebolada con mucha facilidad.	☐ Suelo tener la cara y las uñas pálidas.
☐ Suelo tener la lengua de un color rojo vivo.	☐ Suelo tener la lengua de un color pálido.
☐ Tengo opiniones marcadas acerca de muchas cosas y no me asusta compartirlas.	☐ A menudo me noto falto de energía.
☐ Prefiero el tiempo frío.	☐ Prefiero el tiempo cálido.
☐ Tengo mucho apetito.	☐ Tengo poco apetito.
☐ Soy una persona activa.	☐ Soy una persona poco activa.
Total: _____	Total: _____

Cuestionario B:	Determinar el grado de humedad y sequedad

Marca con una X cada una de las afirmaciones con las que te identifiques. Al final, suma el número de afirmaciones correctas de cada columna. Un total más alto en la primera columna indica que posees más cualidades húmedas. Un total más alto en la segunda columna indica que posees más cualidades secas.

☐ Suelo sudar con más facilidad que el resto de la gente.

☐ Suelo tener la piel y el pelo grasos.

☐ Me pesan los brazos y las piernas.

☐ A menudo se me tapona la nariz o me moquea.

☐ Tengo un recubrimiento grueso en la lengua.

☐ Prefiero el tiempo seco y no me gusta la humedad.

Total: _____

☐ Suelo tener la piel áspera y seca.

☐ Suelo tener el pelo seco.

☐ Tengo las uñas secas o quebradizas.

☐ A menudo me pica la piel o el cuero cabelludo.

☐ Muchas veces tengo la garganta, la nariz, los ojos o la boca secos.

☐ No suelo tener la lengua con recubrimiento.

Total: _____

Si en alguno de los cuestionarios has sacado el mismo número de afirmaciones correctas en las dos columnas, en lugar de considerar que predomina en ti uno de los dos tipos puedes interpretarlo como la forma en la que se muestra en ti esa cualidad concreta. Por ejemplo, es posible que tengas señales de humedad en la piel y que no te gusten los entornos húmedos, pero que tiendas a tener el pelo y las uñas secos y quebradizos. En este caso tienes la piel húmeda y el cabello y las uñas secos.

Un resultado igual en las dos columnas de los cuestionarios puede también significar que tienes una constitución bastante equilibrada. Una persona que es muy fría/húmeda mostrará muchas señales de frío y humedad, lo que hace que resulte muy fácil determinar su constitución. Por el contrario, si solo es *ligeramente* fría y húmeda, mostrará unos síntomas menos radicales, con lo que resultará más complicado determinarla.

Por otra parte, quizá existan influencias exteriores que te hagan más difícil conocer tu constitución. Puedes estar siendo influido por una enfermedad, una medicación, el clima o muchos otros factores, lo que daría un resultado mixto. Deja que estos conceptos calen en tu mente y practica tu consciencia; de ese modo te resultará más fácil descubrir tus patrones individuales.

Si tienes alguna pregunta acerca de tu constitución, quizá te vendría bien acudir a un terapeuta herbal que pueda ayudarte a ver con más claridad los patrones energéticos de tu vida (en www.HerbsWithRosalee.com ofrezco un minicurso sobre la energética herbal). Sin embargo, para los fines de este libro, lo único que necesitas son estos cuestionarios tan básicos. Puedes pasarte el día filosofando sobre tu constitución pero al final lo que realmente importa es que no dejes de observar y de ser consciente, sobre todo de las cuatro cualidades.

EL SABOR DE LAS HIERBAS

Otra forma de entender la energética de las plantas es a través de su sabor. Mucho antes de que supiéramos identificar los componentes aislados, los herboristas ya utilizaban sus sentidos para comprender y clasificar las plantas medicinales. El concepto del sabor lo desarrollaron especialmente el ayurveda y la medicina tradicional china. Los cinco sabores de la teoría herbal china son picante, salado, ácido, amargo y dulce. El ayurveda reconoce estos cinco sabores y añade el astringente.

Este libro te va a ir mostrando las hierbas según los cinco sabores para que puedas apreciar y experimentar plenamente cómo cada una de ellas actúa en ti como individuo.

PICANTES

Las hierbas picantes son caloríficas. Se emplean para despertar los sentidos y para poner las cosas en movimiento. Son ideales para aquellas personas que tienden a sentirse frías, húmedas o indolentes porque aumentan la circulación y llevan el calor del cuerpo hacia las extremidades. De todas formas, en lo que respecta a la dosis, no debemos pasarnos.

Las hierbas picantes tienen muchas cualidades caloríficas. ¡Tómate un sorbito de infusión de cayena después de otro de infusión de romero y notarás la diferencia! Muchas veces, el calor de la cayena obliga a tu cuerpo a tomar medidas refrescantes como sudar.

¿Has averiguado que tienes una constitución caliente? ¡No te saltes esta sección! Aunque la mayoría de las hierbas picantes son caloríficas, hay algunas que son refrescantes. Además, las recetas de la sección de hierbas picantes están especialmente pensadas para que resulten equilibradas y beneficiosas para casi todo el mundo.

La mayor parte de las plantas incluidas en este libro son picantes. De hecho, la mayoría de nuestras hierbas culinarias más comunes lo son. Como ya mencioné en el capítulo 1, muchas hierbas han llegado a formar parte de nuestra tradición culinaria no solo porque saben bien sino porque refuerzan nuestra salud. ¡Como uno de los objetivos principales de este libro es «la comida como medicina», lo he llenado a reventar de hierbas culinarias picantes para que le pongas un poco de pimienta a tu vida!

SALADAS

Las hierbas saladas son ricas en vitaminas y minerales. Tienen una gran densidad de nutrientes y se las considera las más alimenticias y las que más se parecen a una comida normal.

Puede que estés pensando que estas hierbas van a saber a sal de mesa. En herbología, sin embargo, el término *salado* hace referencia a aquellas hierbas que son ricas en micronutrientes; más que muy salado tienen un sabor mineral.

Las hierbas que están incluidas en esta categoría son famosas por influir sobre los fluidos del organismo. Algunas son diuréticas y facilitan el flujo de la orina; otras son linfáticas y favorecen el flujo de la linfa.

Entre las hierbas saladas están las algas, el salvado de avena, la violeta y la pamplina. En esta sección destaco mi hierba salada favorita: la ortiga. Tiene tantos nutrientes (más aún que la col crespa) que, si la incluyes regularmente en tu dieta, va a producir unos efectos muy importantes en tu salud.

ÁCIDAS

La idea de «ácido» nos hace arrugar toda la cara porque nos imaginamos mordiendo un limón. Sin embargo, al igual que sucedía con el sabor salado, el ácido en herbología tiende a ser más sutil. La mayoría de las frutas y hierbas astringentes pertenecen a esta categoría.

Las hierbas ácidas estimulan la digestión, aumentan nuestra fuerza y reducen la inflamación. Energéticamente tienden a ser refrescantes, pero no demasiado. Como su dinámica térmica está tan cerca de la neutralidad, la mayoría de las personas pueden disfrutarlas a diario.

Muchas de estas plantas son ricas en antioxidantes, cuyos beneficios ya analizamos en el capítulo 1. Sin embargo, aunque las cualidades protectoras de estos antioxidantes dan lugar a muchos titulares de prensa, los estudios han demostrado una y otra vez que no es beneficioso tomarlos como suplementos. Lo ideal es buscarlos en su forma integral, y las hierbas de esta sección son la fuente perfecta.

Muchas de las plantas ácidas ejercen también una importante acción herbal: son astringentes, el sexto sabor del ayurveda. A mí, el concepto de astringente me parece una sensación en la boca más que un sabor. Si alguna vez has mordido un plátano que no estuviera maduro o has tomado una taza de té negro fuerte, habrás percibido la acción astringente. Aunque muchas veces se describe como la sensación de sequedad en la boca, lo que realmente hacen las hierbas astringentes es tensar los tejidos mucosos con los que entran en contacto. Por eso resultan útiles para combatir el sangrado y la inflamación de las encías o de la garganta, curan las heridas y

alivian secreciones excesivas como el moqueo nasal.

DULCES

Las hierbas dulces nutren y fortalecen. Nos permiten recuperar los niveles de energía más adecuados y ajustan el sistema inmunitario. Sin embargo, antes de que empieces a soñar con hierbas que sepan a caña de azúcar, tengo que decirte que el sabor dulce en herbología no es el mismo que el que podemos encontrar en una tienda de caramelos. De hecho, la primera impresión que producen no suele resultar dulce en absoluto.

Algunas de estas hierbas no tienen un sabor claramente dulce pero se clasifican como tales por sus propiedades nutritivas y fortalecedoras. La mayoría de nuestras plantas adaptógenas, por ejemplo, se consideran dulces. Estas plantas adaptógenas se utilizan muchísimo para mejorar la salud general de personas que muestran señales de debilidad o deficiencias. También pueden modular la respuesta ante el estrés y de este modo mejorar lo que la persona experimenta como una vivencia negativa y le permiten sentirse más fuerte y menos agitada cuando la vida le lanza un revés.

Como los efectos negativos del estrés tienen tanto alcance, estas plantas favorecen la salud de muchas formas distintas. Alivian la inflamación, una de las causas principales de las enfermedades crónicas. También ayudan a dormir profundamente toda la noche, con lo que mejora nuestra alerta y energía durante el día. Además, modulan el sistema inmunitario, con lo que contraemos menos enfermedades, y quizá incluso activan factores preventivos contra el cáncer.

Algunas de las hierbas dulces pueden ser

ligeramente caloríficas o ligeramente humectantes, pero la mayoría tienen una energética bastante neutra. Por regla general las puede utilizar todo el mundo, tenga la constitución que tenga.

AMARGAS

Las hierbas amargas estimulan la digestión y a menudo producen un efecto refrescante y drenante que puede aliviar la inflamación. Muchas de ellas son también muy importantes para la salud hepática.

En un concurso de popularidad en el que participaran los cinco sabores, estoy completamente segura de que el amargo no iba a ganar. De hecho, podríamos considerar que es el que más gente prefiere odiar. Hasta el lenguaje refleja nuestra relación antagonista con él: la verdad amarga, lágrimas amargas, una persona amargada. En la herbología, sin embargo, el amargo es uno de los sabores más importantes y más comunes.

A los herboristas les gusta decir que muchos de los problemas digestivos son consecuencia de un «síndrome de déficit de amargo». Es una expresión acuñada por el herborista James Green y hace referencia a la falta de sabor amargo en nuestra dieta. ¡Al hacer todo lo posible por eliminar el amargor de las verduras, nos hemos hecho un flaco favor! El sabor amargo es una parte muy importante de la digestión.

El cuerpo sigue reconociendo este sabor mucho después de que haya entrado en contacto con la lengua. Eso se debe a que hay receptores de este sabor en todo el cuerpo, incluido el tracto digestivo y hasta los pulmones. El acto de degustar algo amargo, por muy pequeño que sea, activa todo el aparato digestivo. Este sabor nos hace salivar, uno de los primero pasos del proceso digestivo. Además, nos hace segregar enzimas gástricas importantes que nos ayudan a digerir las proteínas y estimula la producción de bilis, que facilita la digestión de las grasas. Es sorprendente todo lo que los amargos hacen por la digestión.

Yo y muchos otros herboristas creemos que a todo el mundo le viene bien añadir amargos a su vida (como ya he mencionado, muchos de los problemas digestivos más comunes se deben a un déficit de sustancias amargas). De hecho, recomiendo experimentar el amargor en todas las comidas que hacemos.

La energética de las hierbas amargas es refrescante y secante, lo que hace que sean estupendas para las personas que tienden a ser calientes y húmedas. De todas formas, pueden resultar muy útiles para todas las constituciones, sobre todo cuando se combinan con otras hierbas. En este libro, y en muchas mezclas que encontrarás, las hierbas amargas se combinan a menudo con las caloríficas y picantes para mejorar su sabor y añadirles más cualidades caloríficas.

Y AHORA VAMOS A JUNTARLO TODO

Uno de los requisitos fundamentales para utilizar las hierbas con éxito es comprender cómo combinar las hierbas con las personas. Si bien puede parecer que una planta concreta posee un montón de cualidades beneficiosas, si estás constantemente emparejando energéticas equivocadas, es posible que obtengas efectos indeseados o sencillamente que no consigas ningún efecto.

Paul Bergner, uno de mis maestros herbales, relata una historia sobre esto en su libro *The Healing Power of Garlic*. Hace muchos años, Paul se interesó por los numerosos beneficios del ajo y se dedicó a comer cantidades cada vez mayores de él. Sin embargo, el ajo es muy calorífico y secante y Paul posee una constitución templada. En seguida observó algunos beneficios, como la disminución de la congestión, pero también empezó a experimentar problemas de salud relacionados con una sequedad excesiva de los tejidos e inflamación. Eso no significa que el ajo sea una planta mala ni peligrosa. Es más bien un recordatorio de que debemos elegir las hierbas que se adaptan a una persona y no utilizar un planteamiento de talla única como hacíamos en el Síndrome de la Solución Única.

El conocimiento de nuestra constitución general, de la energética de la enfermedad que sufrimos y de la energética de las plantas nos lleva a lo que yo denomino el blanco herbal.

EL BLANCO HERBAL

La búsqueda del blanco perfecto es instintiva. ¿Te acuerdas del cuento de Ricitos de Oro? Está sola en la casa de los tres osos y decide ponerse cómoda. Mientras explora, va buscando lo que le viene mejor. Encuentra tres cuencos de gachas: uno está demasiado caliente y otro demasiado frío, por lo que se toma el que está «perfecto» para ella. Cuando le entra el sueño, prueba las camas. Una es demasiado dura y otra demasiado blanda, por lo que se acurruca en la que es perfecta para ella.

El arte de la herbología consiste en descubrir lo que es «perfecto» para cada individuo. Si una persona tiene mucho calor, debemos intentar refrescarla. Si alguien está demasiado húmedo, debemos intentar secarlo. En realidad, es cuestión de sentido común y ya lo has vivido antes. En un día tórrido de verano, ¿qué te apetece, un cuenco de sopa caliente o una limonada helada? Cuando estás deshidratado, ¿te apetecen unas galletas saladas o una bebida hidratante? Si has estado bajo una tormenta de nieve, ¿te vas corriendo a la nevera o te tomas una taza de cacao calentito?

El blanco herbal es la culminación de las ideas de este libro. En lugar de recurrir inmediatamente a ver qué hierba es buena para una enfermedad concreta, primero debes pensar en lo que eres como individuo. En esta consideración debes incluir tu constitución, tu energética actual y las plantas que pueden aportarte equilibrio.

Para encontrar el blanco herbal, tendrás que conocer tu yo más profundo para así saber lo que te va mejor. A medida que vayas leyendo las descripciones de las distintas plantas, toma nota de la energética de cada una. Verás que algunas se utilizan para fiebres «frías» y otras para fiebres «calientes». Encontrarás plantas refrescantes que estimulan la digestión y otras caloríficas que hacen lo mismo. Cuando experimentes cada una de ellas, plantéate la siguiente pregunta: «¿Cómo me siento?», y, a continuación: «¿Cómo me siento al tomar estas plantas?».

A medida que seas consciente de cómo te afectan los alimentos, las hierbas y las especias, es posible que vayas entendiendo muchas cosas. Por ejemplo, si tiendes a sentir frío, quizá observes que tomar zumos de fruta cruda aumenta tu frialdad y que prefieres la sensación de calor que te aporta un plato de hierbas picantes. Es posible que compruebes que las hierbas y alimentos amargos mejoran tu digestión. Si tienes una constitución caliente, a lo mejor notas que las hierbas amargas disminuyen el calor y te hacen sentirte mejor. Si tienes una constitución más fría, quizá descubras que las hierbas picantes te mejoran la circulación. Recuerda que el objetivo de este libro es experimentar cómo actúan las hierbas y las especias *en ti*. Para sacarle el máximo provecho, tienes que hacer algunas investigaciones prácticas.

Para ayudarte a encontrar tu blanco herbal, este capítulo se cierra con un sencillo experimento gustativo que te permitirá observar cómo te sientes con las distintas hierbas y especias. Te recomiendo de corazón que hagas el esfuerzo de probarlo porque te va a proporcionar una base de referencia muy útil para el resto del libro.

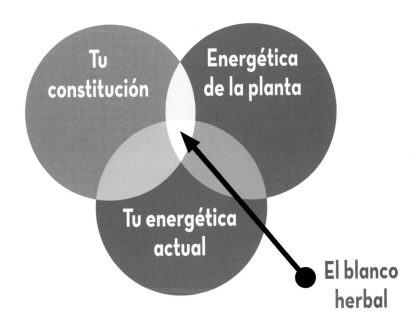

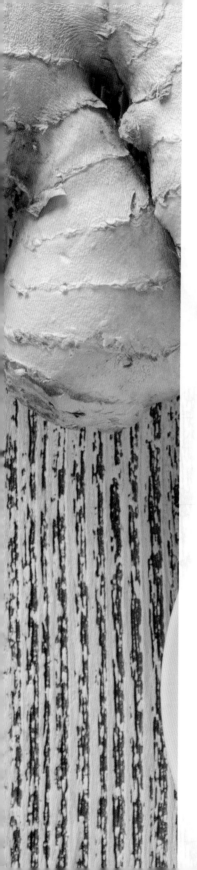

Hay ocasiones en las que percibir cómo nos afecta una planta requiere un cierto tiempo. El jengibre es estupendo para empezar porque posee una energética muy fuerte que se nota inmediatamente. Si pruebas este ejercicio de degustación con otras plantas, debes saber que sus efectos pueden ser más sutiles. Quizá necesites consumirlas frecuentemente durante un periodo largo para percibir con claridad cómo te sientes al tomarlas.

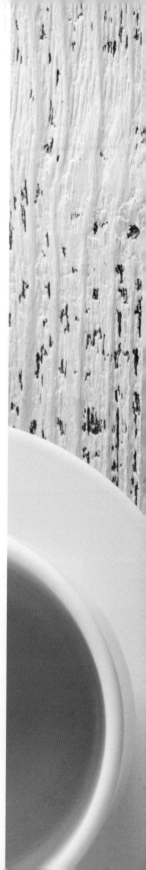

EJERCICIO:

Forma de saber cómo nos afecta una hierba o especia

El objetivo de este ejercicio de degustación es observar cómo te sientes al tomar una cosa concreta. No hay experiencias correctas ni incorrectas: lo único que se busca es la percepción y las observaciones.

Vamos a empezar degustando jengibre. Es una hierba estupenda para empezar porque resulta fácil de encontrar y tiene una energética muy pronunciada (¡además, a casi todo el mundo le gusta!).

Lo primero de todo es preparar una infusión de jengibre. Puedes utilizar jengibre fresco o seco, lo que te resulte más fácil de encontrar. No es necesario que lo cueles pero puedes hacerlo si te apetece.

Con jengibre fresco:

- Pon 1 cucharada sopera de jengibre fresco picado en una taza.
- Cúbrelo con 1 taza de agua recién hervida.
- Tapa la taza y deja reposar durante 10 minutos.

Con jengibre seco:

- Pon 2 cucharaditas de jengibre seco en polvo en una taza.
- Cúbrelo con 1 taza de agua recién hervida.
- Tapa la taza y deja reposar durante 10 minutos.

Cuando tengas preparada la infusión, ve siguiendo estos pasos y haciendo tus observaciones:

1. Huele la infusión.

¿Qué notas? ¿Huele a algo? ¿Observas algún cambio en tu cuerpo al oler la infusión? ¿Te resulta un aroma agradable? ¿Te desagrada?

2. Toma un sorbito.

¿Qué sabor tiene? ¿Dulce? ¿Ácido? ¿Salado? ¿Amargo? ¿Picante?

3. Toma otro sorbito.

¿Qué sensaciones notas en tu cuerpo? ¿Observas que haces respiraciones más hondas? ¿Notas alguna sensación en la parte interna de la nariz? ¿Percibes el inicio del proceso digestivo porque salivas y te suena la tripa?

4. Toma otro sorbito.

¿Aprecias cualidades caloríficas o cualidades refrescantes? ¿Notas calor al tomar sorbitos de esta infusión en la lengua o en la tripa? ¿Percibes más bien sensación de frío?

CAPÍTULO 4

Cómo sacar el máximo partido a este libro

Para ayudarte a sacar el máximo partido de este libro te animo a que lo leas con el esquema mental de un explorador. Y, como hasta un explorador necesita la organización y los utensilios adecuados, en este capítulo vamos a ver cómo se eligen los mejores ingredientes, cómo se calculan las dosis y las medidas y qué materiales y utensilios vas a necesitar.

SINTONÍZATE CON TUS SENTIMIENTOS Y EXPERIENCIAS

A medida que vayas probando más hierbas y especias, recuerda que el objetivo de la herbología es encontrar el equilibrio entre las cuatro cualidades de caliente, frío, seco y húmedo. Por tanto, hacer un seguimiento de cómo te sientes en ese aspecto es una buena forma de juzgar si los alimentos, las hierbas y las especias que estás eligiendo te están funcionando. Te recomiendo que lleves un diario con tus observaciones porque resulta muy fácil olvidar o no percibir las mejorías sutiles. Es muy raro que, por el simple hecho de tomar una hierba un día, al siguiente hayan desaparecido todos tus problemas de salud. Lo más normal es que se vayan arreglando con el paso del tiempo.

Como ejemplo, imaginemos que sueles tener frío habitualmente. Después de leer las descripciones de las hierbas de este libro, decides que vas a incorporar muchas más hierbas y especias picantes a tu dieta. Al cabo de unos meses, te acuerdas y observas que sigues teniendo frío. En esa situación, resultaría muy fácil pensar: *Vaya, esto no funciona.*

Imaginemos ahora otra situación distinta. También sueles tener frío. Vas anotando en tu diario lo que eso significa exactamente y cómo se manifiesta en tu vida. Por ejemplo, haces una lista muy concreta de cómo sientes el frío: tienes los pies congelados, llevas jersey y gorro cuando el resto de la gente va en camiseta, etc. Luego empiezas a incorporar más hierbas picantes a tu dieta. A medida que van pasando las semanas y los meses, sigues anotando observaciones sencillas pero precisas de cómo te sientes. Sigues teniendo frío pero, si prestas un poco más de atención, observas que las cosas están cambiando. Puede que sigas teniendo los pies helados, pero ya no necesitas una almohadilla eléctrica para calentarlos en la cama. Es posible que sigas llevando un jersey pero que ya no necesites el gorro.

Ten siempre en cuenta que el objetivo de esta experiencia es sencillamente observar cómo te sientes al tomar algo y los cambios que se producen en tu cuerpo. No hay experiencias correctas ni incorrectas. Lo importante es ser consciente y observar. La práctica y el perfeccionamiento de esta experiencia gustativa son dos de las herramientas más importantes que puedes desarrollar porque te ayudan a tomar las mejores decisiones a la hora de elegir las hierbas.

CÓMO ELEGIR LAS MEJORES HIERBAS Y ESPECIAS: CONFÍA EN TUS SENTIDOS

Cuando compres hierbas y especias, busca variedades procedentes de cultivo ecológico. Puede que encuentres hierbas frescas de gran calidad en el mercado agrícola o en tu herbolario.

La duración de las hierbas no sigue unas normas fijas: algunas se conservan mejor que otras. Exponerlas a la luz y al calor disminuye su potencia y las que están pulverizadas tienen una vida útil mucho más corta que las que están enteras. Por tanto, siempre que puedas compra cantidades pequeñas de hierbas enteras y ve moliéndolas a medida que las vayas necesitando. Guárdalas en un lugar oscuro alejado del calor y, a ser posible, en un tarro de vidrio. Tenerlas justo encima de la cocina, aunque resulta muy cómodo a la hora de cocinar, hace que pierdan potencia rápidamente.

Puedes estar seguro de que, con el paso del tiempo, las hierbas y especias pierden energía. La mejor forma de juzgar su calidad es utilizar los sentidos. Las hierbas y especias secas deben conservar los mismos colores que tenían cuando estaban frescas, solo un poco apagados. Si una planta era verde cuando estaba fresca, una vez seca debe seguir siendo verde (no marrón). Si la planta era aromática, como la lavanda o la albahaca sagrada, debe seguir teniendo un olor fuerte una vez seca. Compara su olor con el de otras que se hayan secado hace menos tiempo. Si no es vibrante, lo más probable es que la planta esté ya pasada.

Antes de empezar con las recetas del libro, te recomiendo que hagas un inventario exhaustivo de todas las hierbas y especias que tengas. ¡Si son insípidas y tienen un color apagado, échalas a la pila del compost! Sustitúyelas por otras hierbas y especias más frescas y vibrantes que te puedan aportar todas sus propiedades de transformación. Dedica el tiempo que necesites a evaluar su frescura al menos una vez cada seis meses.

CÓMO UTILIZAR LAS CANTIDADES RECOMENDADAS

Cada uno de los capítulos de este libro tiene una sección titulada Cantidades Recomendadas. Estas dosificaciones son una combinación de mi propia experiencia en el uso de las hierbas y de datos extraídos de textos de herbología clínica. Ya se sabe que las dosis sugeridas en herbología son un tema algo complicado porque las plantas afectan de una forma distinta a cada persona. La edad, el peso, el género y el estado de salud influyen a la hora de determinar la dosificación ideal de cada una.

En mi consulta yo suelo recomendar que se empiece por una cantidad pequeña y que luego se vaya aumentándola poco a poco. Me gusta ver cómo la gente puede tomar la dosis máxima de una planta sin experimentar ninguna reacción adversa. Las dosificaciones que indico son seguras para la mayoría de las personas aunque suficientemente potentes como para que se puedan observar sus efectos. Mi intención es que las tomes como punto de partida para encontrar tu propia dosis terapéutica óptima.

Para las tinturas se especifica una proporción, es decir, dos números separados por dos puntos (por ejemplo, 1:1 o 1:3). Estos números expresan la cantidad de planta utilizada en comparación con la cantidad de líquido. Una proporción de 1:3, por ejemplo, significa que la tintura contiene 1 parte de planta por cada 3 partes de líquido (es una proporción de peso por volumen, es decir, las plantas se miden en gramos y el líquido en mililitros). El porcentaje que se indica después de la proporción es el contenido alcohólico de la tintura.

CÓMO MEDIR DIFERENTES HIERBAS

Muchos de nosotros aprendimos de niños las nociones básicas de medición. Es algo que se estudia en el colegio y que utilizamos siempre que queremos hacer galletas de chocolate. En repostería, las medidas de los ingredientes están estandarizadas. Una cucharadita de bicarbonato sódico en tu casa será igual que una cucharadita de bicarbonato sódico en la mía porque en todas partes suelen tener el mismo tamaño, densidad y consistencia.

Sin embargo, las mediciones en herbología son un poco distintas de las que se usan en repostería. El volumen de las plantas puede variar muchísimo dependiendo de cómo se recolectaron y picaron. Por ejemplo, la raíz de diente de león puede cortarse en trozos grandes y gruesos o picarse muy fina. Cuando el tamaño de un ingrediente varía muchísimo, medirlo en cucharaditas y cucharadas soperas no sería coherente. Además, la forma y el tamaño de algunas plantas pueden hacer que resulte difícil medirlas. El astrágalo, por ejemplo, se vende en rebanadas grandes y planas; si quisiéramos meterlas en una taza medidora, las medidas no serían siempre las mismas. Por todo esto, yo prefiero medir algunas plantas por peso. Te recomiendo que compres una báscula de cocina capaz de medir gramos y kilos.

En las recetas de este libro utilizo medidas de volumen y también medidas de peso. Suelo elegir unas u otras dependiendo de la que resulte más apropiada para el ingrediente y la cantidad que se necesita. Para aquellas hierbas y especias que resultan complicadas de introducir en una taza o cuchara medidora, utilizo medidas de peso, pero también ofrezco medidas aproximadas de volumen para que puedas empezar desde ya... ¡aunque no dispongas de ningún equipamiento especial! Para las recetas en las que es absolutamente fundamental medir una planta por peso y no por volumen, solo pongo la medida de peso e incluyo una nota en la descripción.

CÓMO ENCONTRAR LOS MEJORES INGREDIENTES

Mi padre suele decir que el secreto para que una comida esté rica es utilizar los mejores ingredientes. Esta afirmación resulta especialmente apropiada cuando se utilizan los alimentos como medicina. Aquí tienes unas cuantas sugerencias sobre cómo comprar los mejores ingredientes.

Frutas y verduras: Elige siempre que puedas frutas y verduras ecológicas y de tu zona, ya sean de tu propio huerto o de un mercado agrícola. Sin duda tendrán más nutrientes que las que se han traído desde algún lugar lejano. Muchas frutas y verduras empiezan a perder nutrientes en el momento en que se recogen. El brécol, por ejemplo, ya ha perdido un 50 por ciento de vitamina C a las veinticuatro horas de ser recolectado[1].

Carne de animales criados con métodos que tienen en cuenta su bienestar: No es necesario comer carne para poner en práctica las recetas de este libro (¡ni tampoco es necesario ser vegano!). De todas formas, si quieres comer carne, intenta buscar aquella que sea más sana. Existen muchas explotaciones ganaderas pequeñas donde crían a los animales de forma respetuosa, con mucho espacio para moverse, alimentos saludables y demás. Busca carnes de vacas criadas con pastos y en libertad, de pollos camperos, etc. Si las encuentras en tu mercado agrícola local, estupendo.

Nuestra moderna industria cárnica es horripilante. Las grandes explotaciones ganaderas consiguen unos precios más baratos para la carne pero a costa de maltratar a los animales y de perjudicar la salud del medioambiente. Los animales criados en estas condiciones reciben una dieta poco saludable repleta de antibióticos y hormonas. ¿Cómo vamos a estar sanos si nos estamos comiendo estos animales criados de una forma tan poco respetuosa?

Aceite de oliva: El aceite de oliva es un aceite delicioso y saludable, perfecto para cocinar alimentos salados. En algunos países, el aceite que venden en los supermercados no tiene la calidad que se supone que debería tener. Por eso, cuando compres aceite de oliva, intenta hacerlo directamente del productor (por internet, si fuera necesario).

Miel: La miel es el edulcorante que suelo utilizar para las infusiones y para cocinar. Me gusta más que otros edulcorantes como el azúcar de caña*. Sin embargo, mi recomendación es que

---

* *Una aclaración sobre el azúcar:* El azúcar de caña se elabora a menudo de forma industrial empleando métodos agrícolas insostenibles. En ocasiones tiene que trasladarse grandes distancias hasta la fábrica, se envasa con materiales perjudiciales para el medioambiente y luego se vuelve a enviar a cientos o miles de kilómetros. ¡Me niego a apoyar la industria azucarera!

También sabemos que el azúcar es una de las cosas menos saludables que podemos tomar. Sin embargo, de los mil kilos de comida que consume por término medio una persona a lo largo de un año, 75 son azúcar[2]. La Asociación Americana del Corazón recomienda a los hombres no tomar más de nueve cucharaditas de azúcar

no compres la miel industrial que venden en las tiendas. A menos que la etiqueta indique claramente lo contrario, lo más probable es que no se haya producido con métodos sostenibles.

Por otra parte, si la compras a un apicultor local que utiliza métodos de producción éticos, estarás apoyando a un negocio de tu zona... iy defendiendo a las abejas! En la actualidad, están muriendo a un ritmo nunca visto y necesitan que las ayudemos. De hecho, debemos darnos cuenta de que son imprescindibles para nuestra supervivencia porque son las que polinizan la mayoría de las plantas con las que nos alimentamos. Mi querida amiga Susie Kowalczyk es apicultora y gran defensora de las abejas. Ha denunciado el uso de pesticidas, que, según ha quedado totalmente demostrado, las matan, y viaja por todo el mundo para aprender los mejores métodos de cría. Cuida sus colmenas con métodos que evitan el uso de tratamientos artificiales. ¡Eso es lo que yo quiero apoyar!

---

al día y a las mujeres, no más de seis. Sin embargo, estamos consumiendo por término medio cinco veces más[3]. Por eso la mayoría de mis recetas necesitan muy poco endulzante.

CÓMO HACER LAS COSAS UN POQUITO MÁS FÁCILES: HERRAMIENTAS Y UTENSILIOS PRÁCTICOS

Aunque la mayoría de las recetas de este libro no requieren ningún utensilio especial, los siguientes te facilitarán el trabajo con las hierbas:

Balanza de cocina digital: Una balanza digital resulta muy práctica para algunas de las hierbas y especias de formas raras.

Molinillo de especias: El molinillo de especias te permite comprar especias enteras e irlas moliendo según las vayas necesitando. De este modo podrás conservar durante más tiempo toda su fuerza. Yo utilizo un molinillo barato de café que reservo exclusivamente para las hierbas; no lo uso jamás para el café porque el aroma de este pasaría a las plantas.

Mortero japonés o suribachi: Para moler hierbas frescas o en pequeñas cantidades, a mí me gusta utilizar el mortero japonés. Es un mortero muy parecido al normal pero tiene surcos por la parte interior y por eso resulta más fácil moler en él que en el liso habitual.

Coladores: A la hora de preparar infusiones o de colar un líquido con hierbas, vienen muy bien los coladores y los filtros para té. Elígelos de acero inoxidable y con una malla muy fina. Los filtros para té deben ser suficientemente grandes para que las hierbas con las que estés haciendo la infusión puedan moverse. No es conveniente que estén apelotonadas en un espacio muy pequeño.

Embudos: Los embudos de todos los tamaños son útiles para echar los remedios herbales en tarros o en botellas. Elígelos de acero inoxidable, sobre todo si los vas a utilizar con líquidos calientes.

Gasa de quesero: La gasa de quesero es una tela especial que se utiliza para colar el queso. Es capaz de filtrar las partículas más finas que pasarían por un colador normal. A mí me gusta mucho porque puedo exprimirla para aprovechar al máximo las hierbas y el líquido. También sirven las bolsas para mermelada y tienen la ventaja de que se pueden utilizar muchas veces.

Tarros de vidrio: Los tarros de vidrio son indispensables en una cocina herbal. Yo siempre tengo un buen surtido de tarros de medio litro, de litro y de dos litros. Son estupendos para guardar las hierbas, para mezclar muchas de las recetas de este libro y para guardarlas cuando ya están hechas. Ten en cuenta, eso sí, que algunos de los tarros de vidrio que venden tienen BPA, un disruptor endocrino químico, en el revestimiento de la tapa. Por eso yo utilizo tarros con tapa de vidrio, como los de Le Parfait, Weck o Fido. También son estupendos para las recetas con vinagre porque este puede corroer una tapa de metal y estropear el contenido del tarro.

PARA SEGUIR

Te recomiendo que antes que nada leas el libro entero para tener una perspectiva general de lo maravillosas que pueden ser las hierbas y especias para la salud. Cuando termines, elige una en la que te apetezca profundizar. Dedícale tiempo. Saboréala, haz una infusión con ella, utilízala en la cocina. ¡Úsala a menudo!

Espero que este libro te aporte temas sobre los que reflexionar, pero a lo que realmente aspiro es a que te inspire a utilizar las hierbas en tu vida cotidiana. Mi intención es ofrecerte una información que puedas poner en práctica, pero también motivarte e inspirarte para que pruebes hierbas y especias nuevas y sabores y recetas que no conozcas. Lo que me gustaría de verdad es que tus nuevas experiencias en la cocina den lugar a creaciones deliciosas que transformen tu salud.

Recuerda que, en lo que respecta a tu salud personal, no existe una Solución Única. A la hora de obtener el máximo beneficio de las hierbas y especias, tú eres tu mejor recurso. Sin embargo, esto solo se aprende participando de forma activa. No es una filosofía dogmática llena de normas y cosas que debas o no debas hacer. Muy al contrario, estás a punto de embarcarte en una aventura de observaciones y consciencia. Cuando llegues a tu destino sabrás cuáles son los mejores alimentos, hierbas y especias para ti, no porque ningún experto haya proclamado que algo es un superalimento que todo el mundo debería tomar, sino porque has experimentado sus beneficios en ti mismo.

las hierbas

picantes

«ES VERDAD, COMO DICEN, QUE EL AJO ES TAN BUENO COMO DIEZ MADRES JUNTAS».

GUIDO MASÉ, HERBORISTA Y AUTOR DE *THE WILD MEDICINE SOLUTION*

CAPÍTULO 5

Ajo

Existen pocas plantas tan queridas o con tan mala fama como el ajo. Es famoso en todo el mundo por sus propiedades curativas, pero suele ser calumniado por su fuerte olor y sabor. ¡Su aroma es tan picante que incluso se dice que mantiene a raya a los vampiros!

¿Te entusiasma el ajo? En ese caso sabrás que poco después de tomar un diente o dos, tu aliento e incluso tu piel apestan. Este efecto tan terrible ha dado al ajo el mote de «rosa apestosa». Como verás, su capacidad para impregnar es una parte importante de sus propiedades medicinales.

Nombre botánico: *Allium sativum*

Familia: Aliáceas

Partes utilizadas: Bulbo, tallos floridos de la planta

Energética: Calorífica, secante

Sabor: Picante

Propiedades de la planta: Estimulante de la circulación, alterativa, diaforética estimulante, expectorante estimulante, antimicrobiana, carminativa, moduladora del sistema inmunitario, vermífuga

Usos de la planta: Hipertensión, infecciones fúngicas, infecciones bacterianas, optimiza los niveles de colesterol, resfriados, gripe, congestión bronquial, sobrecrecimiento bacteriano en el intestino delgado, digestión, asma, disentería, peste, cáncer, parásitos, diabetes tipo 2, resistencia a la insulina

Preparación de la planta: Especia culinaria, aceite, vinagre, miel

Aunque ha sido la cocina mediterránea la que ha dado fama al ajo, lo cierto es que se cultiva en todo el mundo desde hace miles de años. Se cree que el primer ajo cultivado apareció en Asia central y que desde allí se extendió por todo el mundo.

Como planta medicinal, jamás ha caído en desgracia. Históricamente se ha utilizado como panacea contra muchos tipos de enfermedades, incluida la peste bubónica. Hoy en día se pregona su capacidad para favorecer la digestión, el sistema inmunitario y el corazón.

TIPOS DE AJO

Prácticamente cualquier tipo de ajo que encuentres en la frutería te sirve, pero es importante señalar que gran parte de las cabezas inmaculadamente blancas que venden en la sección de frutas y verduras del supermercado pueden haber sido blanqueadas o fumigadas con sustancias químicas perjudiciales. Últimamente están surgiendo variedades tradicionales que podemos encontrar en algunos herbolarios y en mercados agrícolas. Los agricultores artesanales están cultivando una gama cada vez mayor de variedades sabrosas y más potentes en términos medicinales. ¡El ajo puede tener tantos sabores diferentes como los buenos vinos!

ENERGÉTICA Y PROPIEDADES MEDICINALES DEL AJO

Pan de ajo. Pasta con ajo y tomate. Pesto o hummus con montones de ajo. Patatas con ajo. Pollo al ajillo. Ajo asado. Alioli. ¿Hay algo que no se pueda hacer con ajo? No solo está delicioso en las comidas, sino que es una de las mejores plantas carminativas. Este tipo de plantas ayudan a combatir el estancamiento de la digestión que puede dar lugar a hinchazón, retención dolorosa de gases, sensación de tener la comida en el estómago y estreñimiento.

El ajo contiene también inulina, un prebiótico muy importante. Los prebióticos son féculas que alimentan a la flora bacteriana del intestino grueso. Una flora intestinal en mal estado se ha relacionado con muchos problemas de salud como, por ejemplo, las molestias digestivas (en especial la enfermedad inflamatoria intestinal), los trastornos autoinmunes, los desequilibrios hormonales y el aumento de peso... y el ajo puede desempeñar un papel muy útil a la hora de aliviar estos problemas.

¿Alguna vez te has preguntado por qué el olor del ajo permanece en el aliento mucho después de haberlo comido? Pues resulta que esta capacidad para impregnar a la persona con su olor es una parte importante de su actividad medicinal. Al machacarse, el ajo produce una sustancia llamada alicina. Cuando comes ajo, tu cuerpo metaboliza la alicina y la transforma en otras sustancias y la única forma de metabolizarlas totalmente y eliminarlas es a través de la sangre, que las libera al sudor y las expulsa a través de los pulmones. ¡En realidad, es una técnica brillante!

No hace falta tomar ajo para recibir sus beneficios. Este mismo proceso sucede también cuando te aplicas aceite macerado de ajo en los pies (en este capítulo encontrarás una receta de Aceite de Ajo).

PARA REFORZAR EL SISTEMA INMUNITARIO

Desde hace mucho tiempo, el ajo se considera una planta medicinal muy buena para combatir las infecciones. Se utilizó en el siglo XVII en Europa contra la peste. Paul Bergner describe su uso en el siglo XX en su libro *El poder curativo del ajo*: «Durante la Primera Guerra Mundial se utilizaron cataplasmas de ajo para curar las heridas de los soldados [...]. El aceite se diluía en agua, se vertía sobre torundas de musgo esterilizado y se aplicaba directamente sobre las heridas. De este modo se consiguieron salvar las vidas y los miembros de decenas de miles de soldados»[1]. Prácticamente todos los textos herbales del mundo occidental incluyen referencias a las propiedades antimicrobianas del ajo y la ciencia ha refrendado sus efectos contra las infecciones.

Algunas personas se refieren a él como un «antibiótico herbal», pero, si lo analizamos detalladamente, no es un término demasiado exacto. Ante una infección activa, los fármacos antibióticos (si lo traducimos literalmente, esta palabra significa 'antivida') eliminan indiscriminadamente todas las bacterias del cuerpo y de este modo consiguen curar la enfermedad. El ajo, sin embargo, no actúa así.

Aunque se ha demostrado que cantidades pequeñas o moderadas de ajo inhiben muchos tipos de bacterias, virus e incluso amebas, tendrías que tomar unas dosis ridículamente grandes para que afectaran negativamente a la flora bacteriana saludable del intestino. Además, el ajo no se limita a matar a otros organismos; también estimula nuestro sistema inmunitario. Diversos estudios han demostrado que aumenta las células asesinas naturales o células NK del sistema inmunitario, reduce las citoquinas proinflamatorias (mensajeros químicos del sistema inmunitario) y disminuye la cantidad de patógenos que tenemos en el organismo: por ejemplo, bacterias como los estreptococos y hongos como la *Candida albicans*[2, 3, 4, 5].

Como el ajo es capaz de reforzar el sistema inmunitario (y no solo de matar cosas), se ha demostrado que produce un efecto positivo en pacientes con cáncer. En un estudio se analizó a un grupo de pacientes a los que se había diagnosticado un cáncer colorrectal, hepático o pancreático inoperable. A la mitad de los voluntarios se les administró un placebo y a la otra mitad, un extracto de ajo envejecido. Al cabo de seis meses, en los pacientes a los que se había administrado ajo, la actividad del sistema inmunitario había aumentado y tenían más células asesinas naturales y con mayor actividad[6].

PARA COMBATIR RESFRIADOS Y GRIPES

¿Estás cansado de pillar todos los microbios que pululan cerca de ti? Un estudio comparó a un grupo de niños a los que se administraron extractos de ajo de liberación lenta con otro grupo de niños a los que se administró un fármaco para prevenir las infecciones de las vías respiratorias altas. Los tratados con ajo tuvieron una reducción de la enfermedad entre dos y cuatro veces mayor que la del grupo de control con placebo. Como curiosidad, los tratados con el fármaco no obtuvieron unos resultados mejores que los del grupo que recibió el placebo[7].

¿Ya has cogido un buen resfriado o una gripe? El ajo lleva siglos utilizándose para combatir estas dolencias y hoy en día sigue siendo una de las plantas favoritas de los herboristas porque estimula el sistema inmunitario. De esta forma reduce la gravedad de la enfermedad, alivia la congestión pulmonar e incluso combate las infecciones de oídos[8].

Siempre que se utiliza como remedio herbal, es importante tener en cuenta su energética. Si alguna vez has mordido un ajo crudo, sabrás que es picante. Después de haberlo mordido y haber notado el picor en la lengua, quizá observaste también que te empezó a moquear la nariz. Las propiedades aromáticas caloríficas y picantes del ajo deshacen la mucosidad del cuerpo. Por eso es una planta perfecta para combatir aquellos síntomas de resfriados y gripes que incluyen la sensación de frío y para aliviar la congestión nasal y pulmonar.

PARA POTENCIAR LA SALUD DEL CORAZÓN Y COMBATIR LA DIABETES TIPO 2

Aunque desde antiguo se reconoce la capacidad del ajo para combatir infecciones, hoy en día es objeto de titulares frecuentes por sus numerosos efectos positivos sobre la salud del corazón. Se ha comprobado que disminuye la presión sanguínea en personas con hipertensión no controlada[9, 10]. ¿Alguna vez has oído decir que tomar una manzana al día sirve para no tener que acudir al médico? Pues yo te sugiero sustituir la manzana por unos dientes de ajo.

Un estudio muy interesante analizó los efectos del ajo en personas a las que se había diagnosticado una diabetes tipo 2. Tanto el grupo de control como el experimental estaban tomando metformina, la terapia antidiabética habitual. Al cabo de 24 semanas, el grupo al que se administró ajo no solo había disminuido el nivel de glucosa en ayunas sino que mostraba una mejoría significativa de los niveles de colesterol y triglicéridos[11].

CÓMO UTILIZAR EL AJO

David Hoffman, en su obra *Medical Herbalism*, escribe: «Si se consume a diario, el ajo fortalece y ayuda al organismo como ninguna otra hierba es capaz de hacer»[12].

¡Mi marido y yo disfrutamos comiendo mucho ajo! Cada otoño nos encaminamos a la granja de nuestros amigos, los Channing, que se especializan en cultivar variedades tradicionales de ajo, y les compramos ristras suficientes para todo el invierno, la primavera y el verano. Añadimos ajo picado a muchas de nuestras comidas y lo utilizamos también para elaborar sidra de fuego y miel de ajo, dos de nuestros remedios favoritos para la temporada de resfriados y gripes (en este capítulo encontrarás una receta de Miel de Ajo y la de la Sidra de Fuego está en la página 76). Cada vez que cuelgo en la cocina nuestro suministro invernal de ristras de ajo, me siento muy agradecida y afortunada porque sé que en esos dientes hay encerrada una cantidad abundantísima de alimento y medicina. Resulta de lo más satisfactorio saber que por el simple hecho de tomarlo a diario estamos potenciando enormemente la salud de nuestro corazón y nuestro sistema inmunitario.

Para utilizar el ajo como antimicrobiano o para combatir los síntomas de resfriados y gripes, es preferible tomarlo fresco y crudo. Si quieres recibir todos sus beneficios, machaca un diente y déjalo reposar durante diez o quince minutos antes de continuar preparando el remedio.

Para disfrutarlo y, al mismo tiempo, potenciar la salud del corazón, puedes cocinarlo en las comidas porque eso no disminuirá sus propiedades. La cocción transforma el ajo y hace que pique menos, con lo que resulta más fácil consumirlo en grandes cantidades.

Se han realizado numerosos estudios científicos con ajo seco y ajo en polvo. Aunque ambos han demostrado que son beneficiosos para la salud, yo te recomiendo que, en tu cocina, utilices ajo fresco.

CANTIDADES RECOMENDADAS

Tomar uno o dos dientes de ajo al día puede ser una forma deliciosa de beneficiar nuestra salud. Si quieres eliminar la congestión de los pulmones o aliviar los síntomas de un resfriado o de una gripe, lo mejor es que lo consumas muchas veces a lo largo del día. Para evitar las náuseas, te recomiendo que lo tomes con otros alimentos, sobre todo aceites.

CONSIDERACIONES ESPECIALES

Se ha demostrado que tomar una o dos cabezas enteras (no dientes) de ajo durante periodos largos ocasiona efectos perjudiciales como anemia y trastornos en la flora intestinal.

Como el ajo tiene una energética tan extrema (¡es realmente picante!), puede provocar con facilidad efectos no deseados en personas que ya muestran señales de calor o sequedad. Puede dar lugar a náuseas, molestias digestivas, ardor de estómago o incluso vómitos si se consume en exceso. De todas formas, al cocinarlo se alivian muchos de estos efectos.

Tomar perejil fresco después de consumir el ajo ayuda a disminuir el olor del ajo en el aliento.

Con frecuencia leemos advertencias de que el ajo es anticoagulante. Estas advertencias proceden de ensayos *in vitro* (realizados en placas de Petri y no en seres humanos). Sin embargo, varios estudios *in vivo* (realizados con personas) han demostrado que el ajo alimentario no licúa excesivamente la sangre y que, por tanto, no es motivo de preocupación para pacientes postoperatorios ni para los que están tomando warfarina [13, 14, 15]. Si estás tomando cualquier fármaco o medicación anticoagulante (como aspirina, antiinflamatorios no esteroideos, anticoagulantes o antiplaquetarios), consulta con tu médico.

HUMMUS AHUMADO DE AJO

1 bote de garbanzos de 400 g (15 oz)

½ taza de tahini

¼ de taza (60 ml) de aceite de oliva y un poco más para rociarlo por encima

4 dientes de ajo machacados y picados

2 cucharaditas de comino en polvo

2 cucharaditas de corteza de limón fresca

3 cucharadas soperas de zumo de limón fresco

1 cucharadita de pimentón ahumado o normal y un poco más para espolvorear por encima

Sal y pimienta negra recién molida al gusto

Esta es la receta a la que siempre recurro cuando quiero preparar un tentempié rápido para una excursión al lago en un caluroso día de verano o como aperitivo de última hora para una de esas cenas a las que todo el mundo lleva un plato. Es muy fácil de preparar y muy sabroso. Me gusta servirlo con verduras como zanahorias, pepinos, guisantes y palitos de apio. También va muy bien con pan o galletas saladas.

Se obtienen 2,5 tazas

1. Escurre los garbanzos y reserva el líquido. Introduce todos los ingredientes en el robot de cocina a excepción del líquido de los garbanzos que habías reservado. Con el robot en funcionamiento, ve añadiendo poco a poco el líquido reservado hasta obtener una crema suave.

2. Para servir, riégalo con un poco de aceite de oliva y espolvoréalo por encima con un poco de pimentón. Si lo guardas en el frigorífico, te puede durar varios días.

ACEITE DE AJO

Darse un masaje con aceite de ajo en los pies puede ser una forma muy potente de deshacer la congestión de los pulmones y la nariz. Si te suena raro eso de ponerte algo en los pies para combatir la congestión pulmonar, ¡haz la prueba! Verás cómo en cuestión de minutos te huele el aliento a ajo. A medida que el ajo recorra el torrente sanguíneo y salga por los pulmones, irá llevando sus propiedades expectorantes y antimicrobianas allí donde más se necesiten (también puedes ponértelo en el pecho, pero te vas a pringar mucho más).

Esta receta me entusiasma porque la mayor parte de la gente tiene ajo en casa. Como es una aplicación tópica, es estupendo para la gente menuda, que suele mostrarse mucho más melindrosa a la hora de tomar un remedio herbal por la boca.

Advertencia: ¡No te tomes este aceite de ajo! Cuando combinamos ajo fresco con aceite de oliva existe el riesgo de que se desarrolle botulismo.

Se obtiene 1 aplicación

2 o 3 dientes de ajo

1 o 2 cucharadas soperas de aceite de oliva

1. Pela y pica el ajo muy fino. Deja reposar durante 10 minutos.

2. Introduce el ajo en un tarro pequeño. Echa aceite de oliva por encima justo hasta cubrirlo.

3. Deja macerar durante un mínimo de 30 minutos y un máximo de 12 horas. Cuela muy bien.

4. *Uso:* Justo antes de acostarte, frótate los pies con el aceite. Cúbretelos inmediatamente con un par de calcetines viejos y ponte encima otro par. Déjatelos puestos durante toda la noche. Repite tantas veces como sea necesario haciendo un aceite nuevo para cada aplicación.

MIEL DE AJO

½ taza de ajo fresco picado
(aproximadamente
15 dientes)

½ taza de miel*

* Si la miel que vas a utilizar
es muy densa, quizá tengas que
calentarla ligeramente al baño
María o a fuego muy lento hasta
que adquiera consistencia de jarabe. De este modo te resultará
más fácil mezclarla con el ajo.

La mezcla del sabor dulce de la miel con el picante del ajo
puede parecer una combinación un tanto incompatible, pero resulta sorprendentemente sabrosa. La miel suaviza el picor del
ajo y te permite disfrutarlo en cantidades mayores sin sufrir ningún efecto adverso. A mí me gusta usarlo sobre todo para el
dolor de garganta: toma una cucharadita cada 1 o 2 horas.

Este preparado se conserva durante años. Yo lo tengo en la
encimera y nunca me ha causado ningún problema. He oído que
a algunas personas les fermenta con el tiempo. Si eso sucediera,
puedes seguir tomándolo. De todas formas, para evitarlo puedes guardar la miel en el frigorífico.

Con el tiempo, el ajo puede ponerse gomoso o duro. En ese
caso, cuélalo y utiliza el resto de la miel. Lo mejor es preparar
esta miel en pequeñas cantidades para así tenerla siempre fresca y potente.

Se obtiene 1 taza

1. Introduce el ajo en un tarro de vidrio de 250 ml (8 onzas) (suge-
rencia: después de picar el ajo, déjalo reposar durante 10 o
15 minutos para que reaccione con el oxígeno y adquiera mayor
potencia medicinal).

2. Vierte la mitad de la miel en el tarro. Remueve bien y añade el
resto. De este modo el tarro habrá quedado lleno de mezcla de
miel y ajo. Si no fuera así, añade más miel hasta que llegue al
borde. Remueve bien el ajo con la miel y tapa el tarro.

3. Deja reposar la mezcla en el frigorífico o en la encimera durante
24 horas antes de usarla. No hace falta colar el ajo de la miel.
A medida que vaya pasando el tiempo, los sabores del ajo se
impregnarán aún más en la miel, pero observarás que al cabo
de un solo día la miel ya se habrá licuado y habrá adquirido el
sabor del ajo.

«LA ALBAHACA SAGRADA SE CLASIFICA COMO UNA RASAYANA, ES DECIR, UNA PLANTA QUE ALIMENTA EL CRECIMIENTO DE LA PERSONA HACIA LA SALUD PERFECTA Y QUE PROMUEVE UNA VIDA LARGA».

DAVID WINSTON Y STEVE MAIMES,
AUTORES DE *ADAPTOGENS*

CAPÍTULO 6

Albahaca sagrada o india

Muchas veces oigo decir a la gente que no quieren pasar el resto de su vida tomando hierbas. Equiparan las hierbas con los fármacos y consideran que son sencillamente una herramienta para ponerse bien y que una vez sanos pueden dejar de tomarlas. Sin embargo, en otros sistemas de curación como la medicina tradicional china y el ayurveda, hay una serie de hierbas concretas que se toman durante toda la vida para asegurarse de tener una salud estupenda y una vida larga.

La albahaca sagrada es una de estas hierbas. Con ella se puede preparar una infusión deliciosa (en este capítulo encontrarás la receta) y, cuando se disfruta de forma regular, produce muchos beneficios para la salud como, por ejemplo, reducir el estrés y la ansiedad, regular el nivel de azúcar en sangre y potenciar la salud del corazón.

Otros nombres comunes: Tulsi

Nombre botánico: *Ocimum sanctum* (sin. *Ocimum tenuiflorum), Ocimum gratissimum*

Familia: Lamiáceas / labiadas (familia de las mentas)

Partes utilizadas: Hojas y flores

Energética: Calorífica y secante

Sabor: Picante, amarga

Propiedades de la planta: Adaptógena, antimicrobiana, aromática digestiva, nervina relajante, tónico cardiovascular, expectorante, neuroprotectora, antioxidante, inmunomoduladora, analgésica

Usos de la planta: Estrés, ansiedad, hipertensión arterial, infecciones víricas, infecciones fúngicas, dolor, úlceras, depresión, resfriados y gripes, rinitis alérgica, virus del herpes, diabetes tipo 2, resistencia a la insulina

Preparación de la planta: Infusión, decocción, tintura, zumo fresco, cataplasma, polvo, infusión en ghee o en miel

Desde hace más de tres mil años, la albahaca sagrada ha sido venerada como una de las plantas más santas y poderosas de la India. Si lo piensas, es asombroso. Uno de los sistemas medicinales más antiguos y sofisticados del mundo, el ayurveda, la venera. Como podrás imaginar, una planta que disfruta de tan alta estima tiene que ser maravillosa. Efectivamente, es una de esas plantas con propiedades tan poderosas que nos obligan a preguntarnos qué es lo que *no* puede hacer.

La albahaca sagrada, también llamada tulsi en ocasiones, crece abundantemente en India, Asia occidental, Malasia, América Central, Sudamérica e incluso Puerto Rico. El nombre botánico de una de las especies, *sanctum*, hace referencia a su cualidad de sagrada. En sánscrito, *tulsi* significa 'incomparable'. También se conoce como elixir de vida, la reina de las hierbas y la Madre Naturaleza de la medicina.

TIPOS DE ALBAHACA SAGRADA

A menudo me preguntan si la albahaca culinaria común es la misma planta que el tulsi o albahaca sagrada, y la respuesta es no. Aunque todas las albahacas son aromáticas por naturaleza, nuestra planta culinaria común, *Ocimum basilicum*, es una especie diferente y no tiene los mismos usos que el tulsi. El género *Ocimum* cuenta con más de sesenta especies diferentes.

Existen al menos tres tipos diferentes de albahaca sagrada y, si bien en muchos casos pueden utilizarse indistintamente, también presentan ligeras diferencias.

Rama tulsi (*Ocimum sanctum*) tiene hojas verdes; es la albahaca sagrada que más se cultiva y la más fácil de encontrar a la venta.

Krishna tulsi (*Ocimum sanctum*) pertenece a la misma especie que rama tulsi pero sus hojas tienen un color más morado.

Vana tulsi (*Ocimum gratissimum*) es un tipo de albahaca perenne que resulta difícil de encontrar a la venta. En la India crece de forma silvestre.

ENERGÉTICA Y PROPIEDADES MEDICINALES DE LA ALBAHACA SAGRADA

Lo que ha hecho famoso al tulsi en el mundo occidental es su uso como adaptógeno. Los adaptógenos son plantas transformadoras que, si se toman a diario, hacen avanzar a la persona hacia la salud[1]. Suelen ser hierbas nutritivas.

PARA REDUCIR EL ESTRÉS Y LA ANSIEDAD

La albahaca sagrada resulta especialmente útil para las personas estresadas. Se ha comprobado que reduce la ansiedad en general y muchos de los síntomas asociados con el estrés como, por ejemplo, la falta de memoria y los problemas de sueño.

En un estudio de dos meses se administró a 35 pacientes una dosis de 500 mg de albahaca sagrada dos veces al día después de las comidas. Antes, durante y después del estudio se evaluó clínicamente a los participantes mediante cuestionarios estándar y distintas escalas de calificación psicológica. Las observaciones finales fueron que la albahaca sagrada influyó positivamente en los niveles generales de ansiedad y en el estrés y la depresión que acompañan a esta. Los investigadores llegaron a la conclusión de que «*O. sanctum* puede resultar útil en el tratamiento del trastorno de ansiedad generalizada en personas y en un futuro cercano puede ser un agente ansiolítico prometedor»[2].

PARA EL CEREBRO

El herborista David Winston considera la albahaca sagrada como un estimulante cerebral y la utiliza para personas que muestran dificultades para pensar con claridad. Afirma que «puede combinarse con otros estimulantes cerebrales como el romero, la bacopa y el ginkgo para ayudar a personas que presentan dificultades para pensar provocadas por la menopausia, la mala memoria, el trastorno de déficit de atención (TDA) y el trastorno de déficit de atención e hiperactividad (TDAH) y para acelerar la recuperación después de sufrir un traumatismo en la cabeza»[3].

En el libro *The Way of Ayurvedic Herbs*, sus autores, Karta Purkh Singh Khalsa y Michael Tierra, profundizan en esta idea: «Se considera que el tulsi expande y agudiza la conciencia, facilita la meditación y promueve la compasión cuando se toma como medicina»[4].

PARA COMBATIR LA RESISTENCIA A LA INSULINA Y LA DIABETES TIPO 2

Numerosos ensayos clínicos en seres humanos demuestran que la albahaca sagrada puede disminuir la glucosa en sangre en ayunas y la glucosa en sangre después de comer[5]. Un estudio de un mes de duración realizado con 27 pacientes con diabetes tipo 2 no insulinodependiente reveló una disminución significativa de la glucosa en sangre y también del colesterol total: lipoproteínas de baja densidad, lipoproteínas de muy baja densidad y triglicéridos[6].

La albahaca sagrada funciona tan bien que una persona que dependa de la insulina para controlar la diabetes puede tener que utilizarla con precaución y adaptar la cantidad de insulina con la ayuda de un profesional sanitario.

PARA POTENCIAR LA SALUD CARDIOVASCULAR

La albahaca sagrada tiene muchas propiedades beneficiosas para el corazón. Es levemente anticoagulante y favorece la circulación. Si se toma a diario ayuda a mejorar los niveles de colesterol y disminuye la hipertensión relacionada con el estrés.

Sus propiedades adaptógenas ayudan a disminuir los daños provocados por el estrés, que desempeñan un papel significativo en la salud cardiovascular general.

PARA ALIVIAR EL DOLOR

Se ha comprobado que la albahaca sagrada inhibe la COX 2 (muchos analgésicos modernos son inhibidores de la COX 2), lo que hace que resulte útil para combatir la artritis y otros trastornos inflamatorios. Es rica en eugenol, un componente que podemos encontrar también en el clavo y que resulta muy útil para disminuir el dolor[7].

PARA ALIVIAR LOS TRASTORNOS DIGESTIVOS

Al igual que nuestra albahaca culinaria común, la albahaca sagrada tiene muchos efectos positivos sobre el aparato digestivo. Al ser una planta ligeramente calorífica y aromática, a menudo se combina con jengibre seco para aliviar los síntomas del estancamiento de la digestión: hinchazón, gases, disminución del apetito y náuseas. Los herboristas la utilizan para combatir el ardor de estómago y para curar las úlceras.

PARA LOS PULMONES

Los herboristas utilizan esta planta para tratar problemas pulmonares graves como la bronquitis y la debilidad pulmonar. También puede tomarse para prevenir y tratar infecciones víricas de las vías respiratorias altas como el resfriado o la gripe.

Sus cualidades expectorantes ayudan a eliminar la mucosidad adherida a los pulmones. Para calmar el dolor o la irritación de garganta, mezcla una infusión de albahaca sagrada con un poco de jengibre y miel.

PARA FORTALECER EL SISTEMA INMUNITARIO

La albahaca sagrada ayuda a fortalecer y modular el sistema inmunitario. Si se toma durante un tiempo prolongado produce efectos beneficiosos en personas afectadas de asma y alivia síntomas de la rinitis alérgica o fiebre del heno estacional.

En un ensayo doble ciego controlado con placebo se administró un extracto de albahaca sagrada todos los días a 22 voluntarios sanos. Al cabo de un mes, los resultados de sus análisis mostraron una mejoría significativa en diversos parámetros del sistema inmunitario en comparación con el grupo placebo[8].

Otros dos estudios analizaron una infusión que combinaba cinco hierbas comunes de la India: albahaca sagrada, ashwagandha, regaliz, jengibre y cardamomo. Se entregó esta mezcla para infusión a voluntarios de 55 años o más con un historial de tos y resfriados recurrentes. Los resultados finales «indican que el consumo regular de la infusión reforzada con hierbas ayurvédicas mejora la actividad de las células NK que constituye un aspecto importante de la respuesta inmune innata (temprana) ante las infecciones»[9].

Como planta antimicrobiana, la albahaca sagrada puede utilizarse tópicamente o por vía interna para tratar infecciones bacterianas, víricas y fúngicas. Se emplea frecuentemente para los brotes dolorosos de herpes (una infección vírica) y también puede aplicarse externamente en infecciones fúngicas como la tiña[10].

Estudios *in vitro* realizados con albahaca sagrada revelan que posee propiedades anticancerosas[11]. La realización de ensayos clínicos bien diseñados con seres humanos podría darnos más información sobre sus posibilidades para pacientes de cáncer.

CÓMO UTILIZAR LA ALBAHACA SAGRADA

Los herboristas suelen preferir la albahaca sagrada fresca. Sin embargo, con las hojas secas se puede hacer también una infusión estupenda.

La forma más común de preparar esta planta es en infusión. Debido a su elevado contenido en aceites volátiles, no se debe dejar reposar más de 5 o 10 minutos tapada.

CANTIDADES RECOMENDADAS

Puedes empezar con 1 cucharadita de hojas e ir aumentando la cantidad si lo deseas. Sería muy complicado tomar una cantidad excesiva; he visto recomendaciones diarias de hasta 120 gramos (4 onzas), ¡aproximadamente 2 tazas! Las cantidades grandes se miden con más exactitud por peso; sin embargo, una cucharadita pesa demasiado poco para poder medirla con exactitud con una báscula normal de cocina.

La dosis terapéutica de albahaca sagrada es:

En tintura (planta fresca): 1:2, 75 % de alcohol, 3 a 5 ml 3 veces al día.

En infusión: De 1 cucharadita a 2 tazas (por volumen) o de 2 gramos a 113 gramos (al peso).

CONSIDERACIONES ESPECIALES

La albahaca sagrada puede tener efectos adversos para la fertilidad tanto masculina como femenina y por tanto no deben utilizarla con regularidad las mujeres embarazadas ni las parejas que deseen tener un hijo.

Es ligeramente anticoagulante y no deben utilizarla las personas que están tomando warfarina.

Los que utilizan insulina para controlar la diabetes deberían hablar con su médico para ajustar las dosis mientras están tomando esta planta.

JULEPE DE ALBAHACA SAGRADA Y JENGIBRE

1 ramita de menta fresca

1 ramita de albahaca sagrada fresca

1 ½ cucharadas soperas de Jarabe de Albahaca Sagrada y Jengibre (véase la página 56)

1 ½ cucharadas soperas de zumo de limón fresco

¼ de taza (60 ml) de bourbon

1 ramita de albahaca sagrada o menta fresca para adornar

Estoy encantada de poder incluir esta receta creada por mi amiga Emily Han, autora del libro *Wild Drinks & Cocktails: Handcrafted Squashes, Shrubs, Switchels, Tonics, and Infusions to Mix at Home*. Sus exclusivas recetas de bebidas son divertidas y sabrosas, y esta no es ninguna excepción. Si quieres más recetas estupendas de Emily, las encontrarás en la página web www.EmilyHan.com.

Esto es lo que dice Emily de esta receta: «La albahaca sagrada, o tulsi, tiene un sabor picante parecido al de la pimienta que aporta complejidad a un cóctel. En este caso he enfatizado las propiedades caloríficas de esta planta combinándola con jengibre para elaborar un sirope meloso fantástico para un julepe. Si deseas una bebida aún más fuerte, puedes sustituir el bourbon por whisky de centeno. También se pueden utilizar los restos del Jarabe de Albahaca Sagrada y Jengibre (página 56) para animar un vaso de limonada».

Puedes hacer esta receta aunque solo tengas albahaca sagrada seca, no fresca. No tienes más que sustituir las ramitas de albahaca sagrada fresca por otras de menta fresca y elaborar el Jarabe de Albahaca Sagrada y Jengibre con la albahaca sagrada seca.

Para 1 persona

1. Introduce la ramita de menta, la ramita de albahaca sagrada, el Jarabe de Albahaca Sagrada y Jengibre y el zumo de limón en un vaso de julepe, un vaso Collins o cualquier vaso largo.

2. Llena el vaso de hielo machacado y vierte el bourbon sobre el hielo.

3. Adorna con la otra ramita de albahaca sagrada.

JARABE DE ALBAHACA SAGRADA Y JENGIBRE

2 cucharadas soperas de hojas
frescas de albahaca
sagrada muy picadas
o 1 cucharada sopera de
albahaca sagrada seca

1 ½ cucharaditas de jengibre
fresco rallado

½ taza de miel

Se obtienen aproximadamente 250 ml

1. Pon a hervir media taza de agua. Mezcla la albahaca sagrada y el jengibre en un recipiente de cerámica o de vidrio resistente al calor.

2. Vierte el agua hirviendo en el recipiente y tápalo. Deja reposar durante 15 minutos.

3. Una vez transcurrido ese tiempo, cuela con un colador de malla fina exprimiendo bien para extraer todo el líquido; desecha lo que queda en el colador.

4. Vierte la miel en el líquido templado y remueve hasta que se haya disuelto.

5. En el frigorífico se conserva un máximo de dos semanas, pero es preferible utilizarlo en el plazo de una semana para que conserve todo su sabor.

INFUSIÓN DE ALBAHACA SAGRADA

Esta infusión aromática de hojas sueltas es un reconstituyente vespertino estupendo o una forma maravillosa de empezar la mañana. A mí me gusta especialmente con albahaca sagrada fresca, pero también queda muy bien con planta seca.

El rooibos es una infusión originaria de África. Sus notas avainilladas combinan bien con las cualidades más aromáticas de la albahaca sagrada y el sabor fuerte del hibisco.

Se obtienen 300 ml, para 1 persona

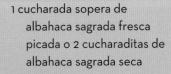

1 cucharada sopera de albahaca sagrada fresca picada o 2 cucharaditas de albahaca sagrada seca

2 cucharaditas de hojas de rooibos

1 cucharadita de hibisco seco

Estevia o miel al gusto (opcional)

1. Pon a hervir 300 ml de agua. Introduce las hierbas en una taza grande con filtro o en un filtro de té. Evita apelotonarlas en un filtro demasiado pequeño; es preferible que tengan sitio para expandirse y moverse.

2. Vierte el agua recién hervida sobre las hierbas. Tapa y deja reposar durante 5 minutos. Una vez transcurrido ese tiempo, cuela. Si deseas que esté dulce puedes añadir estevia o miel.

«LA CANELA ES UNA ESPECIA CULINARIA MUY CONOCIDA EN TODO EL MUNDO. APORTA FRAGANCIA Y CALOR A CUALQUIER COSA, YA SEAN LOS CEREALES DEL DESAYUNO, LAS GALLETAS, UN PLATO DE CURRY O UN ASADO. SIN EMBARGO, LO QUE LA MAYORÍA DE LA GENTE DESCONOCE ES QUE TAMBIÉN ES UNA MEDICINA MUY POTENTE, PODEROSA Y BIEN INVESTIGADA».

ROSEMARY GLADSTAR, HERBORISTA Y AUTORA DEL LIBRO *PLANTAS MEDICINALES: GUÍA PARA PRINCIPIANTES*

CAPÍTULO 7

Canela

Disfrutamos tan a menudo la canela en pasteles y tartas que a lo mejor nos cuesta creer que hace algo más que dar buen sabor a los postres. ¡No te dejes engañar! Es posible que sea una de las mejores especias para combatir muchas enfermedades crónicas comunes. Es un refuerzo muy potente de la función metabólica, lo que la convierte en una planta muy importante para, junto con la dieta, el ejercicio y la reducción del estrés, luchar contra la creciente epidemia de resistencia a la insulina y diabetes tipo 2.

Nombre botánico: *Cinnamomum cassia* (sin. *Cinnamomum aromaticum*), *Cinnamomum verum* (sin. *Cinnamomum zeylanicum*)

Familia: Lauráceas

Partes utilizadas: Corteza (en ramas, trocitos, polvo o aceite esencial), ramitas, flores secas

Energética: Calorífica, secante

Sabor: Picante, dulce

Propiedades de la planta: Aromática estimulante, calorífica, demulcente, dulce, astringente, analgésica, hipoglucémica, antioxidante, antimicrobiana

Usos de la planta: Dolor de muelas, diarrea, movimiento de la sangre, infecciones, artritis, resistencia a la insulina, resfriados y gripes

Preparación de la planta: Infusión, tintura, especia culinaria, polvo dentífrico

a rica historia de esta especie tan aromática se remonta cuando menos al año 2700 a.C., época en la que aparece citada por primera vez en textos chinos. En la Biblia, Dios ordena a Moisés que prepare un aceite de unción sagrada con dos tipos distintos de canela. Los antiguos egipcios la empleaban no solo para dar sabor a las comidas, sino también en el proceso de embalsamamiento.

Hoy en día, si te dieran a elegir entre una bolsa de canela y una bolsa de plata, probablemente cogerías la de plata sin dudarlo. Hace dos mil años, sin embargo, habrías hecho todo lo contrario. En el siglo I d.C., Plinio el Viejo afirma que la canela vale quince veces más que la plata. Durante siglos, el comercio de la canela estuvo férreamente controlado por los mercaderes árabes, que tejieron historias fabulosas acerca de su origen y su cultivo para realzar la magia que rodeaba a esta especie tan exótica y mantener con ello unos precios muy altos. Los europeos empezaron a comerciar con ella en el siglo XVI y desataron una lucha violenta que duró varios siglos porque unos cuantos países querían hacerse con el control de las plantaciones.

Los métodos de cultivo de los árboles de la canela han sido transmitidos de generación en generación durante siglos y prácticamente no han cambiado hasta la actualidad. Los árboles se someten a grandes podas cuando tienen dos años, con lo que se generan un montón de brotes arbustivos en la base del árbol. Estos brotes se cosechan dos veces al año, cuando las grandes lluvias monzónicas facilitan el proceso. A continuación empieza el trabajo duro de separar la corteza interior del resto del tallo. Las capas de corteza interior se prensan juntas y luego se ponen a secar. Es durante este proceso cuando se curvan y forman las «ramas» de canela que conocemos. Una vez totalmente secas, se cortan al tamaño deseado y se envían a todo el mundo. Sé que resulta un poco tonto, pero cada vez que noto el sabor de la canela en la lengua me entra la risa al pensar que estoy disfrutando con una corteza de árbol.

TIPOS DE CANELA

Existen más de cien variedades distintas de árboles de canela, pero las principales especies comerciales son dos. *Cinnamomum cassia* es la que encontramos con más facilidad en la sección de especies de las tiendas. Es originaria de Indonesia y hoy en día crece en climas tropicales de todo el mundo. La segunda, *Cinnamomum verum*, suele denominarse canela de Ceilán. Se cultiva en Sri Lanka y en algunas partes del mundo se la considera la canela «auténtica».

¿En qué se diferencian estas dos especies? Por lo que se refiere al sabor, la canela de Ceilán es más dulce y suave, mientras que la cassia es más picante y fuerte. Los cocineros suelen preferir la cassia para platos salados como carnes y sopas, y la de Ceilán para los postres. En la medicina herbal, ambas se pueden utilizar indistintamente.

ENERGÉTICA Y PROPIEDADES MEDICINALES DE LA CANELA

El herborista Matthew Wood describe la energética y el sabor de la canela de una forma muy bella: «La canela es caliente y estimulante, por lo que tiende a calentar la digestión y el interior, pero también es dulce y astringente, por lo que alimenta y tonifica»[1].

La canela consigue aliviar muchas molestias digestivas como la indigestión, los gases y los cólicos. Es un ingrediente muy habitual de las mezclas de té chai que se suelen tomar después de la comida para facilitar la digestión. Es una de las hierbas más apropiadas para los niños con diarrea porque tiene propiedades antimicrobianas, sabe bien y mejora con mucha suavidad el tono intestinal para evitar la deshidratación.

PARA BAJAR LA FIEBRE

¿Tienes frío? ¿Tienes calor y frío? La canela licúa ligeramente la sangre y puede utilizarse para mejorar la circulación general y para calentar las manos y los pies cuando están fríos. También puede emplearse en situaciones agudas, como un resfriado o una gripe, cuando el enfermo está tiritando y tiene frío. La herborista Leslie Tierra afirma que «la corteza de canela conduce el fuego metabólico del organismo de vuelta a su fuente, con lo que alivia los síntomas de calor en la parte superior del cuerpo y de frío en la inferior que se experimentan cuando se tiene el rostro enrojecido, se estornuda, se suda profusamente, las extremidades inferiores están débiles y frías y se tiene diarrea»[2].

El herborista jim mcdonald la recomienda para combatir la fiebre en esos casos en los que el cuerpo está húmedo y frío por fuera pero se está sudando mucho y se tiene diarrea[3]. Para estos casos, la canela es la especia ideal porque calienta el cuerpo por fuera, detiene la sudoración excesiva y tonifica los intestinos.

PARA TENER UNOS DIENTES Y ENCÍAS SALUDABLES

La canela tiene unas propiedades muy beneficiosas para la salud de las encías y los dientes. Cuando se utiliza en forma de aceite esencial diluido, consigue aliviar el dolor de muelas.

También se puede utilizar la canela en polvo como dentífrico para mantener sanos los dientes y las encías. Como tonifica los tejidos y es antimicrobiana, disminuye la cantidad de bacterias dañinas de la boca. La herborista Anne McIntyre lo explica de esta manera: «El aceite volátil de la canela es uno de los antisépticos naturales más potentes que se conocen. Sus propiedades antimicrobianas lo convierten en una medicina excelente para prevenir y curar un abanico muy amplio de infecciones»[4]. En las recetas de este capítulo encontrarás una de polvo dentífrico de canela.

PARA COMBATIR LA RESISTENCIA A LA INSULINA
Y LA DIABETES TIPO 2

En el año 2012, el porcentaje de población que sufría diabetes tipo 2 en los países occidentales estaba justo por debajo del 10 por ciento, y los investigadores han descubierto que hasta el 30 por ciento padece prediabetes o resistencia a la insulina[5]. Hay millones de personas con diabetes y prediabetes que no son conscientes de su enfermedad, y estas dolencias están afectando a personas cada vez más jóvenes. Las complicaciones que provocan incluyen, entre otras cosas, amputaciones de miembros, enfermedades del corazón, insuficiencia renal y muerte.

Son muchas las causas y los factores que favorecen la aparición de una diabetes tipo 2. El análisis en profundidad de los muchos planteamientos holísticos de esta enfermedad escapan al objetivo de este libro, pero la buena noticia es que podemos reducir nuestro riesgo de desarrollarla sencillamente utilizando hierbas y especias. La canela ha sido objeto de numerosos estudios que han revelado que esta especia, sobre todo la *Cinnamomum cassia*, puede disminuir drásticamente los niveles de glucosa y de insulina.

En un ensayo clínico aleatorio, doble ciego y controlado con placebo los investigadores administraron a personas con una diabetes tipo 2 mal controlada dos gramos diarios de canela durante doce semanas. Al cabo de este tiempo, los que tomaban canela mostraron una disminución significativa de la HbA1c (un marcador que muestra los niveles medios de glucosa en sangre durante un periodo de tiempo) y de la presión sanguínea. La conclusión del estudio fue que «la suplementación con canela puede considerarse una opción alimentaria adicional para regular los niveles de azúcar en sangre y de la presión sanguínea en combinación con las medicaciones convencionales para tratar la diabetes mellitus tipo 2»[6].

Otro estudio reveló que la canela mejora enormemente los niveles de glucosa y colesterol en adultos con diabetes tipo 2. Los investigadores concluyeron que los resultados del estudio «sugieren que la inclusión de canela en la dieta de personas con diabetes tipo 2 reduce los factores de riesgo asociados con la diabetes y las enfermedades cardiovasculares»[7].

De todas formas, no hace falta tener resistencia a la insulina ni diabetes tipo 2 para beneficiarse de la canela. Diversas investigaciones han demostrado que tomar tres gramos de canela con las comidas mejora la función metabólica, lo que disminuye el riesgo de desarrollar esta enfermedad crónica[8].

CÓMO UTILIZAR LA CANELA

¡La forma más fácil de utilizar la canela es añadiéndola a las comidas! Aunque la mayoría de nosotros estamos familiarizados con esta especia en las recetas dulces, también va muy bien en los platos salados y en las carnes. Es estupenda en infusión y suele añadirse a mezclas de té. Aunque no es originaria de México, este país ha popularizado la mezcla con chocolate, lo que comúnmente se conoce como chocolate mexicano.

Cuando preparo postres que requieren esta especia, suelo triplicar o cuadruplicar la cantidad que se indica en la receta. De este modo obtengo el máximo beneficio y sigo disfrutando de un plato delicioso.

CANTIDADES RECOMENDADAS

La canela puede disfrutarse en cantidades pequeñas para condimentar alimentos o dulces. La dosis terapéutica es de entre 1 y 6 gramos al día.

CONSIDERACIONES ESPECIALES

No debe tomarse en grandes cantidades durante el embarazo.

Disminuye significativamente los niveles de glucosa en sangre. Aunque esto puede ser un efecto secundario positivo, las personas con diabetes tipo 2 deberán vigilar atentamente sus niveles de insulina si desean tomarla con regularidad.

Es un anticoagulante eficaz. No se aconseja tomarla en dosis terapéuticas (es decir, mayores que la cantidad que suele añadirse a las comidas) si se están tomando anticoagulantes farmacológicos.

POLVO DENTÍFRICO DE CANELA

2 cucharadas soperas de canela en polvo

1 cucharadita de carbón activado

1 cucharadita de regaliz en polvo

Cepillarse los dientes con hierbas en polvo puede parecer un tanto extraño, pero fue algo muy habitual antes de que aparecieran las pastas dentífricas. El polvo no hace espuma pero aporta sensación de limpieza y suavidad en los dientes y favorece la salud de las encías. Evita que caigan gotas de agua al polvo porque la humedad disminuye su vida útil.

Se obtienen 2,5 cucharadas soperas que sirven para un par de meses de uso regular

1. Mezcla todos los ingredientes y guárdalos en un recipiente pequeño con tapa. Es muy conveniente desechar lo que no se haya utilizado en un plazo de 6 meses y preparar más con ingredientes frescos.

2. *Para utilizarlo:* Humedece el cepillo de dientes. A continuación, pon una pequeña cantidad de polvo sobre él con una cucharita (yo lo hago sobre el recipiente en el que guardo el polvo para no desperdiciar lo que pueda caer). Cepilla suavemente los dientes tal y como harías con una pasta dentífrica.

INFUSIÓN DE CANELA PARA SUAVIZAR LA GARGANTA

Esta receta está inspirada en una de mis infusiones de bolsa favoritas, Throat Coat, de Traditional Medicinals. Durante muchos años, siempre tuve una caja a mano; me parecía que no había nada mejor para calmar el dolor de garganta. Ahora tengo siempre a mano estos ingredientes y puedo disfrutar de una infusión de sabor parecido pero más fuerte y también más barata. La uso siempre que me duele la garganta, ya sea por una enfermedad o por haber pasado todo el día dando clase. Recomiendo preparar una buena cantidad y guardarla en un termo. De esa forma se puede ir tomando poquito a poco durante el día y se mantiene caliente.

Esta infusión contiene corteza de olmo rojo. Este árbol está en peligro de extinción por culpa de las enfermedades y de la destrucción de su hábitat. Compra solo la procedente de cultivos sostenibles y, si no consigues encontrar una que cumpla este requisito, elimínala de la receta y aumenta la cantidad de raíz de malvavisco. Como muchas de las plantas de esta receta tienen una forma rara, es preferible medirlas al peso y no por volumen.

Se obtienen aproximadamente 1,5 tazas, para 1 persona

1. Mezcla todos los ingredientes con 3 tazas de agua y ponlos a hervir a fuego lento durante 20 minutos. Una vez transcurrido este tiempo, cuela las hierbas. Si lo deseas, puedes añadir miel.

2. Ve tomándola a lo largo del día. Debes consumirla en un plazo de 36 horas.

10 gramos de corteza de olmo rojo seca

10 gramos de raíz de malvavisco seca

8 gramos de canela seca en trocitos (o 1,5 ramas de canela desmenuzadas en trocitos pequeños)

5 gramos de cáscara de naranja seca*

3 clavos enteros

Miel al gusto (opcional)

* La cáscara de naranja seca que venden en las tiendas viene en trozos pequeños y uniformes. Si vas a prepararla tú mismo, asegúrate de picar muy fino las cáscaras antes de secarlas porque una vez secas resultan difíciles de cortar.

BUDÍN DE SEMILLAS DE CHÍA CON SIROPE DE CANELA Y ARCE

Para el budín:

50 g de semillas de chía

1 lata de leche de coco de 400 ml

200 ml de yogur natural

Para el sirope:

2 cucharadas soperas de mantequilla o aceite de coco

1 cucharadita de canela en polvo

¼ de cucharadita de cardamomo en polvo

¼ de taza de sirope de arce

Las semillas de chía son muy nutritivas. Cuando se sumergen en un líquido, se espesan y dan lugar a un budín parecido a la tapioca. Este postre tan sencillo me entusiasma. Es también fantástico para desayunar, sobre todo si le pones encima un poco de fruta fresca. Puede parecer raro colocar el sirope en el fondo del vaso, pero, cuando echas las semillas de chía encima, el sirope se reparte por todo él.

Se obtienen 4 tazas, para 4 personas

1. *Para preparar el budín:* Mezcla las semillas de chía, la leche de coco, el yogur y el agua en un recipiente de vidrio mediano que tenga tapa (para medir el yogur y el agua puedes utilizar la lata vacía de la leche de coco; necesitas media lata de cada uno de ellos).

2. Deja reposar tapado en el frigorífico durante 3-5 horas o toda la noche. Cuando esté hecho deberá tener una consistencia densa, como un budín.

3. Refrigera y consume en un plazo máximo de 48 horas.

4. *Para preparar el sirope:* Funde la mantequilla o el aceite en un cazo pequeño. Añade la canela y el cardamomo y mezcla bien. Incorpora el sirope de arce y remueve.

5. Reparte el sirope en cuatro tazas o tarritos pequeños. Acaba de llenarlos con el budín de semillas de chía (el sirope irá formando capas a medida que vayas añadiendo el budín) y... ¡a disfrutar!

«GRACIAS A SUS LEGENDARIAS PROPIEDADES CURATIVAS, SU SABOR EXCITANTE Y SU HABILIDAD MÁGICA PARA EVITAR QUE SE DESVANEZCA LA SENSACIÓN DE BIENESTAR, LA CAYENA ES UNA DE MIS HIERBAS FAVORITAS Y ME GUSTA USARLA CON FINES TANTO MEDICINALES COMO CULINARIOS».

ROSEMARY GLADSTAR, HERBORISTA Y AUTORA DEL LIBRO *PLANTAS MEDICINALES: GUÍA PARA PRINCIPIANTES*

CAPÍTULO 8

Cayena

La cayena es una especia picante con muchísimos usos en la cocina que, además, resulta muy beneficiosa para la salud. Alivia el dolor, impide que el resfriado se asiente, potencia enormemente la salud del corazón y promueve la pérdida de peso saludable. De todas formas, hay que tener cuidado con su energética, porque es extremadamente picante; el éxito vendrá determinado por lo bien que consigas combinarla con la persona que vaya a utilizarla.

Otros nombres comunes: Guindilla, chile, ají

Nombre botánico: *Capsicum annuum, Capsicum frutescens*

Familia: Solanáceas

Partes utilizadas: Fundamentalmente el fruto, también las semillas

Energética: Calorífica, secante

Sabor: Picante

Propiedades de la planta: Estimulante, antimicrobiana, analgésica, carminativa, estíptica, antioxidante, diaforética estimulante, expectorante estimulante, inmunoestimulante, rubefaciente, antifúngica, estimulante del metabolismo, mueve la sangre

Usos de la planta: Dolor de muelas, artritis, fiebre, enfermedades cardiovasculares, mala circulación, parásitos, problemas digestivos, dolor de garganta, depresión, falta de deseo sexual, hemorragias, inflamación, hipertensión, hipotensión, cefalea, neuropatía, herpes zóster, infecciones fúngicas, diabetes tipo 2, resistencia a la insulina, pérdida de peso, cólicos menstruales

Preparación de la planta: Infusión, tintura, linimento, pomada de aceite, especia culinaria

El término *Capsicum* que designa el género de la cayena deriva quizá del griego *kapto*, que significa 'morder'. Este «mordisco» lo produce la capsaicina. Cuanta más capsaicina tiene un pimiento, más picante resulta. La concentración de esta sustancia varía muchísimo entre las distintas especies y variedades.

Una forma de expresar este «mordisco» o picor es mediante la escala Scoville (SHU). La cayena tiene entre 30.000 y 50.000 SHU. Como medida comparativa debes saber que un pimiento morrón tiene 0 y un chile habanero, más de 100.000.

Entre los demás miembros del género *Capsicum* encontramos los pimientos y los distintos tipos de chile. Es un género que procede de América y se lleva cultivando desde hace al menos siete mil años. Los primeros exploradores europeos trajeron consigo las semillas y gustaron tanto que se extendieron rápidamente por todo el mundo. ¿Te imaginas cómo sería la cocina asiática sin cayena?

TIPOS DE CAYENA: COMPARACIÓN DE LOS CHILES CON LAS PIMIENTAS

A menudo se habla de la cayena como si fuera una pimienta, pero en realidad no pertenece al género *Piper* (como la pimienta negra). En América, la cayena y otras plantas del género *Capsicum* se conocen con el nombre genérico de *chile*, un término de origen azteca.

ENERGÉTICA Y PROPIEDADES MEDICINALES DE LA CAYENA

La cayena difiere de muchas de las hierbas y especias que aparecen en este libro porque tiene una energética sobresaliente. Es *picante*.

En líneas generales, las plantas alimentarias están energéticamente equilibradas. Esto significa que sus características térmicas (de caliente a fría) y su nivel de humedad (de húmeda a seca) son más o menos neutras. Estas plantas equilibradas pueden consumirse en mayor cantidad, como haríamos con un alimento, y durante periodos más largos con resultados beneficiosos (la ortiga es un ejemplo estupendo).

Cuando digo que la cayena es energéticamente picante, no estoy hablando de ninguna cualidad etérea. Si muerdes una, sabrás perfectamente a qué me refiero. Tiene un sabor *picante* y cuando la tomamos, aunque solo sea en cantidades pequeñísimas, sentimos calor por todo el cuerpo. Además de percibir una sensación ardiente en la lengua, empezamos a sudar y nos empieza a moquear la nariz. Como es una especia tan extrema, podemos obtener unos resultados fabulosos con cantidades muy pequeñas.

CÓMO COMBINAR LA ENERGÉTICA DE LA CAYENA

La cayena es más apropiada para las personas que tienden a ser frías, sobre todo aquellas que siempre tienen las manos y los pies fríos y también la digestión. Cuando una persona tiene la digestión fría y estancada, puede costarle transformar la comida que ingiere en los nutrientes que necesita para gozar de buena salud. Esto puede dar lugar a un exceso de fatiga debida a la falta de nutrientes y a toda la energía que tiene que utilizar para hacer una digestión poco eficiente. La cayena es una planta excepcional para calentar y estimular la digestión.

Además, nos ofrece una oportunidad perfecta para investigar un poco más el planteamiento que hace la herbología de la energética y la constitución de la persona y superar el Síndrome de la Solución Única. Mientras los científicos la estudian para toda la población o para personas a las que se les ha diagnosticado una enfermedad concreta, el objetivo de los herboristas es combinar sus características extremas de calor y sequedad con una persona que muestre signos de frialdad y de humedad. En la teoría herbal, si una persona que muestra signos de calor toma cayena, puede exacerbar sus problemas en lugar de aliviarlos.

Desde esta perspectiva, vamos a evaluar un estudio realizado con cayena para tratar los síntomas del síndrome del colon irritable. En este estudio se dividió a cincuenta personas en dos grupos, uno de los cuales recibió una cápsula de cayena y el otro un placebo. Seis de las personas que tomaron cayena abandonaron el estudio por un creciente dolor abdominal. Sin embargo, la conclusión del estudio fue que las cápsulas de cayena «fueron significativamente más eficaces que el placebo para disminuir la intensidad del dolor abdominal y la hinchazón y los pacientes las consideraron más eficaces que el placebo»[1].

Lo que este estudio me indica es que la cayena funciona, pero que lo hace mejor cuando se *combina con la persona adecuada*. Me encantaría ver un estudio en el que se evaluara a los participantes según sus síntomas energéticos y se eligieran las plantas que mejor se adaptaran a cada uno en lugar de a unos síntomas generales.

PARA ALIVIAR LOS PROBLEMAS DIGESTIVOS

Aunque los efectos caloríficos de la cayena se perciben inmediatamente, un estudio ha demostrado que se obtienen mayores beneficios cuando se toma durante periodos prolongados. Este estudio concreto analizó la capacidad de la cayena para disminuir los síntomas de la dispepsia (indigestión). Se administraron 2,5 gramos de cayena diarios a quince personas y un placebo a otras quince. A partir de la tercera semana, las que tomaron la cayena mostraron una disminución significativamente mayor de los problemas digestivos que las que tomaron el placebo. Al final del ensayo, las que tomaron cayena mostraron una reducción del 60 por ciento de los síntomas, mientras que en el grupo placebo la reducción fue del 30 por ciento[2].

Hubo un tiempo en que se culpó a la cayena y a las pimientas picantes de ser las causantes de las úlceras, pero estudios más recientes han demostrado que, muy al contrario, la cayena tiene efectos protectores para el revestimiento estomacal y puede incluso prevenir la aparición de úlceras pépticas[3, 4].

Existen muchos estudios contradictorios acerca de la cayena y su capacidad para solucionar o, por el contrario, exacerbar problemas digestivos comunes como el ardor de estómago, el reflujo gastroesofágico, las hemorroides o las fisuras anales. De todas formas, es importante recordar que la constitución de la persona puede desempeñar un papel muy importante en estos resultados tan opuestos.

PARA ACELERAR EL METABOLISMO

Desde hace mucho tiempo, los herboristas han utilizado la cayena para calentar a la gente, ya fuera porque sufrían de frío crónico en manos y pies o porque mostraban señales agudas de frialdad como, por ejemplo, sabañones. Esta capacidad para aumentar la circulación y la acción metabólica es lo que se conoce como termogénesis, y puede resultar muy beneficiosa para perder peso o para combatir síntomas asociados con el resfriado y las infecciones de las vías respiratorias altas.

Por lo que respecta a la pérdida de peso, un estudio reveló que una dosis de 6 miligramos de extracto de cayena favorece la pérdida de grasa abdominal [5]. En otro estudio se comprobó que los que obtenían más beneficios eran las personas que no estaban habituadas a consumir pimientos rojos y las que saboreaban la cayena (es decir, que no la tomaban en cápsulas) [6].

PARA POTENCIAR LA SALUD DEL CORAZÓN

El prolífico herborista John R. Christopher, al que muchos conocen sencillamente como el doctor Christopher, exaltaba las virtudes de la cayena y afirmaba que ejercía unos efectos protectores muy potentes sobre la salud del corazón y que incluso podía detener un infarto de miocardio. La ciencia ha demostrado que el uso prolongado de esta especia es muy adecuado para la salud del corazón, aunque lógicamente no se ha realizado ningún estudio sobre su capacidad para detener un infarto.

Un estudio de cuatro semanas de duración demostró que el consumo regular de chiles producía una disminución del ritmo cardíaco en descanso [7]. Otro ensayo reveló que el consumo regular durante cuatro semanas mejoraba la resistencia del organismo ante la oxidación [8]. Ensayos *in vitro* han demostrado que la cayena puede reducir la agregación plaquetaria, lo que podría reducir el riesgo de formación de coágulos [9].

PARA COMBATIR LA RESISTENCIA A LA INSULINA Y LA DIABETES TIPO 2

La dieta, el estrés y la calidad del sueño son algunos de los principales factores que suelen relacionarse con la resistencia a la insulina y la diabetes tipo 2. De todas formas, algunas plantas como la cayena pueden ayudar mucho a prevenir y revertir los síntomas. Se ha demostrado que la cayena disminuye de una forma muy eficaz el nivel de glucosa en sangre y mantiene los niveles de insulina [10, 11]. Estas propiedades hacen que resulte muy beneficiosa para las personas que desean combatir la intolerancia a la insulina que puede dar lugar a una diabetes tipo 2.

PARA COMBATIR RESFRIADOS Y GRIPES

Karta Purkh Singh Khalsa y Robyn Landis escribieron, en su libro *Herbal Defense*, la siguiente afirmación: «Se puede tratar un resfriado de una forma muy efectiva utilizando solo chiles si eres capaz de tragar una cantidad suficiente»[12]. La cayena es una medicina herbal que calienta por dentro y una de las muchas formas reconocidas de detener un catarro (otros métodos son las terapias de sudoración, como las saunas y los baños calientes).

Si alguna vez has tomado infusión de cayena o has añadido cayena a la comida habrás observado que la nariz responde inmediatamente. La cayena favorece la segregación de moco en las membranas mucosas y provoca moqueo nasal y descongestión. El moco está repleto de anticuerpos y es una respuesta muy potente del sistema inmunitario ante un patógeno invasor. Si el resfriado o la gripe ha progresado y existe congestión nasal o pulmonar, la cayena la resuelve rápidamente. Poner en movimiento la congestión mucosa disminuye la posibilidad de que se produzca una infección secundaria en los senos paranasales.

PARA EL ALIVIO DEL DOLOR

La capsaicina, uno de los principales componentes de la cayena, bloquea la sustancia P, un neuropéptido que transmite las sensaciones de dolor en el organismo. Se puede utilizar cayena por vía tópica para aliviar muchos tipos de dolor, incluidos la lumbalgia, la neuropatía diabética (daños en los nervios), el herpes zóster, las migrañas, el dolor de espalda y la artritis [13, 14, 15, 16, 17].

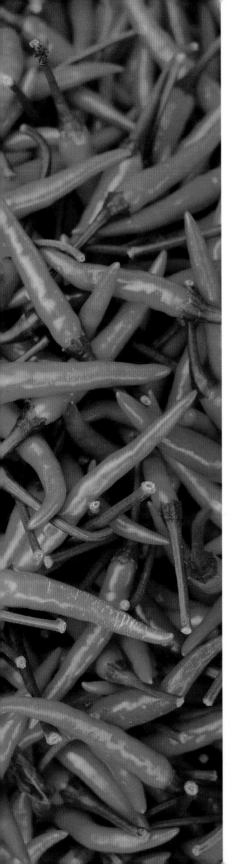

CÓMO UTILIZAR LA CAYENA

La cayena es un condimento fantástico para muchos platos. Suele utilizarse seca, ya sea entera o en polvo. Como se degrada con bastante facilidad, asegúrate de comprarla recién seca y en pequeñas cantidades. Lo ideal sería reponer la cayena en polvo cada seis meses.

La mayor parte de la capsaicina se localiza en el revestimiento de las semillas y en las membranas de las que cuelgan estas. Si utilizas cayenas enteras, puedes disminuir el picor eliminando las semillas.

CANTIDADES RECOMENDADAS

Para evitar molestias estomacales, recomiendo tomar la cayena con las comidas. Dependiendo de tu sensibilidad y tolerancia, puedes espolvorear una pequeña cantidad para «animar» el plato o consumir una cantidad terapéutica de entre 1 y 10 gramos al día.

CONSIDERACIONES ESPECIALES

Empieza siempre con cantidades pequeñas y ve incrementándolas poco a poco si lo deseas.

La cayena es una especie picante. Tomarla en grandes cantidades y durante periodos prolongados puede hacer que la persona se sienta constantemente acalorada y reseca.

Es muy irritante para los ojos y la piel sensible. Evita tocar cayena o preparados que la contengan y luego llevarte la mano a los ojos. Si vas a preparar grandes cantidades, plantéate la posibilidad de ponerte guantes.

No debe tomarse en grandes cantidades durante el embarazo.

Las personas que estén tomando warfarina o algún otro fármaco anticoagulante deben consultar con su médico antes de tomar cantidades elevadas de cayena.

INFUSIÓN DE CAYENA

¡Prepárate para sudar! Una de las primeras cosas que hago cuando noto que estoy incubando un resfriado o una gripe es tomarme una infusión caliente de cayena. No solo acelera el proceso de curación y disminuye la duración del resfriado, sino que resulta muy agradable en la garganta.

Si tienes una cayena en polvo realmente potente, empieza solo con ⅛ o ¼ de cucharadita. Si ves que la toleras bien, ve aumentando poco a poco la cantidad. Cuanta más tomes, mejor, pero bebe la infusión despacio. Cuando se toma algo que es demasiado fuerte, es fácil sentir náuseas.

Se obtiene 1 taza

1. Pon a hervir 1 taza de agua. Introduce la cayena en polvo en la taza y vierte el agua caliente sobre ella. Añade el zumo de limón y la miel y remueve.

2. Cuando se haya enfriado un poco, empieza a beberla despacio y a sorbitos. Cuanto más caliente esté, mejor.

¼ de cucharadita de cayena en polvo o al gusto

1 cucharada sopera de zumo de limón recién exprimido

1 cucharadita de miel o al gusto

SIDRA DE FUEGO

1 taza de cebolla amarilla
o marrón picada

½ taza de rábano picante
rallado

½ taza de ajo picado
(aproximadamente
15 dientes)

40 g de jengibre fresco rallado

¼ de centímetro (¼ de
pulgada) de cayena fresca,
½ cucharadita de cayena
seca o al gusto

2 cucharadas soperas de
tomillo seco

2 cucharaditas de pimienta
negra en grano

½ limón cortado en rodajas
finas

50 g de miel cruda o más al
gusto

650 ml (21 fl oz) de vinagre
de sidra crudo sin filtrar
(con una acidez mínima
del 5 por ciento)

La sidra de fuego es un vinagre picante creado por mi queridísima herborista Rosemary Gladstar. Desde que ideó esta receta hace décadas, miles de herboristas han hecho innumerables versiones de ella. Si preguntaras en una habitación llena de herboristas acerca de la sidra de fuego, lo más probable es que la mayoría te dijeran que es uno de sus remedios favoritos para el invierno.

Este vinagre tiene un sabor atrevido con una combinación interesante de sensaciones picantes, ácidas y dulces. Si lo vas a utilizar como remedio preventivo, te recomiendo que tomes una cucharada entre una y tres veces al día. Si lo quieres para combatir algo, tómate una cucharada cada hora. Si lo deseas puedes diluirlo en un poco de agua.

Para esta receta recomiendo utilizar cebollas amarillas o marrones picantes y no dulces o blancas.

Se obtienen 2 tazas

1. Introduce las cebollas, el rábano picante, el ajo, las hierbas, las especias y el limón en un tarro de 1 litro. Añade la miel.

2. Llena el tarro de vinagre y asegúrate de que todos los ingredientes quedan bien cubiertos.

3. Remueve bien para que no quede ninguna burbuja de aire.

4. Cierra el tarro, a ser posible con una tapa de vidrio o de plástico. Si vas a utilizar una tapa de metal, coloca papel de hornear o encerado entre la tapa y el tarro (porque el vinagre corroe el metal).

5. Deja reposar el tarro durante 2 o 3 semanas. Durante los primeros días, agítalo bien una vez al día.

6. Una vez transcurrido ese tiempo, cuela el vinagre y pásalo a un tarro limpio. Refrigéralo y utilízalo en el plazo de un año.

POMADA DE CAYENA

Esta pomada tan sencilla sirve para aliviar dolores menores. Funciona estupendamente para dolores musculares y articulares, contusiones e incluso dolor nervioso. Si la vas a utilizar para combatir el dolor artrítico, hazlo a diario y ten en cuenta que puedes tardar una o dos semanas en ver los resultados. Se conserva a temperatura ambiente durante un año, pero es preferible utilizarla en un plazo de seis meses.

iEs picante! Solo debe utilizarse externamente y nunca en piel que esté abierta. Hasta en la piel sana puedes sentir un poco de quemazón en la zona donde la hayas aplicado. Las personas sensibles pueden experimentar molestias o incluso tener ampollas. Si así fuera, deja de aplicarla hasta que la zona haya curado y luego vuelve a utilizarla con menos frecuencia o en cantidades más pequeñas.

Aviso: Al entrar en contacto con las membranas mucosas o los ojos, la cayena produce grandes ardores. Lávate bien después de tocarla. Si la vas a utilizar en las manos, puedes ponértela por la noche y dormir con guantes.

Se obtienen 120 gramos (4 onzas)

½ taza de aceite de oliva

2 cucharadas soperas de cayena en polvo (15 gramos)

14 gramos de cera de abeja

1. El primer paso consiste en hacer la infusión en aceite. Puedes hacerla al baño María o en una olla de cocción lenta. Ten cuidado de que el aceite no se caliente demasiado. La temperatura ideal es de 37 °C (100 °F).

2. Para hacerla al baño María, pon entre 2 y 5 centímetros (1-2 pulgadas) de agua en una olla y coloca encima un recipiente que ajuste bien. Pon en este el aceite y la cayena. Calienta a fuego medio-bajo durante 20 minutos hasta que el aceite esté bastante templado. Apaga el fuego y deja reposar durante otros 20 minutos para que se enfríe un poco. Repite este proceso de calentado y enfriado durante 2-3 horas.

3. Una vez transcurrido ese tiempo, pasa el aceite por un colador forrado con dos capas de gasa de quesero.

4. Calienta la cera de abeja a fuego bajo en un cazo pequeño o al baño María hasta que se haya fundido. Incorpora el aceite macerado y sigue removiendo hasta que ambos se hayan mezclado totalmente.

5. Vierte esta mezcla en tarros o latas, deja enfriar y etiqueta los recipientes.

«CUANTO MÁS UTILIZO ESTA JOYA AMARILLA,
MÁS USOS PARECE TENER. YO LA DENOMINO
EL "BOTIQUÍN EN TARRO"».

KARTA PURKH SINGH KHALSA, HERBORISTA
Y AUTOR DE *THE WAY OR AYURVEDIC HERBS*

CAPÍTULO 9

Cúrcuma

Si vieras una lista de todas las aplicaciones que damos los herboristas a la cúrcuma para mejorar la salud de las personas, sería tan larga que te parecería inconcebible. ¿Cómo puede una planta hacer tantas cosas? Quizá sea su increíble capacidad para combatir la inflamación. La inflamación desempeña un papel significativo en el cáncer, la diabetes tipo 2, los trastornos autoinmunes, el asma, la artritis, la colitis ulcerosa, la periodontitis, el eccema, la psoriasis y muchas otras dolencias. De hecho, muchas de las principales enfermedades que asolan el mundo occidental pueden relacionarse con la inflamación sistémica crónica[1].

Nombre botánico: *Curcuma longa*

Familia: Zingiberáceas

Partes utilizadas: Rizoma (raíz)

Energética: Calorífica, secante

Sabor: Picante, amarga

Propiedades de la planta: Analgésica, movilizadora de la sangre, colagoga, antioxidante, astringente, carminativa, antiinflamatoria, hemostática, vulneraria, antiespasmódica

Usos de la planta: Artritis, digestión, eccema, hemorragias, heridas, úlceras, diarrea, problemas hepáticos, dolor, alzhéimer, resfriados/gripes, cáncer, salud cardiovascular, diabetes tipo 2

Preparación de la planta: Especia culinaria, polvo, tintura, infusión

L a cúrcuma es una planta muy relacionada con el jengibre. Como en el caso de este, la parte que más se utiliza como especia culinaria y como medicina herbal es el rizoma, o raíz. La cúrcuma procede del sudeste asiático, aunque hoy en día se cultiva en zonas tropicales de todo el mundo.

Desde hace miles de años es una especia muy apreciada en la India y está muy presente en su cocina y en la medicina ayurvédica. En la actualidad, India es el país donde más se cultiva y en donde se consume el 80 por ciento de la producción mundial[2]. En el mundo occidental se han estudiado ampliamente tanto la cúrcuma como sus componentes aislados —como la curcumina—, y sus efectos beneficiosos son muy apreciados.

ENERGÉTICA Y PROPIEDADES MEDICINALES DE LA CÚRCUMA

Oímos hablar frecuentemente de los efectos negativos de la inflamación, pero lo que no escuchamos tan a menudo es que no todas las inflamaciones son malas. De hecho, la inflamación aguda es un proceso muy importante que utiliza el sistema inmunitario para curar huesos rotos, torceduras, hematomas, arañazos, etc. Los problemas surgen cuando esta inflamación aguda se cronifica.

Los antiinflamatorios no esteroideos (AINE) son los fármacos que suelen recetarse para reducir la inflamación tanto crónica como aguda. Estos medicamentos disminuyen rápidamente todos los tipos de inflamación, ya sean buenos o malos, y con ello bloquean además unos ácidos grasos muy importantes que son los responsables de conservar la integridad del revestimiento estomacal. Se ha demostrado una y otra vez que estos antiinflamatorios influyen de forma negativa sobre el tiempo de curación de las lesiones de los tejidos blandos, sobre todo si se toman durante periodos prolongados[3, 4]. Y aunque mucha gente considere que, como se venden sin receta, son seguros, lo cierto es que todos los años son los responsables de la muerte de miles de personas[5].

La cúrcuma es una alternativa a los AINE igual de efectiva y *más segura* para la inflamación crónica. Aunque se considera una planta antiinflamatoria, no combate la inflamación de forma indiscriminada, como los AINE. En realidad, lo que hace es potenciar la capacidad del organismo para afrontarla, por lo que resulta más exacto decir que *modula* la inflamación. En lugar de inhibir ácidos grasos como las prostaglandinas, bloqueando con ello los aspectos beneficiosos de la inflamación, la cúrcuma favorece en muchos aspectos la capacidad curativa del cuerpo, aumenta la producción de glutatión (importante para la depuración del organismo), disminuye los daños provocados por los radicales libres y bloquea la producción de una serie de enzimas inflamatorias concretas[6].

PARA POTENCIAR LA DIGESTIÓN Y LA SALUD DEL HÍGADO

La cúrcuma tiene propiedades que potencian de una forma muy eficaz y segura la salud del hígado, sobre todo cuando se consume de forma regular. El hígado es un órgano asombroso. Es el responsable de filtrar la sangre; de descomponer y eliminar los desechos metabólicos; de almacenar el glucógeno, fundamental para tener energía, y de fabricar la bilis que nos permite digerir las grasas. Los herboristas relacionan su mal funcionamiento con muchos problemas digestivos, desequilibrios hormonales, mala absorción de nutrientes y erupciones inflamatorias como el eccema.

Las dietas depurativas extremas y las limpiezas de hígado son prácticas habituales entre los defensores de la salud natural. La idea que las respalda es que «limpiar» enérgicamente el hígado un par de veces al año permite mejorar la salud general del organismo durante todo el año. En el contexto de la salud holística, este enfoque no tiene sentido. Puesto que la depuración es algo que se produce en las células de forma natural y constante, resulta más beneficioso potenciar la salud de los aparatos depurativos a diario. De este modo te aseguras de que los distintos sistemas del cuerpo trabajan bien todo el tiempo, no solo un par de veces al año.

En un estudio aleatorizado y controlado, los investigadores demostraron que la cúrcuma consigue mejorar enormemente la función hepática al disminuir significativamente los niveles de la enzima ALT durante un periodo de 12 semanas[7] (los niveles elevados de ALT se han relacionado con la inflamación y los daños de las células hepáticas).

PARA CURAR HERIDAS

La capacidad de la cúrcuma para curar heridas y modular la inflamación la convierte en la planta perfecta para combatir muchos problemas digestivos inflamatorios. Los herboristas la emplean con gran éxito para tratar problemas digestivos agudos como la diverticulitis, la colitis y las úlceras. Desde una perspectiva energética herbal, la cúrcuma tonifica la superficie de la úlcera, disminuye la inflamación, detiene la hemorragia y ayuda a prevenir la infección (en este contexto, «tonificar» significa cerrar la herida abierta de una úlcera y encoger las células, con lo que se reducen los índices de infección).

PARA CURAR LAS ÚLCERAS

Los investigadores han confirmado la capacidad de la cúrcuma para curar las úlceras pépticas. En un estudio realizado con pacientes ulcerosos, se administraron cápsulas de cúrcuma a los participantes. Al cabo de 12 semanas, el 76 por ciento de ellos ya no tenía úlcera[8]. Otro estudio reveló que tomar extractos de curcumina era una forma eficaz de evitar la recaída en pacientes que habían padecido colitis ulcerosa con anterioridad[9].

PARA COMBATIR LA RESISTENCIA A LA INSULINA Y LA DIABETES TIPO 2

La resistencia a la insulina, el síndrome metabólico y la diabetes tipo 2 constituyen una epidemia creciente en el mundo occidental. Para tratar estos trastornos metabólicos de una forma eficaz es necesario abordarlos desde una perspectiva holística que incluya hábitos de sueño saludables, ejercicio y una dieta a base de alimentos integrales baja en hidratos de carbono. La cúrcuma, cuando se utiliza de forma conjunta con estas otras medidas, ha demostrado ser una hierba muy potente para disminuir la inflamación asociada con la diabetes tipo 2 y la insulina en ayunas [10].

La diabetes tipo 2 es la causa más común de insuficiencia renal; el 44 por ciento de los casos nuevos se atribuye a esta enfermedad inflamatoria crónica [11]. Las investigaciones han demostrado que las personas que toman cúrcuma muestran unas mejoras significativas en biomarcadores que constituyen factores de riesgo para desarrollar enfermedades renales terminales [12].

PARA REFORZAR LA SALUD DEL CORAZÓN

La capacidad de la cúrcuma para modular la inflamación le permite reforzar la salud del corazón (cada vez está más extendida la idea de que la inflamación es la causa de muchos problemas cardíacos como la aterosclerosis y el desequilibrio en los niveles de colesterol). También modula los niveles de colesterol, aunque sería necesario realizar más ensayos clínicos en seres humanos para confirmar este dato.

La cúrcuma resulta también muy eficaz para personas que ya padecen una enfermedad cardíaca. En un estudio, los investigadores demostraron que el extracto de curcumina reducía el riesgo de infarto en personas que ya habían sido sometidas a baipás de la arteria coronaria [13].

La cúrcuma ayuda a conservar la salud del corazón. Se administró una dosis baja de extracto de curcumina a adultos sanos de mediana edad y se demostró que reducía los niveles de triglicéridos y otros marcadores de inflamación asociados con las enfermedades cardíacas [14]. Otro estudio analizó la mejoría cardiovascular en mujeres postmenopáusicas que tomaban curcumina y hacían ejercicio aeróbico con regularidad. Los resultados revelaron que estas dos intervenciones juntas pueden mejorar el deterioro de la función endotelial relacionado con la edad [15] (el endotelio es el revestimiento de los vasos sanguíneos y la disminución de la función endotelial se asocia con un aumento del riesgo de sufrir enfermedades cardiovasculares).

PARA MEJORAR LA MEMORIA Y TRATAR EL ALZHÉIMER

El alzhéimer, como cualquier otra enfermedad crónica, es compleja y no quiero dar la impresión de que tomando una hierba vayamos a curarla. De todas formas, en un ensayo con seres humanos se demostró que mejoraba la memoria de trabajo de personas con prediabetes y biomarcadores de alzhéimer [16] (desde hace poco tiempo, el alzhéimer se denomina diabetes tipo 3 por su gran correlación con este síndrome metabólico).

PARA COMBATIR EL CÁNCER

«¿Podemos comer para matar de hambre el cáncer?», preguntó William Li en una charla TED. Li es el cofundador de la Fundación Angiogénesis. Su trabajo se centra en la relación entre la angiogénesis (el crecimiento de los vasos sanguíneos) y el crecimiento del cáncer. La angiogénesis es por lo general un efecto beneficioso necesario para curar las heridas, pero, en algunos casos, cuando es excesiva puede suministrar sangre y nutrientes a las células cancerosas y con ello aumentar enormemente su crecimiento y su capacidad para extenderse. En su interesante charla TED, Li hizo hincapié en la cúrcuma como una sustancia que detiene el crecimiento de los vasos sanguíneos hacia los cánceres [17].

PARA ALIVIAR EL DOLOR Y LA INFLAMACIÓN

La cúrcuma puede tomarse como medida preventiva para conservar la salud del sistema musculoesquelético. De hecho, los yoguis la toman para cuidar los tendones y ligamentos y para favorecer la flexibilidad. Es más, varios estudios doble ciego controlados por placebo han demostrado que es tan eficaz como los AINE para aliviar el dolor artrítico pero sin los efectos secundarios gástricos habituales de estos fármacos [18, 19].

Yo misma he podido comprobar personalmente el asombroso poder de esta especia. Los resultados que he visto en dos de mis clientes, Judy y Susan, son típicos de lo que suelo ver en las personas que empiezan a tomar cúrcuma para aliviar el dolor inflamatorio. En todos los casos siento un poco de asombro y un poco de tristeza; asombro por el hecho de que esta raíz haya vuelto a resultar útil y tristeza porque haya mucha gente que no conoce los enormes beneficios que proporciona.

Cuando Judy vino a verme por primera vez, sufría grandes dolores en los dedos provocados por la osteoartritis y la artritis reumatoide. Le costaba mucho realizar actividades normales como picar verduras. Estaba tomando dos fármacos que le producían graves efectos secundarios, como el debilitamiento del sistema inmunitario y el riesgo de sufrir una ceguera repentina.

Juntas elaboramos un plan personalizado para reforzar su salud. Una de las plantas que empezó a tomar fue cúrcuma. Al cabo de solo una semana, recibí una larga carta electrónica suya... ¡el dolor debilitante de las manos había desaparecido! Judy trabajó estrechamente con su endocrino para ir reduciendo poco a poco su medicación y al cabo de seis meses pudo dejarla totalmente sin sufrir ningún tipo de dolor.

Susan llevaba casi una década con dolor en una rodilla cuando empecé a trabajar con ella. Cosas sencillas como subir a un bordillo le provocaban grandes molestias. Tomaba AINE de forma regular para poder llevar a cabo sus actividades cotidianas. Al cabo de dos semanas de empezar a tomar cúrcuma, el dolor de la rodilla había desaparecido totalmente por primera vez en años y ya no necesitaba tomar analgésicos.

CÓMO UTILIZAR LA CÚRCUMA

La forma más habitual de encontrar cúrcuma es en polvo. La de mejor calidad tiene un color naranja muy brillante. Si ha adquirido un tono más marrón, significará que no es muy fresca.

La cúrcuma está repleta de antioxidantes y componentes fabulosos, pero a nuestro aparato digestivo le cuesta digerirla. Aquí tienes dos consejos importantes para aumentar drásticamente su biodisponibilidad. El primero es añadirle una pequeña cantidad, alrededor del 3 por ciento, de pimienta negra recién molida. Esto es lo que se hace desde antiguo en el ayurveda y la ciencia ha demostrado que la piperina, un extracto de pimienta negra, aumenta la biodisponibilidad de la curcumina hasta en un 2.000 por ciento [20]. El otro consejo es tomar la cúrcuma calentada en aceite. El calor y el aceite ayudan a extraer sus componentes y hacen que tu cuerpo pueda aprovecharlos.

Si entras en cualquier herbolario o tienda de alimentos saludables, verás muchas opciones para tomar curcumina, uno de los componentes de la cúrcuma. De hecho, es imposible leer nada acerca de la planta sin que salga también la curcumina. Sin embargo, a mí me produce mucho escepticismo el que la ciencia reduzca una planta compleja a un único componente. El hecho de que las plantas tengan cientos, si no miles, de componentes que actúan en diversas partes del cuerpo es lo que las hace tan potentes y únicas. Aunque los estudios han revelado que los extractos de curcumina puedan producir determinados beneficios, yo recomiendo aprovechar las ventajas de la raíz entera.

CANTIDADES RECOMENDADAS

Cuando disfrutas de la cúrcuma en la comida con la intención de prevenir enfermedades, la cantidad que utilizas no es muy elevada, quizá de un gramo al día. Sin embargo, si la vas a emplear para tratar dolencias más concretas, quizá necesites unas dosis mayores para obtener los resultados que buscas y, en ese caso, lo más fácil puede ser tomarla en cápsulas.

La dosis terapéutica para la cúrcuma es la siguiente:

En polvo: 1 a 10 gramos al día.

En tintura: 1:2, 60 % de alcohol, 2 a 4 ml 2 o 3 veces al día [21].

CONSIDERACIONES ESPECIALES

La cúrcuma mancha de un color amarillo dorado todo aquello que toca. Esto incluye tus manos, las tablas de cortar, las encimeras y demás.

Es levemente calorífica y secante y puede exacerbar las dolencias calientes y secas. Si tomas una cantidad excesiva, te sentirás sediento o experimentarás sofocos o sudores nocturnos. A menudo se combina con ghee o hierbas demulcentes para compensar estos efectos.

Las siguientes personas deben evitar el consumo de cúrcuma en grandes cantidades: las que están tomando anticoagulantes, las que tienen trastornos de coagulación, las que tienen cálculos biliares (aunque sobre esto existe una cierta controversia) y las mujeres embarazadas o lactantes (otro tema controvertido).

LECHE DORADA TEMPLADA

La mezcla de leche y cúrcuma es muy tradicional en India. El primero que me enseñó a hacer una versión de leche dorada fue mi mentor, Karta Purkh Singh Khalsa, y desde entonces he experimentado con muchas variantes. Esta es, hoy por hoy, mi preferida y es una forma estupenda de disfrutar de los múltiples beneficios de la cúrcuma. Cuando te hayas familiarizado con estos sabores, intenta aumentar la cantidad de especias para tomar mucha cúrcuma en cada vaso.

Si tienes intolerancia a los productos lácteos, puedes prepararla con cualquier sustituto: leche de almendras, de arroz o de coco, por ejemplo. En lugar del ghee (mantequilla clarificada) puedes emplear mantequilla o aceite de coco.

Se obtienen 2 tazas, para 2 personas

- 2 cucharadas soperas de ghee
- 1 cucharadita de cúrcuma en polvo
- ½ cucharadita de jengibre en polvo
- Una pizca de pimienta negra molida muy fino
- 2 tazas de leche
- 1 cucharadita de miel o al gusto (opcional)

1. Funde el ghee en un cazo pequeño a fuego medio-alto. Añade las especias y remueve sin parar durante 30 segundos o hasta que desprendan aroma.

2. Incorpora la leche y sigue removiendo constantemente hasta que esté muy caliente.

3. Retira del fuego y añade la miel. Remueve para disolverla.

4. Bate el líquido a gran velocidad durante 30 segundos. De este modo se mezclan bien los aceites del ghee y queda una bebida dorada y espumosa (es imprescindible batirla para que adquiera la consistencia apropiada).

5. Sirve y disfruta inmediatamente.

PATÉ DE CÚRCUMA Y PIPAS DE CALABAZA

- 1,5 tazas de pipas de calabaza dejadas en remojo durante toda la noche y escurridas
- 2 cucharadas soperas de kelp en trozos
- 2 cucharadas soperas de tamari o salsa de soja
- 2 dientes de ajo picados
- 1 cucharada sopera de cúrcuma en polvo
- 1 cucharadita de comino en polvo
- 2 cucharaditas de pimentón
- ½ cucharadita de pimienta negra recién molida
- 1 taza de caldo de pollo o de verduras
- 60 ml (¼ de taza) de aceite de oliva
- Sal al gusto

Este aperitivo tan proteico es una forma deliciosa de tomar cúrcuma. Al poner en remojo las pipas de calabaza, ayudas a descomponer el ácido fítico que contienen, con lo que resultan más fáciles de digerir (para ponerlas en remojo, introdúcelas en un recipiente, cúbrelas con agua, añade una pizca de sal y remueve. Tapa y deja reposar entre 6 y 8 horas o toda la noche).

Se obtienen 300 ml

1. Introduce las pipas de calabaza remojadas, los trozos de kelp, el tamari, el ajo, la cúrcuma, el comino, el pimentón y la pimienta negra en un robot de cocina.

2. Con el motor en marcha, ve añadiendo poco a poco el caldo y el aceite y tritura hasta obtener una pasta suave que se pueda untar.

3. Puedes utilizarlo para mojar verduras o galletas o untarlo en un sándwich.

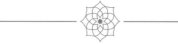

GARAM MASALA

- 2 cucharadas soperas de comino en polvo
- 2 cucharadas soperas de cilantro en polvo
- 1 cucharada sopera de cúrcuma en polvo
- 1 ½ cucharaditas de canela en polvo
- ¾ de cucharadita de clavo en polvo
- ¾ de cucharadita de cardamomo en polvo

Esta mezcla de especias tradicional de la India va muy bien con los platos de curry y con carnes y verduras. Nosotros hacemos muchas comidas de inspiración india y esta mezcla aparece prácticamente en todos los platos. Para que resulte lo más fresca y vibrante posible, te recomiendo que muelas las especias frescas y utilices la mezcla en el plazo máximo de una semana.

Se obtienen 6 cucharadas soperas

1. Mezcla bien todos los ingredientes en un cuenco pequeño. Guárdalo en un recipiente hermético y en un lugar oscuro. Utilízalo a discreción con verduras y carnes.

«ADORO EL HINOJO, ESA SEMILLA MARAVILLOSAMENTE DULCE Y AROMÁTICA QUE TIENE LA HABILIDAD DE CALMAR Y ALIVIAR EL DOLOR DE TRIPA. ES LA VERSIÓN QUE HACE LA NATURALEZA DE LO QUE DEBERÍA SER UN CARAMELO».

NATALIE VICKERY, HERBORISTA Y FUNDADORA DE THEFAMILYHERBALIST.WORDPRESS.COM

CAPÍTULO 10

Hinojo

El hinojo es una planta del mundo antiguo que en la actualidad crece en las regiones de clima templado de todo el mundo. El bulbo es un alimento crujiente y delicioso y las semillas poseen cualidades aromáticas muy potentes que alivian los problemas digestivos, la tensión muscular y el dolor. Tanto las semillas como el bulbo tienen un suave sabor a regaliz. Es muy eficaz y seguro para los cólicos de los niños, para las mujeres jóvenes con dolor menstrual y para las madres lactantes. Masticar unas semillas después de las comidas facilita la digestión y ayuda a tener el aliento fresco.

Nombre botánico: *Foeniculum vulgare*

Familia: Apiáceas

Partes utilizadas: Semillas, bulbo

Energética: Calorífica, secante

Sabor: Picante

Propiedades de la planta: Aromática, carminativa, antiespasmódica, galactogoga

Usos de la planta: Mala digestión, espasmos digestivos, cólicos menstruales, cólicos infantiles, baja producción de leche materna

Preparación de la planta: Infusión, tintura, jarabe, especia culinaria

El hinojo es originario de la zona mediterránea, aunque en la actualidad está naturalizado por todo el mundo, sobre todo en suelos secos cercanos a las costas. Allí donde crece, ha sido muy utilizado como alimento y como medicina. Existen evidencias de que ya lo emplearon los griegos y los romanos. En su libro *Physica*, escrito en el siglo XII, Hildegarda von Bingen escribió: «Tomar hinojo o sus semillas a diario disminuye la flema mala y la materia en descomposición, mantiene bajo control el mal aliento y hace que los ojos vean con claridad»[1].

ENERGÉTICA Y PROPIEDADES MEDICINALES DEL HINOJO

Los herboristas atribuyen muchas de las propiedades del hinojo a sus cualidades aromáticas, que proceden del aceite volátil que contiene. Los aceites volátiles son los que aportan a las plantas su olor fuerte y aromático. Antes de que tuviéramos la posibilidad de conocer los distintos componentes químicos de una planta, la gente reconocía sus cualidades herbales mediante los sentidos. Las hierbas aromáticas (que, además del hinojo, incluyen la menta, el tomillo y la albahaca) poseen una cualidad estimulante que a menudo se utiliza para eliminar el estancamiento digestivo.

Como planta antiespasmódica, el hinojo es famoso por aliviar la tensión muscular, los espasmos digestivos y los cólicos menstruales; sin embargo, se puede utilizar para muchos otros fines. Es un galactogogo suave que ayuda a las madres lactantes a producir más leche. Se ha utilizado durante siglos para mejorar la salud de los ojos y el herborista David Hoffmann recomienda aplicar una compresa hecha con una infusión de hinojo para combatir la conjuntivitis y la inflamación de los párpados[2]. Es también un diurético suave y puede utilizarse junto con otras hierbas para tratar el edema y las infecciones del tracto urinario. Es, además, un expectorante suave que puede incluirse en fórmulas herbales para la tos.

PARA ALIVIAR LOS TRASTORNOS DIGESTIVOS

El hinojo es una de las plantas que más se utilizan para aliviar multitud de problemas digestivos. ¿Te sientes revuelto después de comer? Prueba el hinojo. ¿Tienes espasmos digestivos con diarrea? Prueba el hinojo. ¿Tienes gases e hinchazón? El hinojo reduce los gases y la flatulencia. Suele incorporarse en fórmulas herbales para personas con síndrome del colon irritable porque alivia los síntomas tanto de la diarrea como del estreñimiento. Al ser antiespasmódico, alivia aquellos dolores intestinales que sean consecuencia de los espasmos (por ejemplo, los cólicos asociados con la diarrea o los gases).

De todas formas, no tienes por qué esperar a tener problemas digestivos para beneficiarte de esta planta. Masticar las semillas después de comer te ayuda a tener una buena digestión y te deja un sabor muy fresco y agradable en la boca.

PARA COMBATIR LOS CÓLICOS MENSTRUALES Y LA FATIGA

Varios ensayos clínicos han demostrado la eficacia del hinojo para reducir los cólicos y la fatiga asociados con la menstruación. En uno de ellos, los investigadores compararon el uso de un extracto de hinojo con los fármacos antiinflamatorios no esteroideos (AINE). Se formaron dos grupos de mujeres jóvenes. A uno de ellos le administraron hinojo y al otro, AINE. Tras dos ciclos menstruales consecutivos, las que tomaban hinojo mostraron una mejoría ligeramente mayor que las que tomaban AINE [3]. Es importante señalar que el hinojo no solo es tan efectivo como las medicinas sino que tiene una seguridad mucho mayor que los AINE.

PARA ALIVIAR LOS CÓLICOS DE LOS BEBÉS

Alrededor del 20 por ciento de los bebés sufren cólicos. Eso significa que unos niños, por lo demás sanos, lloran durante más de tres horas al día, más de tres días a la semana y a lo largo de más de tres semanas [4]. Tener un bebé con cólicos puede ser una tortura para los padres, que se sienten incapaces de consolar a su pequeño.

¡Muchas veces pienso que ojalá hubiera más familias que conocieran el hinojo! Es un regalo maravilloso para los bebés afligidos por los cólicos y también para sus padres. Este antiguo remedio ha sido empleado desde hace siglos por herboristas, matronas, mujeres sabias y madres. Los investigadores, impresionados por este uso tradicional, han estudiado el hinojo para los cólicos de los bebés y han obtenido resultados excelentes.

En un estudio se administró una emulsión en aceite de semillas de hinojo a bebés a los que se habían diagnosticado cólicos. En el 65 por ciento de los bebés que recibieron hinojo, los cólicos desaparecieron por completo, mientras que en el grupo placebo, el porcentaje fue del 23 por ciento. No se observaron efectos secundarios en ninguno de los dos grupos, lo que confirma que el hinojo es al mismo tiempo eficaz y seguro [5]. En otro estudio realizado sobre bebés con cólico se empleó una combinación herbal de hinojo, manzanilla y melisa. En él, el 85 por ciento de los bebés a los que se administró la fórmula herbal lloraron una media de dos horas menos al día, mientras que los que no la recibieron mostraron una disminución media de 28,8 minutos diarios [6].

CÓMO UTILIZAR EL HINOJO

Los bulbos de hinojo frescos son deliciosos y una fuente muy buena de vitamina C[7]. Prueba a añadirlos crudos a las ensaladas o hazlos enteros a la parrilla.

Las semillas tienen más aceites volátiles y se consideran un remedio herbal más potente que el bulbo. Elígelas de color verde claro y con un ligero sabor a regaliz cuando se mastican. Estas semillas pueden tomarse enteras, pulverizarse para emplearlas como condimento o utilizarse para elaborar tinturas, infusiones, jarabes y compresas.

CANTIDADES RECOMENDADAS

Las semillas de hinojo en polvo o enteras pueden disfrutarse como método para dar sabor a las comidas y, en líneas generales, para mejorar la digestión.

La cantidad terapéutica para los distintos preparados con hinojo es la siguiente:

En infusión o en polvo: 1 o 2 gramos 3 veces al día.

En tintura (semillas secas): 1:3, 60% de alcohol, de 3 a 6 ml al día.

CONSIDERACIONES ESPECIALES

Las reacciones alérgicas al hinojo son raras pero se ha informado de algunos casos.

VERDURAS DE RAÍZ ASADAS CON HINOJO

Esta receta tan sencilla es una de las que más nos gustan a mi marido y a mí. Durante todo el año nos esforzamos por consumir verduras cultivadas en nuestra zona y por eso en otoño compramos grandes cantidades de verduras de raíz —como remolachas y zanahorias— y las guardamos en el sótano para disfrutarlas durante las nevadas invernales. Estas verduras tan dulces se realzan muchísimo con el aroma y el sabor del hinojo.

Nos encanta este plato regado con un vinagre balsámico o envejecido de calidad. Si lo deseas, puedes pelar las zanahorias y las remolachas, aunque nosotros no lo hacemos nunca. Al asarse, el ajo se queda tierno y dulce dentro de su piel; acuérdate, eso sí, de pelarlo antes de comerlo.

Para 6 personas

4 tazas de remolacha en dados de 2,5 cm (1 pulgada)

4 tazas de zanahoria en dados de 2,5 cm (1 pulgada)

1 cabeza de ajo separada en dientes sin pelar

1 cucharadita de semillas de hinojo (2 gramos)

¼ de cucharadita de pimienta

½ cucharadita de sal

4 cucharadas soperas de aceite de oliva

2 cucharadas soperas de vinagre balsámico

1. Precalienta el horno a 180 °C (350 °F). Mezcla bien todos los ingredientes excepto el vinagre balsámico y ponlos en una fuente de horno de 33 x 22 centímetros (13 x 9 pulgadas).

2. Introduce la fuente en el horno y asa durante 60 minutos o hasta que las remolachas y las zanahorias estén tiernas. Remueve las verduras cada 20 minutos.

3. Retira las verduras del horno y riégalas con el vinagre balsámico.

4. Sirve templado y consume los restos en un plazo máximo de 3 días.

PASTILLAS DIGESTIVAS AMARGAS DE HINOJO

Para las pastillas:

1 cucharadita de raíz de angélica en polvo (*Angelica archangelica*)

1 cucharadita de cilantro en polvo

½ cucharadita de raíz de genciana en polvo (*Gentiana lutea*)

½ cucharadita de corteza de naranja en polvo

¼ de cucharadita de pimienta negra recién molida

Unas 2 cucharaditas de miel

Para el recubrimiento:

6 gramos (2 cucharaditas) de semillas de hinojo en polvo*

¼ de cucharadita de sal marina fina

* Las semillas de hinojo pueden adquirirse enteras o ya en polvo. Si las que tienes son enteras, no tienes más que molerlas con el molinillo de especias hasta obtener un polvo fino.

Tomar algo amargo con las comidas es un método archiconocido de potenciar y favorecer la digestión. Aunque en esta receta se realza el sabor amargo, las hierbas y especias aromáticas y la miel lo atemperan para que resulte agradable.

En la receta se utilizan hierbas en polvo y miel y con eso se forman las pastillas. Yo recomiendo tomar una quince minutos antes de cada comida.

Se obtienen unas 20 bolitas del tamaño de un guisante

1. *Para preparar el recubrimiento:* Introduce las semillas de hinojo en polvo y la sal en un cuenco pequeño. Mezcla bien y reserva.

2. *Para preparar las pastillas:* En un cuenco aparte mezcla bien la raíz de angélica, el cilantro, la raíz de genciana, la cáscara de naranja y la pimienta negra.

3. Calienta suavemente la miel en un cazo pequeño o al baño María. Si no quieres cocer la miel, caliéntala lo suficiente para que adquiera una consistencia más líquida, como de jarabe. De esta forma te resultará más fácil mezclarla con las hierbas.

4. Ve echando poco a poco la miel sobre la mezcla de hierbas pulverizadas removiendo sin parar. Cuando veas que la mezcla puede modelarse sin que se deshaga, sabrás que ya tiene suficiente miel.

5. Forma bolitas del tamaño de un guisante. Para evitar que se te peguen a las manos, ponte en ellas un poco del recubrimiento de hinojo y sal.

6. Reboza cada pastilla en la mezcla de hinojo en polvo y sal y guárdalas en un recipiente hermético.

7. Se conservan durante un máximo de tres meses, pero, cuanto más frescas estén, más potentes serán las hierbas.

INFUSIÓN DE HINOJO

Esta infusión es perfecta para cuando tenemos la tripa revuelta, sobre todo si es por causa de los gases. ¡Y he descubierto que también es estupenda para acabar con el hipo! Desde tiempo inmemorial se han venido administrando distintas versiones de esta receta a los bebés que sufren cólicos, aunque los niños menores de dos años no deben tomar miel por el riesgo de contraer botulismo. Los adultos pueden tomar 2 o 3 tazas al día. Los niños pequeños solo necesitarán una cucharadita o menos diluida en un poco de agua. Consulta con un herborista la dosificación más apropiada para los niños pequeños.

Se obtiene 1 taza grande, para 1 persona

1. Pon a hervir 300 ml de agua. Introduce el hinojo y la melisa en una taza con filtro grande o en un filtro grande para infusiones. Evita apelotonarlas en un filtro pequeño. Es preferible que tengan espacio para expandirse y moverse.

2. Vierte el agua recién hervida sobre las hierbas, tapa y deja reposar durante 5 minutos.

3. Cuela y añade miel al gusto si lo deseas.

1 cucharada sopera (6 gramos) de semillas de hinojo

1 cucharada sopera de melisa seca o 2 cucharadas soperas de melisa fresca

Miel al gusto (opcional)

«EL JENGIBRE ES UNO DE LOS ESTIMULANTES HERBALES MÁS VERSÁTILES».

MICHAEL TIERRA, HERBORISTA Y AUTOR DE *THE WAY OF HERBS*

CAPÍTULO 11

Jengibre

El ayurveda venera el jengibre hasta tal punto que lo conoce como la «medicina universal». Es una planta que lleva utilizándose desde hace siglos y que sigue siendo una de las más populares de nuestros tiempos. Ha sido muy estudiada por los científicos y ha obtenido resultados positivos en dolencias muy variadas, lo que hace que sea una de las plantas más aceptadas por la medicina occidental.

Es sorprendente la variedad de usos que podemos dar al jengibre. Debido a su capacidad de general calor y de secar, resulta especialmente recomendable para las personas que sienten frío y humedad. El jengibre afecta sobre todo a los sistemas respiratorio, digestivo y circulatorio. Se trata de un poderoso antiinflamatorio que ha demostrado su validez en la reducción del dolor por inflamación crónica, como el que padecen por ejemplo quienes tienen artritis.

Nombre botánico: *Zingiber officinale*

Familia: Zingiberáceas

Partes utilizadas: Rizoma (lo que normalmente se conoce como raíz)

Energética: Rizoma fresco (templado, secante), rizoma seco (caliente, secante)

Sabor: Picante

Propiedades de la planta: Aromática, antiinflamatoria, difusora, diaforética estimulante, expectorante estimulante, carminativa, analgésica, antimicrobiana, movilizadora de la sangre, vermífuga, rubefaciente

Usos de la planta: Artritis, migrañas, resfriados y gripes, náuseas, disbiosis, cólicos menstruales (producidos por el estancamiento), infecciones de oídos, salud cardiovascular, inflamación, gastroenteritis

Preparación de la planta: Especia alimentaria, decocción, polvo, tintura, confitado, zumo fresco

El jengibre lleva utilizándose en el suroeste asiático desde hace más de cinco mil años, mucho antes de que las personas dejaran testimonio escrito de ello. Ya no crece de forma silvestre pero se cultiva abudantemente en regiones tropicales de todo el mundo. Por ese motivo, no estamos seguros de cuál es su lugar de origen. La parte más utilizada de la planta es el rizoma o raíz.

El jengibre desempeñó un papel importante en el comercio de especias entre el suroeste asiático y Europa. Viajó de India al Imperio Romano hace más de dos mil años. Está documentado que, en los siglos XIII y XIV, medio kilo de jengibre tenía el mismo valor que una oveja entera[1]. Hoy en día suele encontrarse como raíz fresca, como raíz seca y pulverizada o confitado.

ENERGÉTICA Y PROPIEDADES MEDICINALES DEL JENGIBRE

Los herboristas actuales lo utilizan de muchas formas diferentes. Sin embargo, como no dejo de recordarte, cuando funciona realmente bien es cuando lo emparejas con la persona. Si dejamos de considerar las plantas como un simple sustituto de los fármacos y empezamos a entender mejor su energética, podremos emparejar mucho mejor las plantas con las personas y conseguiremos que resulten realmente eficaces.

Espero que a estas alturas ya hayas hecho la sencilla experiencia gustativa que describí en el capítulo 3 de este libro («Ejercicio: Forma de saber cómo nos afecta una hierba o especia»). Esa experiencia te habrá enseñado que el jengibre es una planta templada o caliente con tendencia a la sequedad. Si quieres ser realmente específico, el jengibre fresco se considera templado, mientras que el seco se considera caliente.

COMO ESTIMULANTE Y SINÉRGICO

El jengibre es estimulante. Quizá cuando escuchas las palabras *estimulante herbal* pienses inmediatamente en el café y en su chute de cafeína. Sin embargo, *estimulante* en este sentido significa que mueve la energía del organismo porque aumenta la circulación, favorece la digestión o incrementa el flujo de los líquidos del cuerpo; y todo esto es lo que hace el jengibre.

Suele añadirse en pequeñas cantidades a fórmulas con más componentes. De hecho, se calcula que más de la mitad de las fórmulas herbales chinas lo incluyen. Este uso tan extendido del jengibre se debe a que sus propiedades estimulantes lo convierten en un sinérgico, es decir, una sustancia que aumenta la potencia de otras plantas y fármacos. En su libro *Antibióticos herbales*, Stephen Harrod Buhner nos explica cómo actúa el jengibre: «Dilata los vasos sanguíneos y aumenta la circulación, con lo que ayuda a la sangre y a los componentes de otras plantas presentes en ella a conseguir una distribución más rápida y eficaz por todo el organismo»[2].

EMPAREJAR LA ENERGÉTICA DEL JENGIBRE

El jengibre ayuda a aliviar diversos tipos de dolor como, por ejemplo, los cólicos de la diarrea o los de la menstruación[3]. Sin embargo, utilizar plantas para aliviar el dolor no es lo mismo que utilizar los analgésicos que compras en la farmacia. Las hierbas que utilizamos para calmar el dolor tienen unos mecanismos de acción muy específicos y debemos elegir con mucho cuidado cuál vamos a utilizar para cada tipo concreto de dolor. Por ejemplo, si sufrimos dolores provocados por tensión muscular, empleamos una planta antiespasmódica como el hinojo o la manzanilla.

El jengibre va especialmente bien para las personas que muestran señales de frío. Este tipo de personas pueden tener el rostro y la lengua pálidos y por lo general sienten más frío que las demás. Pueden tener digestiones lentas o problemas de hinchazón y tienden al letargo y a la lentitud. Si una persona sufre dolor y muestra varios de estos síntomas, piensa en la posibilidad de utilizar el jengibre.

PARA REDUCIR EL DOLOR INFLAMATORIO

Uno de los elementos que permiten al jengibre aliviar el dolor son sus propiedades antiinflamatorias. Numerosos estudios han demostrado que es eficaz y seguro para aliviar el dolor de la osteoartritis y la artritis reumatoide tanto en aplicaciones tópicas como en uso interno[4, 5, 6].

PARA MOVILIZAR LA SANGRE ESTANCADA

El jengibre puede aplicarse tópicamente para aliviar el estancamiento de la sangre. En la medicina tradicional china, el dolor fijo o lacerante se considera a menudo un síntoma del estancamiento de la sangre (un hematoma o una contusión es un ejemplo de sangre estancada que podemos ver fácilmente).

También se puede utilizar para tratar lo que los herboristas consideran sangre estancada en la pelvis, cuyos síntomas incluyen menstruación dolorosa, retrasos en la menstruación, coágulos y fibromas. En este sentido, el jengibre resulta especialmente eficaz para aliviar el dolor menstrual con señales de estancamiento y frialdad.

Un estudio reveló que el consumo diario de jengibre alivia el dolor muscular que aparece después de hacer ejercicio[7]. Por su parte, el aceite de jengibre combinado con masajes ha demostrado su eficacia para tratar el dolor lumbar crónico[8] (en este capítulo te ofrezco una receta de Aceite de Masaje de Jengibre y Lavanda).

PARA LAS MIGRAÑAS

Un estudio reveló que el jengibre es tan eficaz para las migrañas como la medicación que suele prescribirse habitualmente. Además, los que tomaron jengibre mostraron menos efectos secundarios que los que recibieron el fármaco[9].

El primero que me habló del jengibre para tratar las migrañas fue mi mentor, Karta Purkh Singh Khalsa, y desde entonces he comprobado que sus recomendaciones funcionan en mucha gente. Según sus propias palabras, «el jengibre es lo mejor para tratar una migraña cuando aparece, una de las pocas cosas que resultan eficaces en ese momento. Disuelve en agua dos cucharadas soperas de jengibre en polvo y bébelo en cuanto empiezan a aparecer las molestias visuales —el «aura»—, antes de que empiece el dolor. Por regla general, lo detendrá en seco. Es posible que, al cabo de unas cuatro horas, la migraña intente reaparecer, en cuyo caso deberás repetir el tratamiento»[10].

PARA LOS RESFRIADOS Y LA GRIPE

Si tuvieras que elegir una sola planta para utilizarla cuando estás resfriado o con gripe, deberías quedarte con el jengibre, sobre todo si muestras señales que indican la presencia de frío y humedad, como temblores o un recubrimiento grueso en la lengua. Permite tratar muchos de los diferentes trastornos que aparecen durante una infección de las vías respiratorias altas.

El jengibre es difusor y estimulante, perfecto para que la mucosidad estancada vuelva a fluir. Puedes preparar una cataplasma de jengibre y colocártela sobre el pecho para aliviar la congestión.

Una taza de infusión cargada de jengibre alivia la tos y la congestión nasal. También te calienta por dentro, algo muy útil en los comienzos del resfriado y de la gripe, cuando estás destemplado y con tiritona. El dolor de garganta se alivia con infusión de jengibre o con una cucharada de miel de jengibre. Además, las propiedades antimicrobianas de la planta ayudarán a prevenir que la infección se extienda (en este capítulo te ofrezco una receta de Infusión de Jengibre y Limón).

PARA MEJORAR LA DIGESTIÓN

El jengibre es una de las plantas más apropiadas para la digestión. Templa, es calorífica, aromática y dispersante y puede aliviar síntomas de la digestión estancada y fría como, por ejemplo, la hinchazón, los gases, la sensación de pesadez después de las comidas y el estreñimiento. Diversos estudios han analizado específicamente sus efectos sobre el vaciamiento gástrico y han observado que las personas que toman jengibre vacían el estómago más rápido que los que toman un placebo[11]. Esto se ha comprobado en personas sanas y en las que sufren dispesia funcional (molestias estomacales leves y frecuentes)[12].

PARA COMBATIR LAS NÁUSEAS

Es famoso el uso del jengibre para combatir todo tipo de náuseas. Se utiliza en pequeñas cantidades para aliviar las náuseas del embarazo y también las que se experimentan en los medios de transporte[13]. Yo siempre llevo jengibre confitado en el coche para aquellos pasajeros que puedan necesitarlo por culpa de las carreterillas llenas de curvas que tenemos por esta zona. El jengibre ayuda también a prevenir las náuseas provocadas por la quimioterapia y los fármacos antirretrovirales[14, 15, 16].

PARA POTENCIAR LA SALUD DEL CORAZÓN

Muchas de las enfermedades cardíacas del mundo occidental son síntomas de un problema metabólico subyacente como, por ejemplo, una resistencia a la insulina o una diabetes. Aunque estos desequilibrios exigen un enfoque holístico (que incluya una dieta personalizada, ejercicio a intervalos de alta intensidad, entrenamiento funcional con pesas y ciclos de sueño saludables), se ha comprobado que el jengibre disminuye la glucosa en ayunas y los niveles de HbA1c (un marcador que muestra los niveles medios de glucosa en sangre durante un tiempo) y que inhibe la inflamación asociada con estos desequilibrios metabólicos[17, 18]. También ha demostrado que ajusta el colesterol hasta niveles saludables[19].

PARA LAS INFECCIONES

Los herboristas suelen utilizar el jengibre por su capacidad para inhibir diversas infecciones. Aunque actualmente no existe ningún ensayo clínico en seres humanos sobre las propiedades antimicrobianas del jengibre, sí se han hecho algunos ensayos *in vitro* que han demostrado su capacidad para inhibir los patógenos implicados en infecciones estreptocócicas de garganta, fúngicas e intestinales[20, 21, 22].

Yo he recomendado muchas veces y con éxito el uso de gotas de zumo de jengibre fresco en oídos congestionados o infectados. También he visto que resulta eficaz para personas que se quejan de picor en los oídos. Eso sí, es importante no ponerse nunca nada en los oídos si el tímpano está perforado.

Para tratar numerosas infecciones fúngicas externas como la tiña puede utilizarse tópicamente zumo de jengibre fresco o una cataplasma de raíz fresca rallada. De todas formas, ten en cuenta que el jengibre fresco puede irritar las pieles sensibles.

CÓMO UTILIZAR EL JENGIBRE

La forma más habitual de utilizarlo es en la cocina. Se pueden añadir pequeñas cantidades a platos tanto salados como dulces. Es muy aromático y tiene un sabor fuerte y picante. El jengibre fresco, el confitado y el seco se encuentran con facilidad en las tiendas de ultramarinos.

Si utilizas jengibre seco, asegúrate de que proceda de una buena fuente. Tiene que ser ácido y picante. Si no lo es, quizá esté demasiado viejo.

Cuando elijas jengibre en la tienda, busca trozos gorditos con la piel suave. Si tiene un aspecto seco o la piel arrugada, busca otro más fresco. De todas formas, aunque sus condiciones no sean las ideales, lo más probable es que siga funcionando. Las raíces frescas no hace falta pelarlas, pero, si prefieres hacerlo, ráspalas suavemente con una cuchara para eliminar la cubierta exterior.

Para tratar dolencias como las infecciones o los virus de las vías respiratorias altas, es preferible utilizar jengibre fresco y no seco.

CANTIDADES RECOMENDADAS

El jengibre es una deliciosa especia culinaria que puede añadirse en pequeñas cantidades a platos salados y dulces.

La dosis terapéutica del jengibre es:

Raíz fresca: 1 a 15 gramos al día.

Raíz seca: 3 a 12 gramos al día.

En tintura (raíz fresca): 1:2, 60 % de alcohol, 1 a 2 ml en agua 3 veces al día [23].

CONSIDERACIONES ESPECIALES

El jengibre es muy calorífico y algo secante, por lo que no empareja bien con una persona que ya muestre señales de calor o sequedad.

No debe utilizarse en grandes cantidades durante el embarazo.

Los pacientes que estén tomando anticoagulantes deben consultar con su médico antes de tomar grandes cantidades de jengibre de forma regular [24].

INFUSIÓN DE JENGIBRE Y LIMÓN

Si solo pudieras disponer de una planta para combatir el resfriado y la gripe, con el jengibre seguro que no te equivocarías. Alivia el dolor de garganta, disminuye las molestias generalizadas, despeja la congestión, te calienta si estás escalofriado, disminuye la duración del resfriado o de la gripe y calma las náuseas. Es también estupendo para las personas que sufren digestión fría o que a menudo tienen frío. Esta infusión tan clásica puede disfrutarse todos los días.

Se obtiene 1 taza

1 cucharada sopera de jengibre fresco rallado o muy picado (6 gramos)

Un chorro de zumo de limón

Miel al gusto

1. Introduce el jengibre fresco en una taza grande junto con el zumo de limón y la miel.

2. Pon a hervir 1 taza de agua y viértela sobre los ingredientes de la taza. Tapa y deja reposar durante 15 minutos.

3. Tómatela mientras esté todavía caliente (a mí me gusta dejar el jengibre en la infusión y comérmelo, pero si lo deseas puedes colarlo).

SALMÓN AL JENGIBRE DE XAVIER

750 g (1,5 libras) de salmón cortado en dados de 2 cm (1 pulgada)

1 limón cortado en rodajas finas

1 cucharada sopera de perejil fresco para adornar

Para el adobo:

3 cucharadas soperas de tamari (o salsa de soja)

2 cucharadas soperas de jengibre fresco picado

3 dientes de ajo picados

3 cucharadas soperas de aceite de oliva

1 cucharadita de chile chipotle en polvo

1 cucharadita de cilantro en polvo

½ cucharadita de hinojo en polvo

1 cucharadita de cúrcuma en polvo

En la región noroccidental del Pacífico tenemos la suerte de poder conseguir salmón salvaje fresco con facilidad. Esta es una de mis recetas favoritas. En realidad, su creador es mi marido (¡gracias por compartirla, cielo!). El picor del jengibre combina muy bien con el sabor salado del tamari y con las demás especias carminativas.

Para 6 personas

1. Para preparar el adobo, mezcla todos los ingredientes en un bol.

2. Baña el salmón en el adobo, tápalo y déjalo reposar en el frigorífico durante 1 hora.

3. Precalienta el horno a 180 °C (350 °F). Introduce el salmón en una fuente de horno de 25 x 20 cm (10 x 8 pulgadas) y cúbrelo con rodajas de limón. Desecha el exceso de adobo.

4. Introduce el salmón en el horno y deja que se haga durante 25 minutos o hasta que se desmenuce en lascas. Adorna con perejil justo antes de servir.

ACEITE DE MASAJE DE JENGIBRE Y LAVANDA

Este aceite se prepara en seguida y puede utilizarse para masajear articulaciones doloridas, la parte baja de la espalda cuando se tiene lumbago o allí donde quieras aumentar la circulación y disminuir el dolor. Puedes emplear prácticamente cualquier tipo de aceite. El de oliva es muy estable pero puede dejar una sensación grasienta. Otras posibilidades más ligeras son los de pepita de uva, jojoba, hueso de albaricoque o almendras.

Se obtiene aproximadamente ½ taza

30 gramos (¼ de taza) de jengibre fresco rallado o muy picado

½ taza de aceite

10 a 15 gotas de aceite esencial de lavanda

1. Introduce el jengibre fresco rallado en un tarro pequeño. Vierte el aceite por encima y remueve para mezclarlo bien. Deja reposar entre 12 y 24 horas.

2. Cuando el jengibre se haya macerado bien en el aceite, cuélalo. Añade el aceite esencial de lavanda y remueve.

3. El agua que contiene el jengibre fresco hará que el aceite acabe estropeándose. Por eso es conveniente guardarlo en el frigorífico y utilizarlo en un plazo de 1 o 2 semanas.

4. *Modo de empleo:* Masajea una cantidad generosa de aceite sobre las articulaciones y los músculos doloridos. Puedes repetir tantas veces como lo desees.

«EL ARMARIO DE LA ROPA BLANCA DE MI MADRE ESTABA IMPREGNADO DE LAVANDA. CUANDO SE DESDOBLABAN LAS GRANDES SÁBANAS DE LOS ESTANTES, ERA COMO SI BAJARA A LA TIERRA UN TROCITO DEL PARAÍSO».

MAURICE MESSÉGUÉ, HERBORISTA Y AUTOR DE *HOMBRES, PLANTAS Y SALUD*

CAPÍTULO 12

Lavanda

¿Cuándo ha sido la última vez que has olido lavanda? No estoy hablando de velas, productos corporales ni popurrís de lavanda, sino de lavanda auténtica. ¡Si alguna vez te has deleitado con su aroma, sabrás que existen tantas variantes como plantas! Un arbusto silvestre que crezca en el suelo rocoso de una colina soleada del sur de Francia tendrá un olor distinto al que exhalan las flores de tu jardín. El tipo de planta de que se trate y las condiciones en las que crece dan lugar a una fragancia única.

Siempre que veo una mata de lavanda, me gusta pararme a oler su perfume delicado y único. Aunque algunos la consideran solo una planta que huele bien, a mí me gusta porque nos enseña lo importante que puede ser el olor. Aunque ya sabemos que comer o beber determinadas cosas puede tener efectos sobre nuestra salud y sobre cómo nos sentimos, la lavanda nos enseña que ese acto tan sencillo de oler algo consigue cambiar drásticamente nuestro estado de ánimo porque reduce la ansiedad y el dolor y favorece el sueño.

Otros nombres: Lavanda auténtica

Nombre botánico: *Lavandula angustifolia*

Familia: Lamiáceas / labiadas (mentas)

Partes utilizadas: Capullos florales, partes aéreas

Energética: Calorífica

Sabor: Picante, amarga

Propiedades de la planta: Aromática, antimicrobiana, analgésica, nervina relajante, carminativa

Usos de la planta: Infecciones bacterianas y fúngicas, tensión, problemas de sueño, ansiedad, dolor, heridas, quemaduras, depresión, dolores de cabeza, dispepsia, picaduras de insectos

Preparación de la planta: Infusión, aceite esencial, especia culinaria

Desde hace mucho tiempo, la lavanda es una planta muy apreciada por su olor agradable y relajante. Sabemos que ya la utilizaban los pueblos mediterráneos desde hace al menos 2.500 años y que se empleaba habitualmente en el baño y para el lavado de la ropa. Más tarde, su popularidad se extendió hacia el norte de Europa. El muy amado rey francés Carlos VI se tumbaba sobre almohadones de raso rellenos de lavanda y la reina Isabel I de Inglaterra exigía todos los días conservas de esta planta. Juzgando por lo mucho que se utiliza en velas, productos para el baño e incluso detergentes, está claro que no ha pasado de moda.

TIPOS DE LAVANDA

Existen varias especies de lavanda, pero la mejor en términos curativos es *Lavandula angustifolia*, la que comúnmente se conoce también como lavanda auténtica.

Existe un híbrido muy común, *Lavandula x intermedia*, que se cultiva en grandes cantidades para uso comercial, pero sus propiedades son diferentes de las de la lavanda auténtica (la equis del nombre indica que la planta es un híbrido). Mucha gente lo conoce como lavandín. Su aceite esencial está muy bien para dar olor al detergente de la ropa, por ejemplo, pero no es el ideal si quieres emplearlo como remedio herbal.

ENERGÉTICA Y PROPIEDADES MEDICINALES DE LA LAVANDA

Si no la conociéramos, podríamos considerar que la lavanda es simplemente una flor que huele bien y ya está. Sin embargo, esta planta nos enseña dos cosas. La primera es que el olor es una parte sorprendentemente importante de sus propiedades medicinales. La segunda es que es muy compleja y que nos aporta muchos beneficios aparte de su perfume.

PARA FAVORECER LA RELAJACIÓN Y EL SUEÑO

Desde hace mucho tiempo, la lavanda se ha utilizado para disminuir la ansiedad, inducir la relajación y favorecer el sueño. La herborista Kiva Rose Hardin explica: «La lavanda es apropiada como nervino relajante cuando una persona muestra ansiedad, confusión y tiene el entrecejo siempre fruncido porque no puede relajarlo. Ese entrecejo la delata constantemente»[1] (en herbología, *nervino* es un término que se utiliza de forma general para describir una planta que afecta al sistema nervioso. Se divide en dos categorías: relajante y estimulante).

Diversos estudios han revelado que el simple hecho de oler lavanda ofrece alivio hasta en una de las situaciones que más ansiedad provocan: ¡la visita al dentista! En uno de ellos se dividió a doscientas personas en cuatro grupos y se evaluó su nivel de ansiedad, su estado de ánimo, su grado de alerta y su calma mientras esperaban en la consulta del dentista. Un grupo olió aceite esencial de lavanda, otro olió aceite esencial de naranja, otro escuchó música y el grupo de control no tuvo ni olores ni música. Tanto el perfume de la lavanda como el de la naranja redujeron la ansiedad y mejoraron el estado de ánimo de los pacientes mientras esperaban[2].

La lavanda es también muy conocida como inductora del sueño. Durante un estudio realizado en una unidad hospitalaria de cuidados intermedios, los investigadores descubrieron que los pacientes que podían oler lavanda en su habitación durante toda la noche mostraron una mejoría modesta del sueño y una disminución de la presión sanguínea comparados con los del grupo de control[3]. A mí personalmente me encanta sumergirme en el perfume de la almohada rellena de lavanda que tengo en la cama... y que conste que duermo muy bien.

Un estudio demostró que las cápsulas de aceite esencial de lavanda resultaban tan eficaces para tratar el trastorno de ansiedad generalizada (TAG) como el lorazepam, un fármaco de uso muy común. ¡Y no solo eso, sino que también resultan mucho más seguras! A diferencia del lorazepam y otras benzodiacepinas utilizadas para combatir el TAG, la lavanda no provoca somnolencia extrema ni existe el riesgo de abuso o adicción[4].

¿Te estás preguntando cómo es posible que el simple hecho de oler lavanda pueda cambiar de manera tan drástica nuestras emociones y la calidad de nuestro sueño? Los investigadores decidieron analizar los efectos del aceite esencial de lavanda sobre los sistemas nerviosos central y autónomo. En comparación con los del grupo de control, los participantes en el estudio que olieron lavanda mostraron una disminución significativa de la presión arterial, el ritmo cardíaco y la temperatura de la piel, lo que significa que tuvieron una disminución en la activación del sistema nervioso autónomo. Mostraron también una actividad más intensa de las ondas cerebrales theta y alfa, que son las más tranquilas y relajadas y las que experimentamos durante el sueño y la meditación[5, 6]. Otro estudio reveló que oler aceite esencial de lavanda protege el organismo del estrés oxidativo y disminuye los niveles de cortisol, la hormona del estrés[7].

PARA LA DEPRESIÓN

La lavanda es capaz de aliviar determinados tipos de depresión. El herborista David Winston la utiliza con aquellas personas que tienen la sensación de estar metidas en una especie de niebla y para las que sufren depresión estancada, un trastorno que él define como la fijación en un suceso traumático concreto. Para estos fines, recomienda utilizarla internamente en infusión o tintura y le gusta combinarla con melisa[8] (en el capítulo 23 encontrarás más información sobre la melisa).

En un estudio se analizaron los efectos de la aromaterapia con lavanda y rosa en mujeres con riesgo elevado de sufrir depresión postparto. Al cabo de dos semanas, y a continuación al cabo de cuatro, las que recibieron tratamientos de aromaterapia mostraron una mejoría significativa en relación con las del grupo de control[9].

PARA LOS PROBLEMAS DIGESTIVOS

La lavanda es suavemente calorífica y aromática, por lo que los herboristas suelen emplearla para combatir las digestiones frías y estancadas y para calmar los espasmos digestivos. Va muy bien para los trastornos de estómago provocados por los nervios porque facilita la digestión y ayuda a calmar los nervios. Como no es tan picante como el ajo, el jengibre o la cayena, hay más gente que la tolera mejor. A mí me gusta tomarla después de la cena en infusión mezclada con manzanilla.

PARA CURAR

En 1710, el médico William Salmon recomendaba usar lavanda «contra las mordeduras de serpientes, perros locos y otras criaturas venenosas, por vía interna y aplicando cataplasmas sobre las zonas heridas»[10]. La herborista Maud Grieve escribió que fue muy utilizada en la Primera Guerra Mundial para tratar las heridas[11]. Desde entonces, muchos investigadores han confirmado sus propiedades analgésicas y antisépticas.

Dos estudios diferentes realizados con mujeres que estaban recuperándose de una episiotomía revelaron que el aceite esencial de lavanda aplicado tópicamente resultaba tan eficaz como los antisépticos habituales para reducir el dolor y prevenir las complicaciones y aún mejor para reducir el enrojecimiento[12, 13]. Se ha comprobado que el aceite de lavanda posee potentes propiedades antimicrobianas y que, aplicado tópicamente sobre escaras, resulta eficaz para reducir las úlceras, favorecer la curación y calmar la inflamación[14].

En los textos de aromaterapia suele repetirse la milagrosa historia del químico francés René-Maurice Gattefossé, que hizo famoso el aceite esencial de lavanda cuando lo utilizó para curar las graves quemaduras que él mismo sufrió en la explosión de un laboratorio en el año 1910. Afirmaba que un aclarado con el aceite esencial detuvo la gangrena gaseosa que estaba cubriendo con rapidez sus manos[15]. Yo lo utilizo cuando me hago alguna quemadura leve y siempre me sorprende lo rápido que reduce el dolor.

PARA REDUCIR EL DOLOR

La lavanda lleva siglos utilizándose para aliviar el dolor, sobre todo el de cabeza. El herborista Nicholas Culpeper ya recomendaba aplicarla sobre las sienes allá por el año 1652[16]. Las investigaciones modernas han revelado que inhalar aceite esencial de lavanda es una forma eficaz de abordar las migrañas. En un estudio realizado con personas a las que se había diagnosticado migraña, de los 129 episodios de cefalea que sufrieron, 92 respondieron total o parcialmente cuando el sujeto olía aceite esencial de lavanda[17].

Se ha comprobado que el olor de la lavanda es una forma segura y eficaz de reducir incluso el dolor tras una cesárea[18]. Otro estudio realizado con 48 pacientes de entre seis y doce años que habían sufrido una amigdalectomía concluyó que los que olieron aceite esencial de lavanda necesitaron una cantidad de paracetamol menor que los del grupo de control[19].

Si se aplica tópicamente, el aceite esencial disminuye el dolor y el picor de las picaduras de insectos y abejas. Una apicultora amiga mía lleva siempre consigo una botella para aplicárselo inmediatamente después de sufrir una picadura. Afirma que reduce rápidamente el dolor y previene la inflamación excesiva. Se ha comprobado que los masajes con aceite esencial de lavanda resultan muy efectivos para reducir el dolor en mujeres que sufren reglas dolorosas[20].

CÓMO UTILIZAR LA LAVANDA

Mi mejor consejo a la hora de utilizar la lavanda es que te asegures de que tienes lavanda auténtica; tiene que estar etiquetada con el nombre científico *Lavandula angustifolia* (el lavandín se utiliza solo por su olor agradable).

CANTIDADES RECOMENDADAS

Cuando utilices lavanda en los alimentos o en infusión, es preferible hacerlo en cantidades pequeñas. Demasiada cantidad da un sabor amargo y desagradable.

La dosis terapéutica de la lavanda es:

En infusión: 1 a 3 gramos al día.

En tintura (flores secas): 1:5, 70 % de alcohol, 1,5 a 2 ml 3 o 4 veces al día [21].

Como aceite esencial: Inhalado o diluido en un aceite portador para uso externo.

CONSIDERACIONES ESPECIALES

El aceite esencial de lavanda es muy potente y debe utilizarse con precaución tanto externa como internamente. Aunque muchas personas consideran que es seguro emplearlo sobre la piel sin diluir, yo he sido testigo de que puede provocar quemaduras químicas. Una dilución al 1 por ciento en un aceite portador resulta más segura para pieles sensibles.

El aceite esencial de lavanda debe consumirse solo bajo la dirección de un terapeuta cualificado. No debe utilizarse por vía interna durante el embarazo.

No ingieras lavanda adquirida en floristerías o tiendas de jardinería. Lo más probable es que haya sido fumigada con sustancias químicas no aprobadas para uso alimentario.

Existen algunos informes no confirmados que afirman que los productos con olor a lavanda afectan negativamente a los niños por sus efectos estrogénicos. Estos casos aislados han sido cuestionados. Actualmente, el *Botanical Safety Handbook* concede a la lavanda su calificación más alta en seguridad [22].

SALES DE BAÑO DE LAVANDA

Uno de mis métodos favoritos para relajarme y aliviar el estrés es darme un baño de lavanda. Esta mezcla resulta especialmente apropiada para los dolores y molestias musculares. Yo suelo añadir mucha sal al baño para que resulte más terapéutico y he descubierto que la pequeña cantidad que indican algunas recetas no tiene ninguna eficacia.

Para disminuir el coste, busca sal marina y sales de Epsom a granel. Las encontrarás en muchas droguerías, pero también puedes pedirlas por internet.

Se obtienen 3 tazas de sales para 1 baño

1 taza de sal marina

2 tazas de sales de Epsom

20 a 30 gotas de aceite esencial de lavanda

1. Mezcla todos los ingredientes en un bol grande. Puedes utilizar estas sales inmediatamente o guardarlas en un recipiente hermético para otra ocasión.

2. *Modo de empleo:* Echa todas las sales en un baño de agua templada y permanece a remojo todo el tiempo que quieras. Te sugiero que te des una ducha rápida después para aclarar las sales.

MASCARILLA FACIAL DE LAVANDA Y ARCILLA

1 cucharada sopera de flores de lavanda

2 cucharadas soperas de arcilla cosmética

Hidrosol de lavanda

Estos tres ingredientes tan sencillos se combinan para crear una experiencia facial sibarítica, digna de un balneario, y sin ningún aditivo extraño. Puedes utilizar prácticamente cualquier arcilla cosmética. A mí me gusta la verde francesa, pero el caolín y la bentonita son también opciones muy buenas.

Los hidrosoles son un subproducto de la fabricación de los aceites esenciales. En estos procesos, las plantas se destilan mediante arrastre de vapor, se extraen los aceites y el agua del vapor se convierte en hidrosol, un líquido que ha recogido las propiedades exclusivas de la planta. De todas formas, en esta receta puedes sustituir el hidrosol de lavanda por agua.

Se obtiene una aplicación generosa (suficiente para cubrir con una capa gruesa la cara y el cuello) o 2 aplicaciones más finas

1. Pulveriza las flores de lavanda y mézclalas con la arcilla. Ve añadiendo poco a poco pequeñas cantidades de hidrosol de lavanda, removiendo y comprobando la consistencia de la pasta después de cada añadido. Al final debes tener una pasta espesa que se extienda con facilidad.

2. Extiende la mezcla sobre la piel limpia. Cubre con ella la cara y también el cuello, si lo deseas. Deja reposar hasta que se seque (unos 15 minutos, dependiendo del grosor de la capa).

3. Una vez transcurrido ese tiempo, aclara la mascarilla con agua templada. Seca la piel a golpecitos. Puedes completar el tratamiento con el Sérum Facial de Flor de Saúco (página 236) o con la Crema Facial de Té Verde y Rosa (página 246).

NATILLAS DE LAVANDA Y NARANJA

Estas natillas tan sencillas pero exquisitas combinan el sabor relajante de la lavanda con el alegre gusto cítrico de la naranja. Es un postre estupendo para una fiesta vespertina desestresada porque se puede preparar el día anterior. Si no dispones de vaina de vainilla en polvo, puedes sustituirla por 1 cucharadita de extracto de vainilla.

Para 5 personas

2 tazas de leche entera

1 cucharada sopera de flores de lavanda secas

4 huevos

80 ml (⅓ de taza) de miel

½ cucharadita de sal

1 cucharadita de vainilla en polvo

1 cucharadita de extracto ecológico de naranja

1. Vierte la leche y la lavanda en un cazo y caliéntalas a fuego medio-bajo hasta que la leche empiece a burbujear (unos 10 minutos). Apaga el fuego y deja la lavanda en infusión durante otros 10 minutos. Una vez transcurrido ese tiempo, cuela la lavanda y deja enfriar la leche durante unos 20 minutos.

2. Mientras se enfría la leche, precalienta el horno a 180 °C (350 °F). En un bol aparte, mezcla bien los huevos, la miel, la sal, la vainilla en polvo y el extracto de naranja (no batas los huevos; no tienen que estar esponjosos).

3. Cuando la leche esté fría, ve añadiendo poco a poco la mezcla anterior sin dejar de remover.

4. Llena cinco moldes de 180 ml (6 onzas) con las natillas y colócalos en una fuente de horno honda. Vierte agua caliente en la fuente hasta que llegue a la mitad de los moldes.

5. Introduce la fuente en el horno y hornea durante 30 minutos. Las natillas estarán bien hechas cuando se muevan muy poco y estén un poco tostadas por arriba.

6. Retira del horno, deja enfriar totalmente y refrigera durante toda la noche. Sirve las natillas frías.

«¿ALGUNA VEZ TE HAS PREGUNTADO CUÁL ES EL ORIGEN DE LA TRADICIÓN DE TOMAR MENTA AL FINAL DE LAS COMIDAS? LA MENTA ESTIMULA LA DIGESTIÓN Y ALIVIA LAS NÁUSEAS; AYUDA A DISIPAR LA SENSACIÓN DE ESTAR DEMASIADO LLENO Y COMBATE UNA POSIBLE INDIGESTIÓN O LA PRESENCIA DE GASES».

JOYCE WARDWELL, HERBORISTA
Y AUTORA DE *THE HERBAL HOME REMEDY BOOK*

CAPÍTULO 13

Menta

¡La menta es una planta muy popular! Aquellas casas en las que solo hay una infusión herbal, lo más corriente es que tengan menta. Son famosos los caramelos de menta y es un aromatizante muy habitual de chicles, licores e incluso medicamentos.

¿Cuándo fue la última vez que tomaste una infusión de menta bien cargada? Si hace ya un tiempo, te recomiendo que te tomes una ahora. Beber una taza de menta caliente es una experiencia divertida en lo que se refiere a la energética herbal. Probablemente notarás que, aunque te estás tomando una infusión caliente, percibes una sensación refrescante en la boca, el esófago y hasta el estómago. Venga, toma un poco más. Tienes que notar con claridad esta sensación para apreciarla plenamente. Esta acción refrescante es debida a la gran cantidad de mentol que contiene la planta. Este aceite volátil está presente en muchas mentas y es una de las vías que aprovecha la planta para proporcionarnos una medicina tan potente.

Nombre botánico: *Mentha x piperita*

Familia: Lamiáceas / labiadas

Partes utilizadas: Partes aéreas (fundamentalmente las hojas y flores)

Energética: Variable: calorífica o refrescante, secante

Sabor: Picante

Propiedades de la planta: Aromática, carminativa, analgésica, nervina estimulante, antiespasmódica, diaforética estimulante, antiemética

Usos de la planta: Molestias estomacales, hipo, mal aliento, resfriados, gripes, fiebre, congestión nasal, gases, náuseas, espasmos, dolores de cabeza, externamente calma los picores y la inflamación de la piel

Preparación de la planta: Infusión, tintura, soluciones para lavados, aceite esencial, especia culinaria

a equis del nombre botánico *Mentha x piperita* nos indica que se trata de un híbrido. Es un cruce entre la hierbabuena (*Mentha spicata*) y la menta de agua (*Mentha aquatica*). Aunque a lo largo de la historia de la humanidad se han utilizado muchas mentas distintas, hasta finales del siglo XVII no se reconoció la menta piperita como una especie distinta. En 1721 se incorporó a la farmacopea inglesa.

ENERGÉTICA Y PROPIEDADES MEDICINALES DE LA MENTA

Es muy fácil encontrar menta, de una forma u otra, en casi todas las cafeterías y tiendas de alimentación. Es una planta picante y al mismo tiempo refrescante con un sabor muy agradable y muy beneficiosa para la digestión, para combatir la fiebre e incluso para mejorar el estado de ánimo. Aporta un alivio profundo a todo aquel que sufre las grandes molestias del síndrome del colon irritable o un dolor nervioso.

PARA ALIVIAR LOS PROBLEMAS DIGESTIVOS

La infusión de menta alivia enormemente muchos tipos de trastornos digestivos habituales y tiene la ventaja adicional de que refresca el aliento. ¿Te duele la tripa? Tómate una taza de menta. ¿Tienes nervios en el estómago? Tómate una taza de menta. ¿Tienes diarrea? ¡Tómate una taza de menta! ¿Tienes gases e hinchazón después de comer? Efectivamente, lo has adivinado... tómate una taza de menta. Pruébala también la próxima vez que tengas un ataque rebelde de hipo.

Sin embargo, la menta no se limita a aliviar los dolores de tripa comunes y corrientes. Se ha demostrado también que resulta muy eficaz para las personas que sufren trastornos digestivos graves como el síndrome del colon irritable[1]. Para estos problemas digestivos más graves, quizá resulte más beneficioso tomar cápsulas con revestimiento entérico de aceite esencial de menta[2].

Un revestimiento entérico es un recubrimiento especial que permite a la cápsula pasar por el estómago intacta y disolverse en el intestino, que es el lugar donde más se necesitan sus efectos. Aunque el aceite de menta no cura el síndrome del colon irritable, sí puede reducir mucho los síntomas tan desagradables —como la hinchazón y el dolor abdominal— que lleva aparejados[3].

Las cápsulas de aceite de menta con revestimiento entérico son seguras y eficaces y aptas incluso para los niños. Estas fueron las conclusiones de un estudio: «En un ensayo aleatorio, doble ciego y controlado con placebo realizado con 42 niños con síndrome del colon irritable se les administraron cápsulas de aceite de menta con revestimiento entérico y dependientes del pH o placebo. Al cabo de dos semanas, el 75 por ciento de los que recibieron el aceite de menta había experimentado una reducción del dolor asociado con la enfermedad. El aceite de menta puede utilizarse como agente terapéutico durante la fase sintomática del síndrome del colon irritable»[4].

PARA MEJORAR EL ESTADO DE ÁNIMO Y LA ALERTA

¡El simple hecho de oler menta ya resulta beneficioso! Un estudio reveló que oler aceite esencial de menta ayuda a mejorar la memoria y la alerta[5]. Otro estudio observó que oler aceite esencial de menta alivia el agotamiento mental y el desgaste profesional moderado[6]. En el libro de Rosemary Gladstar *Plantas medicinales: guía para principiantes*, la autora afirma: «A menudo se describe la menta como "una explosión de energía verde". Renueva, refresca y da energía sin agotar ni utilizar las reservas energéticas»[7]. La menta no se emplea solo por vía interna. Según una tradición antigua, es muy conveniente lavar la mesa de comer con infusión de esta planta para mejorar el apetito y el estado de ánimo de los comensales.

PARA ALIVIAR EL DOLOR

La menta es estupenda para calmar el dolor. Habitualmente se utiliza en fomentos para aliviar el dolor de cabeza, sobre todo el relacionado con la tensión muscular[8]. Un fomento es un preparado herbal que se aplica empapando un paño en una infusión y luego colocándolo sobre una zona concreta del cuerpo (si te apetece probarlo, en este capítulo he incluido una receta de Fomento de Menta).

El aceite de menta consigue aliviar incluso el dolor nervioso intenso. Aunque no existen ensayos clínicos en seres humanos, he visto a muchas personas beneficiarse de la aplicación de aceite esencial de menta en los pies doloridos por una neuropatía diabética (daño en los nervios). Además, el aceite de menta calma también la neuralgia postherpética, es decir, el dolor que sigue a un brote de herpes zóster[9].

La menta alivia también los picores y la inflamación de las quemaduras solares, las picaduras del olmo rojo y de la hiedra venenosa y la urticaria. Se puede utilizar en infusión para lavar la zona o añadiendo una bien cargada al agua del baño.

PARA COMBATIR RESFRIADOS Y GRIPES

La medicina tradicional china y la herbología occidental utilizan desde hace mucho tiempo la menta para combatir la fiebre que acompaña a la gripe. Abre los poros del cuerpo y permite que salga el calor, por lo que resulta muy apropiada cuando el paciente se siente inquieto y acalorado. Una fórmula herbal tradicional de Occidente es la combinación de flores de saúco (*Sambucus nigra*, *S. cerulea*), menta y milenrama (*Achillea millefolium*). En la página 235 encontrarás la receta de la Infusión de Flores de Saúco.

Para aliviar la congestión pulmonar se puede inhalar aceite esencial de menta; un vapor herbal que contenga menta produce unos efectos similares. Para preparar este vapor herbal, introduce un puñado de menta fresca o seca en una palangana mediana. Vierte por encima agua hirviendo y pon la cabeza envuelta en una toalla sobre la palangana para atrapar el vapor que sube de ella. La temperatura debajo de la toalla debe ser lo más caliente posible sin que llegue a quemar. Respira hondo y ten a mano una caja de pañuelos para sonarte la nariz cuando lo necesites.

CÓMO UTILIZAR LA MENTA

Para todos los usos de la menta sirven igual las hojas frescas y las secas. Si sustituyes una por otra en una receta, la cantidad de planta fresca debe ser el doble que la de la seca.

Con la menta se prepara una infusión deliciosa que puede disfrutarse simplemente por lo rica que está o para mejorar la digestión. Introduce entre 1 y 3 cucharaditas de hojas secas de menta en una taza de agua hirviendo, tapa para evitar la pérdida de los aceites volátiles y deja reposar entre 3 y 5 minutos.

Las hojas de menta pueden utilizarse también para preparar una cataplasma o fomento.

El olor del aceite esencial de menta puede inhalarse para deshacer la congestión pulmonar, aplicarse externamente en ungüentos o tomarse por vía interna (el consumo de aceite esencial puede provocar problemas graves si no se hace correctamente; ten precaución y trabaja siempre con un terapeuta experimentado).

Se puede hacer también un aceite macerado de hojas de menta para dar friegas en los músculos doloridos. Es eficaz para aliviar el dolor y los calambres.

CANTIDADES RECOMENDADAS

La dosis terapéutica de la menta es:

En infusión: 1 a 3 cucharaditas de planta seca o 2 a 6 cucharaditas de planta fresca de 3 a 5 veces al día.

En tintura: 1:5, 30 % de alcohol, 3 a 6 ml 2 o 3 veces al día[10].

CONSIDERACIONES ESPECIALES

En algunas personas sensibles, la menta puede provocar o exacerbar el ardor de estómago, por lo que debe evitarse en caso de experimentar síntomas activos de reflujo gastroesofágico.

Tomada en exceso puede detener el flujo de leche materna.

RAITA DE MENTA

Esta sencilla ensalada de yogur es una guarnición muy agradable para entrantes picantes o sopas fuertes. Yo la hago muchas veces en verano cuando el huerto está rebosante de pepinos y menta. Si no dispones de menta, puedes sustituirla por hierbabuena (*Mentha spicata*). Me encanta porque puedo prepararla en unos minutos o hacerla con antelación si vamos a quedar con otras personas. La cayena, opcional, le da un toquecito picante muy agradable.

Se obtienen 3 tazas

1. Introduce todos los ingredientes, a excepción del pimentón, en un bol mediano. Mezcla bien.

2. Guárdala en el frigorífico y consúmela en un plazo máximo de 3 días. Espolvorea el pimentón por encima justo antes de servir.

1 pepino grande sin pelar, sin semillas y picado en dados

2 tazas de yogur natural entero

½ taza (apretada) de menta fresca picada

2 cucharadas soperas de cebollino fresco picado (o la parte verde de unas cebolletas)

1 diente de ajo machacado y picado

1 cucharadita de comino en polvo

¼ de cucharadita de cayena (opcional)

Sal y pimienta al gusto

Pimentón para adornar

9 gramos (¼ de taza) de hojas
de menta secas

FOMENTO DE MENTA PARA EL DOLOR DE CABEZA

Un fomento es un preparado muy sencillo que te ayuda a colocar las hierbas directamente sobre la zona donde más se necesitan. La aplicación de menta sobre la frente o la nuca alivia el dolor de cabeza.

Se obtiene 1 aplicación

1. Pon 1 taza de agua a calentar. Cuando rompa a hervir, retira del fuego y añade la menta. Remueve bien, tapa y deja reposar durante 10 minutos.

2. Una vez transcurrido ese tiempo, cuela las hojas y, cuando el agua se haya enfriado ligeramente, empapa un paño en ella (a mí me gusta que esté lo más caliente posible sin que llegue a resultar desagradable). Escurre el paño y aplícalo sobre la frente o la nuca. Si te gusta sentir el calor, coloca una botella de agua caliente sobre el paño.

3. No retires el paño hasta pasados 20 minutos. Puedes dejarlo más si lo deseas. Una parte importante de este remedio para el dolor de cabeza es estar todo el tiempo tumbado y con los ojos cerrados.

REFRESCO DE MENTA E HIBISCO

Sucedió un verano. Las temperaturas superaban los 38 ºC y la humedad era inferior al 15 por ciento. Es decir, hacía mucho calor y el aire estaba muy seco. Mi marido y yo íbamos de excursión todos los días a nuestro lago favorito en los Alpes y conseguimos sobrevivir gracias a esta infusión helada que llevábamos siempre con nosotros. ¡Desde que creé esta receta, me obsesioné con ella! El aroma refrescante de la menta y el toque ligeramente agrio del hibisco son el remedio perfecto para la sed.

Se obtienen 8 tazas

1. Pon a hervir 1,5 litros de agua.

2. Introduce la menta, el hibisco y la lavanda en un tarro de al menos 2 litros de capacidad (a mí me gusta utilizar un tarro medidor grande para que me resulte más fácil echar luego el agua).

3. Vierte el agua hirviendo sobre las plantas y remueve. Tapa y deja reposar entre 10 y 15 minutos.

4. Cuela a una jarra de vidrio grande que tenga capacidad suficiente para echar más tarde el hielo (yo uso un colador y un embudo). Mientras esté todavía templado, añade la miel y remueve para disolverla totalmente. Deja enfriar en la encimera o en el frigorífico.

5. Diez o veinte minutos antes de servir, echa hielo en la jarra. Debes consumirlo en un plazo máximo de 24 horas.

- 20 g de menta fresca picada o 9 g (¼ de taza) de menta seca

- 5 gramos (1 cucharada sopera colmada) de hibisco seco

- 1 ramita de lavanda fresca o un pellizco de flores de lavanda secas

- 1 cucharada sopera de miel o al gusto

«EL SABOR PICANTE Y ÁCIDO DE LA MOSTAZA
REPRESENTA LA BELLEZA DE SUS CUALIDADES
MEDICINALES».

REBECCA ALTMAN, HERBORISTA
Y FUNDADORA DE KINGSROADAPOTHECARY.COM

CAPÍTULO 14

Mostaza

Hace un par de años, mi marido y yo estuvimos viajando por Francia para visitar a la familia. El viaje iba estupendamente hasta que pillé un buen resfriado la última semana. Rápidamente utilicé todas las hierbas que me había llevado, pero seguía sintiéndome congestionada, con la cabeza embotada y hecha una pena. Como quería aprovechar hasta el último segundo del viaje, estaba desesperada por encontrar algo que me aliviara.

De pie en la cocina, lamentándome amargamente de mi nariz taponada, de repente me di cuenta de que había pasado por alto la especia potentísima que guardan todas las cocinas francesas: ¡la mostaza! Efectivamente encontré varios tipos distintos en el frigorífico y tomé una cucharada de uno de los tarros. Al instante se me empezó a despejar la nariz y rompí a sudar. ¡La mostaza, sobre todo la auténtica y bien preparada, es muy picante! Seguí tomando cucharadas de forma regular y en nada de tiempo me sentí mucho mejor.

Sin embargo, las semillas de mostaza hacen mucho más que aliviar los síntomas del resfriado y la gripe. Estas semillitas pequeñas y humildes nos protegen contra los daños en el ADN y el estrés oxidativo, de manera que son un aliado muy poderoso para prevenir el cáncer y mejorar la salud cardiovascular.

Nombre botánico: *Brassica alba, Brassica juncea*

Familia: Brasicáceas / crucíferas

Partes utilizadas: Semillas

Energética: Calorífica, secante

Sabor: Picante

Propiedades de la planta: Expectorante estimulante, rubefaciente, analgésica

Usos de la planta: Congestión nasal y pulmonar, dolor artrítico, fiebre, prevención del cáncer, molestias y dolores musculares

Preparación de la planta: Condimento de mostaza, apósito, baños, especia culinaria

Desde hace miles de años se cultivan y recolectan muchas especies distintas de mostaza. Existe evidencia arqueológica de que una especie relacionada con ella se empleó como especia en el norte de Europa hace más de seis mil años[1]. Y lo más probable es que en China se cultivara otra especie allá por el año 5000 a.C[2]. A los antiguos romanos se les atribuye la creación de las primeras recetas parecidas a los condimentos de mostaza que conocemos hoy en día y también la propagación de las semillas por todo su imperio. En algún momento, la mostaza llegó a la Galia (la Francia actual), donde se desarrolló hasta convertirse en un arte. Dijon, en la Borgoña, es famosa por su mostaza, que fue creada por Jean Naigeon en 1856.

Esta planta crece prácticamente en todas partes, como una mala hierba. Por eso ha sido siempre muy popular y fácil de conseguir, a diferencia de muchas especias —como la pimienta negra, la nuez moscada y el jengibre— que estaban reservadas exclusivamente para las personas adineradas.

TIPOS DE SEMILLAS DE MOSTAZA

Los dos tipos de semillas de mostaza que pueden adquirirse fácilmente son *Brassica alba* y *Brassica juncea*.

Brassica alba produce unas semillas que se conocen como mostaza blanca o amarilla. Tiene un sabor más suave y la mayoría de las mostazas habituales se preparan con ella.

Las semillas de *Brassica juncea*, por su parte, se conocen como mostaza marrón y tienen un sabor picante más fuerte y pronunciado que afecta sobre todo a los senos paranasales.

ENERGÉTICA Y PROPIEDADES MEDICINALES DE LA MOSTAZA

Aunque la mostaza se desdeña a menudo considerándola un simple condimento con el que sazonar un perrito caliente o un plato de carne —está claro que no se le adjudican grandes propiedades para la salud—, lo cierto es que alberga un gran secreto.

Debido a la utilización de métodos agrícolas no sostenibles, nuestra comida actual contiene solo una fracción de los nutrientes que contenía anteriormente. Muchas de nuestras frutas y verduras preferidas —como los tomates, las manzanas y la lechuga— han sido seleccionadas y cultivadas por una serie de características que tienen más en cuenta el negocio que nuestra salud. ¡Con las crucíferas, sin embargo, no sucede lo mismo!

Las crucíferas, también conocidas como brasicáceas, incluyen el brécol, el repollo y la col crespa. En su libro *Eating on the Wild Side*, Jo Robinson explica que constituyen uno de los alimentos más sanos que podemos tomar porque son los que más se parecen a sus antepasados[3]. No han cambiado significativamente con respecto a sus predecesores y siguen conteniendo una cantidad impresionante de fitonutrientes que han demostrado un gran potencial anticanceroso... ¡y eso incluye también a la mostaza!

PARA COMBATIR EL CÁNCER

Las propiedades anticancerosas de la mostaza han sido objeto de muchos estudios. El alil isotiocianato (AITC), uno de los componentes de las semillas de esta planta, presenta unas posibilidades muy prometedoras para la prevención y el tratamiento del cáncer.

En un ensayo clínico se administró a los voluntarios una dosis de 20 gramos de un preparado a base de mostaza. Al cabo de solo tres días, los participantes mostraron una reducción significativa en los daños del ADN e incluso una disminución del colesterol total. Los investigadores llegaron a la conclusión de que «la ingesta, aunque sea durante periodos breves, de verduras que contienen ITC [como la mostaza] pueden asociarse con la disminución del riesgo de cáncer»[4].

PARA LA SALUD DEL CORAZÓN

Las semillas de mostaza y el aceite de semillas de mostaza favorecen la salud del corazón, posiblemente gracias a que su elevado contenido en ácidos grasos omega-3 reduce el estrés oxidativo.

En un estudio se hizo un seguimiento durante un año a 360 pacientes que habían sufrido un infarto de miocardio. Los grupos que recibieron aceite de pescado o aceite de mostaza mejoraron significativamente su salud cardiovascular en comparación con los del grupo placebo. Esta mejoría incluyó una cantidad menor de problemas cardíacos y una reducción de las arritmias. Los investigadores llegaron a la conclusión de que ambos aceites pueden proporcionar efectos protectores rápidos a pacientes con riesgo de infarto[5].

PARA LOS PULMONES

El uso de una cataplasma de semillas de mostaza directamente encima de la zona pulmonar es una tradición muy antigua para aliviar la congestión y la bronquitis. Las propiedades picantes y estimulantes de las semillas de mostaza aumentan las secreciones mucosas y facilitan la expulsión de la mucosidad de los pulmones. Por eso los herboristas consideran a la mostaza como una planta que estimula la expectoración y un aliado maravilloso para eliminar la congestión del organismo.

Unos investigadores chinos pusieron a prueba este antiguo remedio popular. Para ello realizaron un estudio con pacientes aquejados de bronquitis crónica en el que utilizaron un apósito elaborado con diversas hierbas entre las que se incluían las semillas de mostaza. Los que recibieron el tratamiento mostraron una mejoría significativa de los síntomas comparados con el grupo de control[6].

PARA ALIVIAR EL DOLOR

La mostaza ha sido tradicionalmente uno de los tratamientos más habituales para combatir la artritis, sobre todo aquella que empeora cuando hace frío. A menudo se utiliza como apósito para reducir el dolor y acelerar la curación de lesiones como los esguinces de tobillo o la distensión muscular.

La mostaza alivia el dolor porque es un contrairritante o rubefaciente tópico. Dicho de otro modo, actúa irritando los tejidos, con lo que lleva sangre y calor a la zona afectada.

Una forma de utilizarla por vía tópica es darse un baño de mostaza (en este capítulo encontrarás una receta). Calienta los músculos cansados y doloridos y alivia el dolor corporal generalizado. Es un remedio tradicional

para tratar los procesos febriles cuando la persona se siente destemplada (aunque *no* cuando tiene calor o se muestra inquieta).

CÓMO UTILIZAR LA MOSTAZA

Las semillas amarillas o blancas suelen tener un sabor más sutil y suave. A mí me gusta emplear las marrones porque producen más calor y resultan más estimulantes.

El aceite de mostaza se puede adquirir en tiendas de productos artesanales. Resulta muy agradable para cocinar y es una forma estupenda de incorporar la mostaza en la dieta.

CANTIDADES RECOMENDADAS

Para obtener el máximo beneficio posible, incorpora las semillas de mostaza como parte habitual de tu dieta. No existe ninguna dosis terapéutica fija para ellas.

CONSIDERACIONES ESPECIALES

El consumo de cantidades excesivamente abundantes de mostaza puede provocar molestias estomacales.

MOSTAZA CASERA

¡Preparar mostaza es facilísimo! En cuanto le cojas el tranquillo a los pasos básicos, podrás dedicarte a improvisar con muchas hierbas diferentes para obtener distintos sabores. Para esta receta he elegido el gusto ahumado y picante del chile chipotle. Aunque los pasos son de lo más simple, ten en cuenta que hay que tener en remojo las semillas de mostaza durante dos días para que suelten el sabor.

En esta receta se emplean semillas de mostaza amarillas y marrones, pero, si prefieres que tenga un sabor más suave, elimina las marrones y duplica la cantidad de las amarillas.

Se obtiene 1 taza y cuarto

1. Introduce las semillas de mostaza y el vinagre de sidra en un bol de vidrio. Tapa y deja reposar durante dos días.

2. Una vez transcurrido ese tiempo, transfiere las semillas y el líquido a un robot de cocina o a una batidora. Añade el resto de los ingredientes y bate hasta obtener una pasta.

3. Se conserva hasta seis meses en el frigorífico.

40 g (¼ de taza) de semillas de mostaza marrones

40 g (¼ de taza) de semillas de mostaza amarillas

120 ml (½ taza) de vinagre de sidra

1 cucharadita de miel

1 cucharadita de cúrcuma en polvo

2 cucharaditas de pimentón

1 cucharadita de chile chipotle en polvo

1 cucharadita de sal

SOPA DE CALABAZA CON SEMILLAS DE MOSTAZA

1 kg (2 libras) de calabaza de invierno

2 cucharadas soperas de aceite de oliva

½ cucharadita de comino en grano

1 cucharadita de semillas de mostaza marrones

1 cebolla mediana picada

1,5 cucharaditas de sal

1 cucharada sopera de jengibre fresco picado

2 dientes de ajo picados

2 latas de 400 ml (13,5 oz) de leche de coco

2 cucharadas soperas de zumo de limón

Todo el mérito de esta deliciosa sopa otoñal recae exclusivamente en mi marido. Un año tuvimos una cosecha maravillosa de calabaza de invierno y él asumió el importante papel de encontrar formas interesantes de disfrutar de esta verdura tan sustanciosa. De los muchos platos deliciosos que creó, esta sopa es uno de mis preferidos. Se puede preparar prácticamente con cualquier calabaza de inverno, aunque la carrucha (cacahuete) puede resultar más difícil de pelar.

Se obtienen 8 tazas, para 4 personas

1. Retira la piel, el tallo y las semillas de la calabaza y córtala en trozos medianos.

2. Vierte el aceite en una cazuela grande y ponlo a calentar a fuego medio. Añade el comino y las semillas de mostaza. Cuando las semillas empiecen a sisear, agrega la cebolla y la sal y rehoga entre 3 y 5 minutos removiendo de vez en cuando. Incorpora el jengibre y el ajo y rehoga durante un par de minutos más hasta que puedas percibir su aroma.

3. Añade la calabaza y la leche de coco y sube ligeramente el fuego hasta que rompa a hervir suavemente. En ese momento, reduce el fuego y deja que hierva lentamente durante 30 minutos hasta que la calabaza esté blanda.

4. Cuando esté hecha, vierte la sopa en un robot de cocina. Quizá tengas que hacerlo en dos veces para que no rebose. Bate a velocidad lenta durante 2 minutos hasta obtener una crema fina. Incorpora el zumo de limón.

5. Sirve caliente.

SALES DE BAÑO DE MOSTAZA Y JENGIBRE

Rebecca Altman, de Kings Road Apothecary, es una herborista brillante que crea fórmulas herbales sinérgicas como infusiones, tinturas, ungüentos y muchas cosas más. Ha accedido amablemente a crear, en exclusiva para este libro, esta receta estimulante para el baño con las cualidades picantes y vigorizantes de la mostaza. En la página web www.KingsRoadApothecary.com puedes encontrar más productos elaborados por ella.

Esto es lo que dice Rebecca de esta receta: «El poder de la mostaza estimula la circulación y calienta los músculos. Es un complemento agradabilísimo para un baño de invierno, cuando el frío se cuela en los músculos y hace que te sientas rígido y dolorido. También me gusta mucho utilizarla después de haber hecho unos ejercicios complicados o cuando he sufrido algún tipo de lesión. Le he añadido también jengibre, otra planta picante y calorífica, y algunos aceites esenciales que estimulan la circulación».

Se obtienen 3 tazas de sales

1. Mezcla las sales y el bicarbonato en un bol grande.

2. Tamiza la mostaza y el jengibre en polvo para retirar cualquier grumo que pueda haber y añádelos a las sales. Mezcla muy bien.

3. Agrega los aceites esenciales y remueve para que se mezclen bien. Guarda en un recipiente hermético.

4. *Modo de empleo:* Añade entre una y tres tazas al agua caliente del baño.

1 taza de sales del mar Muerto

150 g (¾ de taza) de sales de Epsom

40 g (¼ de taza) de bicarbonato sódico

150 g (¾ de taza) de mostaza en polvo

50 g (¼ de taza) de jengibre en polvo

10 gotas de aceite esencial de eucalipto

10 gotas de aceite esencial de menta

10 gotas de aceite esencial de cedro

10 gotas de aceite esencial de lavanda

10 gotas de aceite esencial de romero

«CUANDO UNA PERSONA TOMA NUEZ MOSCADA, SE LE
ABRE EL CORAZÓN, SE ELIMINAN LAS OBSTRUCCIONES
DE SU SENTIDO COMÚN Y GOZA DE UNA BUENA
DISPOSICIÓN».

HILDEGARDA VON BINGEN, HERBORISTA DEL SIGLO XII
Y AUTORA DE *PHYSICA*

CAPÍTULO 15

Nuez moscada

En una isla del Lejano Oriente, a la que en su momento se denominó Isla de las Especias, una paloma devora un fruto carnoso de color crema y se traga la semilla, de gran tamaño, que este alberga en su interior. Esta semilla aromática no sufre ningún daño y, en su momento, es depositada en el exuberante y frondoso bosque tropical.

La semilla germina en el rico suelo volcánico y empieza a brotar un árbol. Si la semilla es femenina, el árbol producirá su primer fruto entre nueve y doce años después. Cuando alcance la madurez, al cabo de veinte años, producirá dos mil frutos al año. Con el tiempo, alcanzará una altura de seis metros y vivirá unos setenta y cinco años. Es el árbol de la nuez moscada.

Los herboristas y los entusiastas de la cocina utilizan tanto las semillas como la macis, la corteza que recubre la semilla. En este capítulo vamos a hablar sobre todo de la semilla.

Cuando coges una nuez moscada en la mano, estás cogiendo un tesoro muy especial. Muchas veces no apreciamos lo suficiente a esta especia dulce y aromática y la consideramos algo que se utiliza esporádicamente en vacaciones para preparar tartas de calabaza. Sin embargo, tanto el árbol como el fruto son una planta medicinal muy potente.

Nombre botánico: *Myristica fragrans*

Familia: Miristicáceas

Partes utilizadas: Semilla, macis

Energética: Calorífica, secante

Sabor: Picante

Propiedades de la planta: Relajante, aromática, antiespasmódica, afrodisíaca, carminativa, antimicrobiana, antiemética, hipotensora

Usos de la planta: Insomnio, estrés, problemas digestivos habituales como los gases, la hinchazón y la diarrea

Preparación de la planta: Polvo recién molido, aceite esencial

a historia de la nuez moscada es muy rica pero, en ocasiones, también triste. El fruto, la semilla y la macis han sido muy apreciados desde hace mucho tiempo como alimento y también como medicina. Este árbol es originario de las islas Banda, al norte de Australia. Durante miles de años, los pueblos banda recolectaron la pulpa del fruto, la macis y la semilla y las emplearon con fines alimentarios y medicinales. También comerciaron con ellas por las islas vecinas.

Resulta fácil amar esta especia dulce y aromática; cuando llegó a Europa a través de la ruta de las especias, los europeos se volvieron locos por ella. No solo tiene un sabor delicioso sino que se creía que era capaz de detener la peste, y además se empleó como alucinógeno.

Cuando el comercio europeo de especias por tierra se interrumpió en 1453, comenzó la carrera para hacerse con el comercio marítimo. Los exploradores se adentraron en los mares abiertos para descubrir una ruta hacia las Indias Orientales y los tesoros que crecían en ellas. Para hacernos una idea de lo lucrativa que era esta empresa, diremos que el precio de una bolsa pequeña de nueces moscadas en Europa podía garantizar una jubilación cómoda para un marino.

ENERGÉTICA Y PROPIEDADES MEDICINALES DE LA NUEZ MOSCADA

El uso más habitual de la nuez moscada es como especia culinaria. Los países occidentales importan de todo el mundo toneladas valoradas en millones de euros. La mayor parte de la nuez moscada que se cosecha se muele y se vende para hacer dulces, sobre todo en vacaciones. Sin embargo, es también una medicina muy potente que puede emplearse para combatir la ansiedad, los problemas del sueño, los trastornos digestivos, los resfriados, la gripe y muchas dolencias más.

PARA COMBATIR EL INSOMNIO

Un remedio tradicional muy popular para conciliar el sueño es un vaso de leche templada con nuez moscada. ¡Riquísimo!

Sin embargo, utilizarla para combatir el insomnio grave puede resultar un poco complicado. La dosificación varía muchísimo de una persona a otra, tarda entre cuatro y seis horas en actuar y sus efectos duran ocho horas. Para obtener el máximo beneficio de esta especia, yo recomiendo trabajar con un herborista cualificado.

PARA ALIVIAR LOS TRASTORNOS DIGESTIVOS

La nuez moscada es una especia calorífica y aromática capaz de aliviar muchos síntomas digestivos molestos. Suele utilizarse para combatir la hinchazón y los gases. Además, combate la diarrea y se emplea mucho para los niños.

Añadir especias culinarias aromáticas a la comida es una forma estupenda de prevenir los problemas digestivos más comunes. La nuez moscada puede tomarse en una mezcla herbal de té y mezclarse con otras especias como el jengibre, la canela y el clavo para aliviar las molestias digestivas. Vasant Lad, coautor de *The Yoga of Herbs*, afirma: «La nuez moscada es una de las mejores especias para aumentar la absorción de los alimentos, sobre todo en el intestino delgado»[1].

PARA COMBATIR LA HIPERTENSIÓN

La nuez moscada tiene propiedades hipotensoras, es decir, reduce la presión arterial. No conozco ningún herborista moderno que la utilice con ese fin concreto. Sin embargo, sé prudente cuando utilices dosis medicinales de nuez moscada con personas que tiendan a tener la tensión baja.

COMO AFRODISÍACO

La nuez moscada se añade muchas veces en pequeñas cantidades a las fórmulas herbales afrodisíacas. De todas formas, el término *afrodisíaco* resulta un tanto confuso porque puede dar la imagen falsa de que, cuando una persona toma una de estas fórmulas, se convierte de repente en la protagonista de una película cursi de los años ochenta y se enamora perdidamente de la primera persona que ve. En lo que respecta a la herbología, un afrodisíaco puede influir de varias formas en el desarrollo de una velada romántica. Por ejemplo, para la persona que está realmente estresada y es incapaz de desconectar, un afrodisíaco puede ser un relajante nervioso porque le alivia la tensión. A los que tienen falta de sueño crónica y están siempre cansados, un adaptógeno puede ayudarlos a obtener el descanso que necesitan. De ese modo se sienten mejor y están más dispuestos a emplear su energía en el dormitorio. ¡Por tanto, no creas que la nuez moscada va a ser el ingrediente secreto mágico para tu poción amorosa!

Tal y como señaló Hildegarda von Bingen en el siglo XII en su libro *Physica*, la nuez moscada puede acabar con la amargura del corazón y convertirte en una persona más agradable y alegre. «Toma un poco de nuez moscada, una cantidad igual en peso de canela y un poco de clavo y pulverízalos —escribió—. A continuación, prepara unas tortitas con estas especias, harina integral fina de trigo y agua. Tómalas a menudo. Calmarán toda

la amargura de tu corazón y de tu mente, abrirán tu corazón y tus sentidos amortiguados y te alegrarán la mente»[2].

CÓMO UTILIZAR LA NUEZ MOSCADA

Entra en una tienda de alimentación y encontrarás nuez moscada en polvo en la sección de especias. Aunque es cierto que esta nuez moscada puede aportar un sabor agradable a la tarta de manzana, no siempre resulta medicinalmente potente. Si quieres una nuez moscada de calidad, cómprala entera y ve rallándola a medida que la vayas necesitando. Puedes utilizar un rallador de queso o comprar un rallador especial para nuez moscada.

Las nueces moscadas enteras, bien guardadas, pueden durar años. Sin embargo, una vez ralladas, pierden potencia rápidamente. Por eso deben utilizarse inmediatamente y los restos no se deben guardar más de una semana.

CANTIDADES RECOMENDADAS

La nuez moscada puede utilizarse como especia culinaria para mejorar la digestión y favorecer la relajación. La dosis terapéutica es de entre 1 y 5 gramos de nuez recién rallada.

CONSIDERACIONES ESPECIALES

Las cantidades grandes de nuez moscada pueden producir efectos perjudiciales: entre 10 y 20 gramos pueden provocar confusión mental o aturdimiento, y 30 gramos (1 onza) pueden dar lugar a síntomas desagradables como vómitos, dolor de cabeza y alucinaciones. Según el *Botanical Safety Handbook*, la última muerte por envenenamiento de nuez moscada registrada tuvo lugar en 1908[3].

No se ha demostrado que las dosis medicinales sean seguras durante el embarazo y la lactancia; de todas formas, con las cantidades culinarias normales que se emplean en la comida no hay ningún problema.

PONCHE ESPECIADO DE HUEVO

Todos los años espero con ilusión la llegada de la época de los ponches. Esta versión casera tiene más especias y menos azúcar que los habituales. Mi marido y yo los preparamos con huevos frescos de las gallinas de nuestro vecino, leche cruda entera y nata ecológica para montar. Aunque nosotros nunca hemos tenido ningún problema con los huevos crudos, las mujeres embarazadas y las personas con el sistema inmunitario debilitado no deben consumirlos. En concreto, se debe evitar el consumo de huevos convencionales baratos para reducir el riesgo de contraer una salmonelosis.

Se obtienen aproximadamente 3,5 tazas, para 3 personas

1. Bate los huevos en un bol hasta que estén muy espumosos (unos 2 minutos).

2. Incorpora la miel y bate hasta que se haya mezclado bien. A continuación, agrega la vainilla, la nuez moscada, la canela, el jengibre y el clavo y sigue batiendo.

3. Sin dejar de batir, ve añadiendo poco a poco la nata montada y, a continuación, la leche.

4. Por último, incorpora el ron, si te apetece utilizarlo. Guárdalo en un tarro de vidrio de un litro.

5. Refrigera durante 1 o 2 horas. Antes de servir, remueve y espolvorea un poco de nuez moscada por encima.

3 huevos ecológicos

50 g (¼ de taza) de miel cruda

2 cucharadas soperas de extracto de vainilla

1 cucharada sopera de nuez moscada recién rallada

¼ de cucharadita de canela en polvo

¼ de cucharadita de jengibre en polvo

Una pizca de clavo en polvo

1 taza de nata montada

1 taza de leche entera

½ taza de ron oscuro (opcional)

Para la tarta:

6 cucharadas soperas de harina de coco tamizada

1 cucharada sopera de canela en polvo

1 cucharadita de nuez moscada recién rallada

1 cucharadita de jengibre en polvo

½ cucharadita de clavo en polvo

½ cucharadita de levadura en polvo

½ cucharadita de sal

5 huevos

1 cucharada sopera de extracto de vainilla puro

½ taza de sirope de arce

½ taza de aceite de coco ecológico fundido

3 zanahorias crudas ralladas (puedes pelarlas, si lo deseas)

½ taza de pasas

Para el glaseado:

250 g (8 onzas) de crema de queso suave

½ taza de mantequilla blanda

60 ml (¼ de taza) de sirope de arce

1 cucharada sopera de extracto de vainilla puro

1 cucharada sopera de jengibre fresco rallado

1 taza de nueces picadas para adornar

TARTA DE ZANAHORIAS CON ESPECIAS

Tengo debilidad por las tartas de zanahoria, pero la mayoría tienen demasiada azúcar y suelen resultar bastante insulsas. Esta es una tarta densa con sabor a coco y una cantidad generosa de especias aromáticas y deliciosas. ¡Si vienes a mi fiesta de cumpleaños, te aseguro que va a ser la que encuentres! Te recomiendo que la hagas el día anterior porque está más rica al día siguiente.

Se obtienen 16 porciones pequeñas

1. *Para elaborar la tarta:* Precalienta el horno a 160 °C (325 °F). En un bol pequeño mezcla la harina de coco, la canela, la nuez moscada, el jengibre, el clavo, la levadura y la sal.

2. En otro bol grande bate los huevos y mézclalos con la vainilla, el sirope de arce y el aceite de coco fundido.

3. Incorpora los ingredientes secos a los húmedos y mezcla todo bien. Añade las zanahorias y las pasas.

4. Engrasa con aceite de coco una fuente de horno de 22 x 22 cm (9 x 9 pulgadas). Vierte la masa en la fuente y hornea durante 30 minutos. Una vez transcurrido ese tiempo, pincha un palillo en la parte central; si sale limpio es que la tarta está hecha.

5. Retira la tarta del horno y deja enfriar mientras preparas el glaseado.

6. *Para elaborar el glaseado:* Mezcla la crema de queso y la mantequilla. Agrega el sirope de arce y el extracto de vainilla. Añade el jengibre fresco.

7. Cuando la tarta haya enfriado, recúbrela con el glaseado. Adorna con nueces y sirve.

«EL PEREJIL ES MUCHO MÁS QUE UN ADORNO QUE SE LE PONE AL PLATO DEL DÍA O ALGO QUE TOMAS DESPUÉS DE CENAR PARA REFRESCAR EL ALIENTO. ESTÁ A LA ALTURA DE CUALQUIER VERDURA COMO FUENTE VALIOSA DE UNOS ANTIOXIDANTES CONOCIDOS COMO FLAVONOIDES QUE PROTEGEN LAS CÉLULAS Y QUE, SEGÚN HAN DEMOSTRADO DIVERSAS INVESTIGACIONES, DESEMPEÑAN UN PAPEL IMPORTANTE EN LA LUCHA CONTRA LAS ENFERMEDADES CARDIOVASCULARES Y EL CÁNCER».

BHARAT B. AGGARWAL,
AUTOR DEL LIBRO *ESPECIAS CURATIVAS*

CAPÍTULO 16

Perejil

Por desgracia, hay tanta gente intentando encontrar hierbas y especias exóticas en tierras lejanas que nuestras hierbas culinarias habituales rara vez reciben el reconocimiento que se merecen. Un buen ejemplo de esto es el perejil. En muchos lugares se considera un simple adorno para que los platos resulten más atractivos y muy pocas personas son conscientes del poder que alberga ese puñado de hojas. Cuando se toma con frecuencia proporciona un aliento fresco, mejora la digestión y disminuye el estrés oxidativo.

Nombre botánico: *Petroselinum crispum*

Familia: Umbelíferas (apiáceas)

Partes utilizadas: Raíces, semillas, hojas

Energética: Calorífica, secante

Sabor: Dulce (raíz), picante (hojas)

Propiedades de la planta: Aromática, diurética, carminativa, antioxidante, emenagoga (sobre todo las semillas), galactogoga

Usos de la planta: Infecciones del tracto urinario, edema, cálculos renales, cistitis, retrasos en la menstruación, amenorrea, molestias digestivas, prevención del cáncer, enfermedades del corazón

Preparación de la planta: Infusión, especia culinaria, aceite esencial, cataplasma de hojas frescas

Lo más probable es que el perejil surgiera en algún lugar de la región mediterránea, pero, como lleva utilizándose desde hace tanto tiempo, resulta difícil señalar con precisión su lugar de origen exacto. Junto con las zanahorias y el apio, es un miembro de la familia de las apiáceas (lo que antes se conocía como umbelíferas). En los climas nórdicos es una planta bienal, es decir, tarda dos años en completar su ciclo vital. En el primer año echa las hojas y produce una raíz consistente. En el segundo florece, echa semilla y muere.

Los antiguos griegos y romanos lo utilizaron en sus ceremonias y lo asociaban con la muerte. Conservó esta reputación a lo largo de muchos años y en Europa estuvo rodeado de numerosas supersticiones hasta bien entrada la Edad Media. Desde hace mucho tiempo desempeña un papel importante en muchas tradiciones culinarias de Oriente Próximo. Hoy en día se cultiva en todo el mundo y podemos encontrarlo en las cocinas norteamericanas y brasileñas exactamente igual que en las del Mediterráneo oriental y en las europeas. A menudo forma parte del plato del séder en la celebración judía de la Pascua.

TIPOS DE PEREJIL

Si estás familiarizado con el perejil, sabrás que existen dos variedades bastante comunes. Una de ellas, la más habitual, tiene las hojas planas, mientras que la otra las tiene muy rizadas.

El sabor de las hierbas nos dice muchas cosas y aquí tenemos un ejemplo perfecto para dejarnos guiar por nuestro sentido del gusto. Si puedes, prueba las dos variedades. ¿Saben igual? ¿Sabe el tallo igual que las hojas? (Pista: ¡No! ¿Cuál es la diferencia?).

Cuando estés descubriendo los diferentes sabores del perejil, recuerda que cuanto más aromático y picante sea, más potencia medicinal tendrá para la digestión y la diuresis.

ENERGÉTICA Y PROPIEDADES MEDICINALES DEL PEREJIL

El perejil es muy rico en nutrientes, sobre todo en vitamina K1, vitamina C y betacaroteno. De todas formas, si deseas aprovechar al máximo todos sus beneficios como alimento, tendrás que tomar algo más que la ramita que adorna el plato. Añade grandes cantidades de perejil fresco a las ensaladas y salsas.

COMO DIURÉTICO

La más conocida de las funciones medicinales del perejil quizá sean sus efectos sobre las vías urinarias. Las hojas y las raíces son muy diuréticas y se han utilizado para tratar numerosos trastornos en los que resulta beneficioso el aumento de la micción: infecciones del tracto urinario, cálculos renales, cistitis y edema entre otros. Las raíces son más diuréticas que las hojas y suelen tomarse en decocción o infusión cargada.

PARA COMBATIR LOS TRASTORNOS DIGESTIVOS

Una de las razones por las que con tanta frecuencia aparece el perejil en el plato podría ser su conexión con la digestión y el apetito. ¿Te huele el aliento? Prueba a tomar perejil fresco. ¿Muestras señales de tener estancamiento digestivo (hinchazón, estreñimiento o gases)? Prueba a tomar perejil. Quizá te cueste tener apetito. Entonces prueba a tomar unas ramitas de perejil antes de que la comida esté en la mesa.

PARA LA SALUD CARDIOVASCULAR

Se ha demostrado que los suplementos de vitamina K1 disminuyen la calcificación de las arterias coronarias en adultos que ya mostraban signos de sufrir esta disfunción. Pues bien, media taza (unos 30 gramos) de hojas de perejil contiene un 554 por ciento de la cantidad diaria recomendada de esta vitamina[1, 2]. No se ha realizado ningún ensayo clínico del perejil en seres humanos, pero, como es tan rico en vitamina K1, resulta fácil presuponer sus beneficios.

El perejil es también una fuente excelente de folato. Las dietas ricas en folato ayudan a mantener los índices de homocisteína bajos. Los niveles elevados de homocisteína se relacionan con un mayor riesgo de sufrir infartos, ictus en personas con aterosclerosis y cardiopatía diabética.

Cada vez somos más consciente de que la presencia de inflamación crónica en el organismo es la raíz de muchas enfermedades crónicas, incluidas las cardiovasculares y el cáncer. Tomar alimentos ricos en antioxidantes, como el perejil, es una forma estupenda de prevenir el estrés oxidativo[3]. Es más, el perejil ha demostrado que incrementa los beneficios de otros antioxidantes. El doctor Bharat Aggarwal, en su libro *Especias curativas*, describe el perejil como un «auxiliar antioxidante»[4].

Se emplea también para disminuir la hipertensión arterial (fundamentalmente gracias a sus propiedades diuréticas). Se ha demostrado que los extractos de perejil reducen la agregación plaquetaria, con lo que podrían reducir también las posibilidades de formar coágulos y de sufrir enfermedades cardiovasculares[5].

CÓMO UTILIZAR EL PEREJIL

Lo mejor es utilizarlo fresco. Resulta fácil cultivarlo en el huerto y también podemos encontrarlo en las tiendas durante todo el año. Cuando compres perejil, busca manojos de color verde brillante sin hojas marchitas ni amarillas. Si no vas a usarlo directamente, corta 1 centímetro (½ pulgada) de la punta de las ramas y ponlo en un vaso con un poco de agua hasta que lo vayas a usar.

En mi casa nos esforzamos por introducir en nuestras comidas tanto perejil como nos sea posible. Durante los meses cálidos del verano, preparamos ensaladas en las que la mitad de los ingredientes al menos son hojas de perejil y solemos tomar pesto de perejil. También nos gusta incluirlo abundantemente como adorno en nuestras comidas (puñaditos más que una ramita).

CANTIDADES RECOMENDADAS

No existe una dosificación concreta para el perejil. A menos que estés embarazada, que estés amamantando o que tomes anticoagulantes, te recomiendo que lo utilices en grandes cantidades en ensaladas o en pesto.

CONSIDERACIONES ESPECIALES

Durante el embarazo y la lactancia debe evitarse el consumo elevado de hojas, raíces, semillas y aceite esencial de perejil (evita, por ejemplo, tomar pesto de perejil o ensaladas en las que sea el ingrediente principal).

En casos raros puede provocar fotosensibilidad y urticaria en algunas personas.

Tiene suaves efectos anticoagulantes. Si estás tomando medicación para disminuir la coagulación de la sangre, evita tomarlo en grandes cantidades.

PESTO DE PEREJIL Y CILANTRO

Este pesto, brillante, fresco y delicioso, es una forma muy sencilla de incorporar verduras a la dieta. A mí me gusta tomarlo con carnes y verduras, pero les va muy bien a los huevos fritos o revueltos. También puede servirse como salsa para mojar.

Se obtiene aproximadamente 1 taza

1. Introduce todos los ingredientes en el robot de cocina y tritúralos hasta obtener una pasta fina. Refrigéralo y consúmelo en un par de días.

2 tazas poco apretadas de hojas de perejil liso (unos 60 gramos - 2 onzas)

½ taza poco apretada de hojas de cilantro (aproximadamente 15 gramos - ½ onza)

½ taza de nueces picadas

½ taza de queso parmesano rallado

2 dientes de ajo grandes machacados

½ cucharadita de sal

1 cucharadita de pimentón

½ taza de aceite de oliva virgen extra

1 cucharada sopera de zumo de limón fresco

1 cucharadita de corteza de limón

PATATAS AL PEREJIL

1 kg (2 libras) de patatas cortadas en rodajas de ½ cm (¼ de pulgada)

80 g (⅓ de taza) de grasa de pato (o manteca o mantequilla) fundida

Sal y pimienta al gusto

2 tazas de setas shiitake muy picadas

4 dientes de ajo picados

Un puñadito de perejil picado

Esta es una versión de una receta tradicional de la región central de Francia, donde recibe el nombre de Pommes de Terre Sarladaises. Cuando estuvimos viajando por toda esa zona, en casi todas las comidas nos servían una versión de estas patatas. ¡No nos importaba nada, estaban deliciosas! ¿Qué puede no gustar de un montón de patatas engrasadas y sazonadas con ajo y perejil?

Para 4-6 personas

1. Precalienta el horno a 200 °C (400 °F).

2. En una fuente de horno grande mezcla las patatas con la grasa de pato fundida. Salpimenta al gusto.

3. Introduce la fuente en el horno y asa durante 30 minutos. A los 15 minutos, dales la vuelta a las patatas.

4. Cuando las patatas estén tiernas, añade las setas shiitake y el ajo y deja que se hagan durante 5 minutos más.

5. Retira la fuente del horno e incorpora el perejil. Sirve inmediatamente.

VINAGRETA DE MOSTAZA CON PEREJIL

Este es el aliño para ensaladas que más nos gusta en mi familia. Además de que está muy rico, consideramos que es una forma estupenda de disfrutar de los sabores picantes de la mostaza, el ajo y la mezcla de hierbas. Nos gusta sobre todo con la ensalada de perejil, el salmón y las alcachofas. Prueba a utilizar un vinagre de sidra herbal como la Sidra de Fuego (página 76) o el Vinagre de Espino Albar (página 207).

Se obtienen 80 ml (⅓ de taza)

1. Mezcla todos los ingredientes y remueve hasta que se hayan juntado bien. Utilízala inmediatamente o guárdala en el frigorífico hasta un máximo de tres días.

3 cucharadas soperas de aceite de oliva

1 cucharada sopera de vinagre de sidra (con hierbas, a ser posible)

1 cucharadita de mostaza preparada (comprada o Mostaza Casera, página 129)

1 cucharadita de miso

1 diente de ajo machacado y picado

2 cucharaditas de perejil seco

1 cucharadita de tomillo seco

«ES LA EMPERATRIZ DE LAS ESPECIAS DIGESTIVAS».

KAMI MCBRIDE, HERBORISTA
Y AUTORA DE *THE HERBAL KITCHEN*

CAPÍTULO 17

Pimienta negra

La pimienta negra es tan común que resulta fácil despreciarla y considerarla simplemente como una especia culinaria que sirve para dar sabor. Sin embargo, no fue sin motivo el que hace ya mucho tiempo se la denominara «oro negro». Además de ser muy sabrosa, constituye un gran refuerzo para la digestión. Como verás, puede utilizarse para muchas dolencias diferentes. Es la especia más popular del mundo actual y supone una quinta parte del comercio mundial de especias[1].

Lo que me resulta más sorprendente de la pimienta negra es su capacidad para aumentar la absorción de nutrientes de los alimentos. Te sugiero que tengas siempre un molinillo lleno de pimienta en grano cerca de los sitios donde sueles comer para que así puedas añadirla habitualmente a todas tus comidas como toque final.

Nombre botánico: *Piper nigrum*

Familia: Piperáceas

Partes utilizadas: Bayas

Energética: Calorífica, secante

Sabor: Picante

Propiedades de la planta: Antimicrobiana, antioxidante, antiespasmódica, carminativa, estimulante de la circulación, diaforética estimulante, expectorante estimulante

Usos de la planta: Fiebres, congestión mucosa, circulación lenta o estancada, aumenta la biodisponibilidad de otras hierbas, hemorroides, laxante suave, artritis

Preparación de la planta: Especia alimentaria, infusión, tintura, pastillas

Antes de analizar las múltiples propiedades medicinales de la pimienta negra, vamos a ver unas pinceladas de su fascinante historia. Ha sido de uso común en la India desde hace al menos cuatro mil años, y probablemente desde mucho antes.

De ahí se extendió al Antiguo Egipto y a Roma. Es muy poco lo que sabemos de su uso en el Antiguo Egipto. Cuando el gran faraón Ramsés II falleció en el año 1213 a.C., se le introdujeron granos de pimienta negra en la nariz como parte del proceso de momificación. Si avanzamos mil quinientos años, encontramos un libro de cocina romano del siglo III d.C. en el que muchas recetas contienen pimienta, aunque es probable que en aquella época fuera una especia muy cara.

Tuvo un momento estelar en las primeras rutas de comercio europeas. Durante la Edad Media, los granos de pimienta se consideraban un bien comercial muy importante. Eran conocidos como «oro negro» e incluso se utilizaban como dinero para pagar impuestos y dotes matrimoniales.

TIPOS DE GRANOS DE PIMIENTA

Cuando compres granos de pimienta enteros verás que existen variedades rojas, blancas y verdes, además de la negra habitual. Todos ellos proceden de la misma planta pero se preparan siguiendo métodos diversos para conseguir un aspecto distinto y un sabor ligeramente diferente.

Los granos de pimienta negra se recolectan cuando todavía no están maduros, se hierven ligeramente y luego se secan al sol.

Los granos de pimienta blanca se recolectan cuando están totalmente maduros. A continuación se retira la pulpa exterior y se deja solo la semilla.

Los granos de pimienta verde se recolectan cuando están verdes y luego se tratan para que conserven el color verde (habitualmente mediante liofilización, encurtido u otros métodos).

Los granos de pimienta roja se recolectan cuando están totalmente maduros y luego se tratan para que conserven el color rojo.

ENERGÉTICA Y PROPIEDADES MEDICINALES DE LA PIMIENTA NEGRA

La pimienta negra se puede utilizar de muchas formas. Sus propiedades caloríficas y estimulantes la hacen muy útil para combatir síntomas de resfriados y gripes como la fiebre con escalofríos (por ser diaforética) y la congestión mucosa (por ser expectorante). Incrementa el tamaño de los vasos sanguíneos y, con ello, acelera la circulación. Eso hace que pueda utilizarse para combatir los signos del estancamiento de la sangre (como, por ejemplo, la frialdad en manos y pies). También se emplea tópicamente para aliviar el dolor artrítico.

PARA MEJORAR
LA BIODISPONIBILIDAD

Lo que me resulta más sorprendente de la pimienta negra es su capacidad para incrementar la cantidad de nutrientes que absorbe el organismo. Esto se conoce como potenciación de la biodisponibilidad y es algo que la pimienta negra hace con las hierbas, los alimentos e incluso los fármacos [2]. En términos prácticos, añadir un poco de pimienta negra a las fórmulas herbales o a la cena permite potenciar las cualidades y nutrientes de los alimentos saludables que tomamos. Por eso es la especia que más utilizo. Resulta lógico intentar aprovechar la mayor parte de los nutrientes de la comida y para eso la pimienta negra resulta muy útil.

Un ejemplo bien conocido de su capacidad para aumentar enormemente la absorción de nutrientes es el efecto que se obtiene al añadirla a la curcumina, un extracto de cúrcuma. En un estudio se demostró que la piperina, un extracto de la pimienta negra, aumentó la biodisponibilidad de la curcumina un 2.000 por ciento [3]. Además, se ha comprobado que la piperina incrementa también la biodisponibilidad de la equinácea y de plantas que contienen berberina, como el sello de oro [4, 5].

Además de aumentar la biodisponibilidad de las hierbas, se ha demostrado que la piperina puede incrementar muchísimo la absorción de la coenzima Q10, el betacaroteno, el selenio y la vitamina B_6 [6, 7, 8].

Un artículo publicado en la revista *International Journal of Recent Advances in Pharmaceutical Research* afirma que actúa de la siguiente forma:

- Estimula la circulación aumentando el tamaño de los vasos sanguíneos, con lo que favorece el transporte de nutrientes por todo el cuerpo.
- Modula las propiedades físicas de las membranas celulares, con lo que ayuda a los nutrientes a atravesar las barreras.
- Produce un efecto termogénico en el tracto gastrointestinal que incrementa el aporte sanguíneo en la zona [9].

PARA ALIVIAR LOS PROBLEMAS
DIGESTIVOS

Además de porque da un sabor muy agradable a la comida, existe otra razón para que la pimienta negra esté presente en casi todas las mesas de hogares y restaurantes. Y es que esta especia nos ayuda a disfrutar de una digestión saludable.

¿Alguna vez has tenido la sensación de que la comida se te quedaba retenida en el estómago o has notado otras señales de digestión lenta como la hinchazón o los gases? Los atributos picantes de la pimienta negra calientan la digestión e impiden que se pare. En el otro extremo de la digestión, sirve también para cortar la diarrea, incluso cuando se emplea por vía externa. Un estudio reveló que la pimienta blanca rehogada resulta muy eficaz para cortar la diarrea tanto crónica como aguda en bebés y niños cuando se aplica externamente por encima del ombligo [10].

CÓMO UTILIZAR LA PIMIENTA NEGRA

Puesto que la pimienta negra incrementa de un modo tan eficaz la biodisponibilidad de muchos nutrientes, a mí me gusta añadirla recién molida a todas mis comidas. Para aprovecharla al máximo, cómprala en grano y muélela a medida que la necesites. Una vez molida, el aroma se evapora muy rápido, por lo que la que ya lleva un tiempo molida produce muy pocos beneficios.

CANTIDADES RECOMENDADAS

Añadir pimienta recién molida a las comidas es una forma estupenda de disfrutar de sus beneficios. Si la quieres emplear con fines más terapéuticos —como, por ejemplo, para combatir la artritis o los síntomas del resfriado y de la gripe—, la dosis terapéutica recomendada oscila entre 1 y 15 gramos al día.

CONSIDERACIONES ESPECIALES

Las dosis elevadas de pimienta negra pueden provocar náuseas y molestias digestivas. Puede llegar a actuar como sinérgico con muchos fármacos, lo que significa que incrementa sus efectos de una forma inesperada. Si estás tomando fármacos, consulta con tu médico antes de tomar una dosis mayor de la culinaria normal.

PASTILLAS TRIKATU

Trikatu es el nombre de una famosa fórmula herbal ayurvédica compuesta por tres hierbas picantes: pimienta negra, jengibre y pimienta larga (*Piper longum*). Es perfecta para las personas que muestran señales de frío o estancamiento de la digestión y para las personas con exceso de mucosidad. El trikatu se puede encontrar en muchos herbolarios, pero si lo preparas tú mismo te aseguras de que está fresco y potente. ¡Además, es facilísimo de hacer!

Se puede tomar una pastilla con cada comida. Puedes tragarlas enteras o, si te gustan las cosas muy picantes, también puedes masticarlas. Resulta muy fácil ajustar la dosis si recuerdas que esta receta utiliza las tres hierbas a partes iguales (de volumen, no de peso). Las cantidades que indico son para preparar una pequeña cantidad. Si quieres hacer más, pon ¼ de taza de cada planta e incrementa también la cantidad de miel.

Se obtienen 3 cucharadas soperas

1. Mezcla la pimienta negra, el jengibre y la pimienta larga.

2. Ve añadiendo muy poco a poco una pequeña cantidad de miel líquida, aproximadamente una cucharadita. Si la miel se ha cristalizado, caliéntala ligeramente introduciendo el tarro en un cazo con agua caliente. Remueve.

3. Continúa añadiendo la miel, 1 cucharadita cada vez, removiendo bien hasta que las hierbas pulverizadas se hayan convertido en una pasta densa y moldeable. No añadas demasiada miel o no podrás formar las bolitas. Si eso ocurriera, añade más hierbas hasta obtener una consistencia pastosa.

4. Para preparar las pastillas, coge una cantidad de pasta del tamaño de un guisante y forma una bolita con las yemas de los dedos. A continuación, puedes pasarlas, si lo deseas, por polvo de regaliz o de cáscara de naranja para recubrirlas. Este polvo es un ingrediente opcional pero sirve para evitar que las pastillas se peguen unas a otras.

5. Guarda las pastillas en un recipiente hermético. Tienen una duración indefinida pero, para obtener los mejores resultados, deberás utilizarlas en un plazo de seis meses.

1 cucharada sopera de pimienta negra recién molida

1 cucharada sopera de jengibre en polvo

1 cucharada sopera de pimienta larga en polvo

1 cucharada sopera de miel

½ cucharada sopera de regaliz o cáscara de naranja en polvo* para recubrir las pastillas (opcional)

* La cáscara de naranja en polvo no es más que cáscara de naranja seca y pulverizada. No es lo mismo que la cáscara de naranja seca que se puede comprar en las tiendas, que viene en trozos pequeños y uniformes. Si la preparas tú mismo, introduce las cáscaras secas en un molinillo de especias o en un robot de cocina y tritúralas hasta obtener un polvo fino.

BORSCHT CON PIMIENTA*

El borscht es una sopa de remolacha tradicional de Europa oriental. Es perfecto para otoño e invierno porque es denso, calienta el cuerpo y está lleno de verduras de invierno. La pimienta le aporta un sabor picante.

Se obtienen 10 tazas, para 5 personas

1. Calienta la mantequilla en una cazuela grande a fuego medio. Añade las cebollas y rehógalas hasta que estén translúcidas.

2. Añade la ternera picada y deja que cueza hasta que esté dorada.

3. Incorpora el ajo, las semillas de alcaravea, la sal, la pimienta y las hojas de laurel. Rehoga durante 1 minuto.

4. Agrega el apio, la zanahoria, la lombarda, la remolacha, las patatas, las setas y el caldo (puedes pelar la remolacha y las patatas si lo deseas, aunque yo nunca lo hago).

5. Calienta la mezcla hasta que rompa a hervir y luego baja el fuego y deja que hierva lentamente hasta que todas las verduras estén blandas (unos 30 minutos).

6. Añade el vinagre balsámico, las hojas de remolacha, la miel y el tomate triturado. Tapa y deja que hierva a fuego lento durante 5 minutos más.

7. Retira las hojas de laurel antes de servir. Adorna con cebolletas y sirve con un chorreón de crema agria, si lo deseas.

* Si deseas una versión diferente de esta receta de sopa, y también cientos de recetas y remedios gratis, visita la página web LearningHerbs. com.

2 cucharadas soperas de mantequilla

1,5 tazas de cebolla picada

½ kilo (1 libra) de carne picada de ternera (a ser posible, alimentada con pastos)

4 dientes de ajo picados

1 cucharadita de semillas de alcaravea

2 cucharaditas de sal o al gusto

2 cucharadas soperas de pimienta negra recién molida

2 hojas de laurel

1 rama de apio picada

1 zanahoria grande picada

3 tazas de lombarda picada en trozos grandes

2 tazas de remolacha en dados

1,5 tazas de patatas en dados

1 taza de setas shiitake frescas picadas

6 tazas de caldo de pollo o de verduras

1 cucharada sopera de vinagre balsámico

1 taza de hojas de remolacha picadas (si lo deseas, puedes incluir también los tallos)

1 cucharada sopera de miel

1 taza de tomate triturado

Cebolletas para adornar

Crema agria (opcional)

MEZCLA CHINA DE CINCO ESPECIAS

6 gramos (2 cucharaditas) de pimienta en grano

6 gramos (2 cucharaditas) de trocitos de canela *

2 anises estrellados enteros (2 gramos)

2 gramos (1 cucharadita) de clavos en grano

2 gramos (1 cucharadita) de semillas de hinojo

* Puedes comprar la canela en trocitos o desmenuzar una rama de canela en trozos pequeños.

Esta mezcla de cinco especias se utiliza habitualmente en los restaurantes chinos para condimentar muchos platos. Esta receta es solo un ejemplo de las muchas mezclas diferentes que existen. Con el tiempo, quizá te apetezca preparar la tuya propia. Te recomiendo que hagas poca cantidad con especias enteras frescas molidas (recuerda que la mayoría de las especias pulverizadas pierden el sabor y la potencia en un par de meses).

Pruébala con carnes, verduras e incluso palomitas de maíz. También se utiliza en el Pollo con Melisa y Naranja (página 214).

Se obtienen aproximadamente 2 cucharadas soperas

1. Tuesta todos los ingredientes en una sartén sin aceite a fuego medio hasta que suelten aroma (entre 2 y 3 minutos). Agita suavemente la sartén y remueve de vez en cuando las semillas para evitar que se quemen. Deja enfriar.

2. Introduce la mezcla en un molinillo de especias y muélela (mi molinillo tarda unos 30 segundos en conseguir un polvo suave y consistente).

3. Guarda la mezcla en un tarro hermético alejado de la luz.

«COMO HERBORISTA, SI PUDIERA ASOCIAR MI NOMBRE
CON ALGUNA PLANTA, ELEGIRÍA EL ROMERO.
LO USO MÁS QUE NINGUNA OTRA Y ES SIN DUDA
LA QUE MÁS ME GUSTA».

JULIETTE DE BAIRACLI LEVY, HERBORISTA
Y AUTORA DE *HERBS FOR NATURAL HEALTH*

CAPÍTULO 18

Romero

Justo después de dar mi primer curso intensivo sobre hierbas en el sur de Francia me fui a visitar unas cuevas famosas del Mediterráneo que se conocen con el nombre de *calanques*, cerca de Marsella. Era principios de junio y cuando llegué el suelo de piedra caliza estaba seco y solo las plantas más resistentes conseguían asomar a duras penas de él. Sin dejarme arredrar por la escasez de vida vegetal, emprendí la breve ascensión a una colina. Cuando llegué a la cima pude contemplar una vista maravillosa del azul profundo de las aguas del Mediterráneo.

Tras recuperar el aliento me di cuenta en seguida de que tenía un tesoro a mis pies. Estaba rodeada de densas matas de romero. Me agaché y froté las hojas y al instante me vi recompensada con su potente aroma. Allí de pie en una colina junto a la costa del Mediterráneo pude imaginar con facilidad qué fue lo que inspiró su nombre genérico, *Rosmarinus*, que significa 'rocío del mar'.

Desde hace poco tiempo, la ciencia se ha interesado por esta planta por sus posibles propiedades antioxidantes y para reforzar los procesos cognitivos. Los herboristas, sin embargo, llevan ya mucho tiempo apreciándolo por sus suaves efectos caloríficos y dispersantes que aportan beneficios al corazón, la digestión, el hígado y el estado de ánimo.

Nombre botánico: *Rosmarinus officinalis*

Familia: Lamiáceas / labiadas

Partes utilizadas: Hojas

Energética: Calorífica, secante

Sabor: Picante

Propiedades de la planta: Aromática, carminativa, estimula la circulación, hepática, antimicrobiana, nervina estimulante y relajante, antioxidante

Usos de la planta: Estimulación mental, digestión, resfriados y gripes, infecciones fúngicas, lavado del cabello, conservación de los alimentos, protección de la piel

Preparación de la planta: Especia alimentaria, infusión, tintura, vapor herbal

El romero es un pequeño arbusto leñoso cuyo hábitat originario se extiende por toda la región mediterránea donde prospera en condiciones duras y suelos rocosos. Es un miembro de la aromática familia de las mentas (labiadas), y su aroma y sabor agradables han servido de inspiración para los seres humanos a lo largo de los siglos. Además de ser un ingrediente culinario muy común, se utilizó como perfume y Shakespeare lo menciona en numerosas obras suyas.

En algunos lugares se asocia con la Virgen María. Se dice que durante la Huida a Egipto, la Sagrada Familia se cobijó y protegió bajo una mata de romero. Cuando María echó su manto sobre ella, las flores blancas se volvieron azules y se convirtieron en la rosa de María.

ENERGÉTICA Y PROPIEDADES MEDICINALES DEL ROMERO

El romero combina realmente bien con diversas carnes. Antes de que todo el mundo tuviera nevera, se frotaba romero sobre ellas para evitar que se estropearan. Las investigaciones modernas han demostrado que, efectivamente, el romero prolonga la calidad y la vida útil de las carnes porque inhibe el crecimiento de las bacterias[1].

El romero tiene también la capacidad de reducir el riesgo de cáncer de las carnes cocinadas a fuego vivo. Los métodos de cocción a fuego vivo, como la fritura o la parrilla, generan sustancias que alteran el ADN y son cancerígenas. En un estudio, los investigadores añadieron extracto de romero a las carnes mientras se estaban haciendo y descubrieron que su elevado contenido en antioxidantes ayudaba a prevenir la formación de estas sustancias cancerígenas[2]. Aunque es preferible evitar el consumo de carnes hechas a temperaturas elevadas, este dato ilustra los efectos protectores del romero, que sin duda van mucho más allá de las carnes churruscadas.

PARA PROTEGER LA PIEL

También se ha comprobado que los extractos de romero previenen los daños provocados por la radiación solar ultravioleta. Todos conocemos la importancia de taparnos o de usar protectores solares para evitar las quemaduras, pero, en un estudio muy interesante, los investigadores demostraron que tomar por vía interna un extracto de romero y limón disminuye el daño que esta radiación produce en las personas. Los que tomaron estos extractos observaron buenos resultados al cabo de 8 semanas y aún mejores al cabo de 12[3] (el romero se utiliza en el Sérum Facial de Flor de Saúco, en la página 236, y en la Crema Facial de Té Verde y Rosa, en la página 246).

PARA LA SALUD CARDIOVASCULAR

Aunque no se considera una de las hierbas más importantes para el corazón, el romero puede utilizarse para mejorar la circulación y disminuir la inflamación en el sistema cardiovascular. El herborista británico Jeremy Ross lo recomienda mezclado con espino albar para las personas que sufren insuficiencia cardíaca y depresión al mismo tiempo[4].

PARA REDUCIR EL DOLOR

Al igual que la mayoría de las plantas que se emplean para disminuir el dolor, el romero actúa de diversas formas. Como ya hemos visto, es rico en antioxidantes, con lo que disminuye el estrés oxidativo y la inflamación. Desde hace mucho tiempo se ha utilizado para calmar dolores inflamatorios como los de la artritis. Los herboristas recomiendan tomarlo por vía interna y utilizarlo externamente sobre las zonas afectadas. Un estudio científico concreto confirmó este uso y demostró que un extracto patentado de romero disminuía el dolor artrítico de los participantes. También disminuyeron sus niveles de proteína C reactiva, un marcador de la inflamación sistémica que produce dolor[5].

Otro estudio analizó los efectos que produce la inhalación de aceite esencial de romero. Los investigadores llegaron a la conclusión de que, aunque no aliviaba directamente el dolor, sí mejoraba la forma en la que lo experimentaban los pacientes[6].

PARA LA MEMORIA

El romero se conoce como la planta del recuerdo y desde hace mucho tiempo se viene utilizando como una forma simbólica de recordar a un ser querido o como símbolo de acontecimientos como bodas y funerales. Tradicionalmente se ha empleado para mejorar la memoria y los herboristas suelen recomendar a los estudiantes que huelan una ramita mientras estudian y que luego se la lleven al examen. ¡He oído decir que esta tradición se remonta a la antigua Grecia! Desde entonces, la ciencia ha confirmado que oler aceite esencial de romero reduce la ansiedad del examen y puede reforzar significativamente la memoria[7, 8, 9].

Además, no resulta útil solo para la memoria a corto plazo sino que también contribuye a prevenir y tratar el alzhéimer, una enfermedad que afecta a casi 44 millones de personas mayores de 65 años en todo el mundo[10]. En un breve ensayo se demostró que una dosis tan pequeña como 750 mg de romero seco producían un efecto beneficioso significativo en la función cognitiva de una población anciana[11]. Otro estudio reveló que los pacientes de alzhéimer experimentaban una mejoría cognitiva con solo oler el aceite esencial[12]. El romero, combinado con un protocolo holístico, muestra unos resultados muy prometedores para abordar esta enfermedad tan debilitante.

PARA ALIVIAR LOS TRASTORNOS DIGESTIVOS

Al igual que otras hierbas culinarias de la aromática familia de las mentas, el romero en infusión alivia la digestión lenta o fría que provoca gases, náuseas, cólicos o hinchazón. Es una planta calorífica y sus suaves cualidades energéticas permiten disfrutarla en cantidades moderadas con menos efectos perjudiciales que los que provocan las energéticas picantes del jengibre, el ajo y la cayena.

Una de las razones por las que se combina tan a menudo con carnes grasas como el cordero (aparte de lo deliciosa que resulta esta combinación) es su capacidad para reforzar el hígado y ayudarlo a digerir las grasas.

PARA GRIPES Y RESFRIADOS

Una infusión calentita y deliciosa de romero ofrece un gran alivio durante la época de gripes y resfriados. Para calmar el dolor de garganta puedes tomar esta infusión o una cucharada de miel infusionada con romero. La infusión caliente de romero te hace entrar en calor durante las primeras fases de la fiebre, cuando tienes frío y tiritona. También ayuda a aliviar la congestión nasal y pulmonar (para esto es muy bueno combinarlo con jengibre).

PARA COMBATIR LA CAÍDA DEL CABELLO

En un estudio aleatorio doble ciego se dividió a 86 pacientes con alopecia areata en dos grupos. A uno de ellos se le entregó una mezcla de aceites esenciales que incluía romero para que se dieran friegas con ella en el cuero cabelludo. El otro grupo recibió un aceite sin aceites esenciales. Al cabo de siete semanas, la mitad del grupo que había recibido los aceites esenciales mostró una mejoría en el crecimiento del cabello mientras que en el grupo de control solo la mostró el 6 por ciento de sus componentes[13].

Para estimular el crecimiento del cabello, la herborista Lesley Tierra recomienda utilizar una mezcla de 2 cucharaditas de aceite esencial de romero, 2 cucharaditas de aceite esencial de lavanda, 10 ml (½ onza) de tintura de cayena y medio litro (1 pinta) de aceite de sésamo. Se debe masajear regularmente con ella el cuero cabelludo y dejarla reposar durante un ratito[14].

CÓMO UTILIZAR EL ROMERO

El romero se utiliza a menudo como aceite esencial y, además, las hojas pueden disfrutarse tanto frescas como secas. Lo más importante es que tengan un fuerte aroma. En la página 164 encontrarás la receta para una infusión de romero perfecta.

CANTIDADES RECOMENDADAS

Las cantidades culinarias de romero son una forma estupenda de disfrutar de su sabor y mejorar la digestión.

La dosis terapéutica es:

En infusión (seco o fresco): de 2 a 4 gramos hasta 3 veces al día.

En tintura (planta seca): 1:5, 40 % de alcohol, de 2 a 4 ml 3 veces al día[15].

CONSIDERACIONES ESPECIALES

Durante el embarazo y la lactancia resulta más seguro evitar las dosis elevadas de romero. No hay ningún problema con las cantidades culinarias normales. También debe evitarse el uso del aceite esencial[16].

El romero puede disminuir el nivel de azúcar en sangre. Las personas insulinodependientes deben vigilar su nivel de glucosa en sangre[17].

Un porcentaje muy pequeño de personas sufren dermatitis al contacto con el romero[18].

1 cucharada sopera de hojas de romero frescas (sin ramitas).

LA INFUSIÓN DE ROMERO PERFECTA

Esta receta la creó mi amigo y colega Christophe Bernard, un herborista y escritor que vive en el sur de Francia, el hábitat natural del romero. En esta infusión de romero perfecta, el tiempo de reposo es muy breve para extraer las sustancias aromáticas pero no los taninos y amargos, con lo que se obtiene una bebida más ligera y agradable.

También es importante que la temperatura del agua no supere los 85 °C (185 °F), porque de lo contrario se destruirían algunas de las cualidades aromáticas de la planta. Para que te resulte más fácil puedes cronometrar con un termómetro y un reloj lo que tarda el agua hervida en enfriarse hasta alcanzar esa temperatura y la próxima vez que hiervas agua no tienes más que descontar ese tiempo. En la página web www.Althea-Provence.com encontrarás más información sobre Christophe.

Se obtiene 1 taza

1. Introduce las hojas de romero en una taza con filtro (como son tan delgadas, no hace falta picarlas).

2. Hierve una taza de agua y luego deja enfriar el agua hasta que alcance una temperatura de 85 °C (185 °F).

3. Vierte el agua sobre el romero y deja reposar tapado durante 3 o 4 minutos. Cuela y disfruta.

TAPENADE DE ROMERO

El tapenade es una preparación tradicional francesa que combina aceitunas y hierbas para elaborar una salsa salada. Se sirve antes de las comidas o junto a ellas. A mí me encanta extenderla generosamente sobre una baguette crujiente.

Te sugiero que utilices aceitunas sin hueso conservadas en aceite o secas y que sean de calidad. Yo suelo utilizar 1 taza de aceitunas niçoise y 1 taza de aceitunas verdes.

Se obtienen 1,5 tazas

1. Reúne todos los ingredientes a excepción del aceite de oliva e introdúcelos en un robot de cocina o en el vaso de la batidora. Bátelos hasta que se hayan mezclado bien y las aceitunas se hayan partido en trocitos pequeños pero que se distingan.

2. Ve añadiendo el aceite poco a poco hasta formar una pasta densa. Ve despacio; es muy fácil echar demasiado (de todas formas, si te pasas tampoco será ningún desastre; la salsa tendrá más aceite alrededor de los bordes).

3. Sírvela con pan o galletas saladas o incluso con verduras y carnes. Se conserva en el frigorífico hasta 1 semana.

- 2 tazas de aceitunas
- 1 cucharada sopera de alcaparras
- 2 filetes de anchoas en aceite de oliva
- 2 cucharadas soperas de zumo de limón
- 2 cucharadas soperas de tomates asados (yo los compro en tarro)
- 3 dientes de ajo
- 1,5 cucharadas soperas de romero fresco picado
- 1,5 cucharadas soperas de tomillo fresco picado
- 2 cucharadas soperas de aceite de oliva (aproximadamente)

CORDERO CON ROMERO

1 tarro (100 g - 3,5 oz) de anchoas en aceite de oliva

2 cucharadas soperas de aceite de oliva

3 dientes de ajo picados

3 cucharadas soperas de romero fresco picado

4 filetes de cordero (aproximadamente 750 g o 1,5 libras en total)

La primera vez que tomé este plato fue en mi despedida de soltera y desde entonces ha sido uno de los favoritos de mi familia. Los sabores aromáticos y picantes del romero y el ajo amortiguan el gusto fuerte del cordero y las anchoas le aportan una cualidad salada y suculenta. La combinación da como resultado un plato reconfortante, delicioso y contundente.

Para 4 personas

1. Escurre y pica las anchoas.

2. En una fuente de horno de 20 x 20 cm (8 x 8 pulgadas), mezcla las anchoas picadas, el aceite de oliva, el ajo y el romero. Aplasta todo con un tenedor hasta formar una pasta densa.

3. Haz unos cortes profundos en los filetes de cordero con un cuchillo afilado. Colócalos en la fuente de horno y frótalos con el adobo por todas partes asegurándote de que entra bien en los cortes. Deja reposar durante una hora a temperatura ambiente.

4. Precalienta el horno a 200 °C (400 °F). Escurre el exceso de adobo de la fuente de horno y deja la carne. Desecha el adobo.

5. Introduce la fuente en el horno y asa durante 35 minutos o hasta alcanzar una temperatura de 50 °C (125 °F) en la parte más gruesa de la carne (utiliza un termómetro especial para carne).

«POSEE UNAS VIRTUDES TAN NUMEROSAS QUE RESULTA
CASI IMPOSIBLE ABARCARLAS EN UN ÚNICO
ENCABEZADO».

MATTHEW WOOD, HERBORISTA
Y AUTOR DE *THE EARTHWISE HERBAL*

CAPÍTULO 19

Salvia

Para mucha gente, la utilidad de la salvia se limita al relleno del pavo. Sin embargo, aunque en la actualidad haya quedado reducida a un único plato estrella, esta planta ha sido venerada durante siglos por su gran cantidad de propiedades, desde facilitar la digestión o curar heridas hasta detener las secreciones excesivas. Nuevas investigaciones están demostrando que también puede emplearse para favorecer la salud de la mente y el corazón, dos de las grandes preocupaciones de las personas mayores. Ha llegado el momento de colocar a la salvia en el primer plano del armario de las especias y de disfrutarla con regularidad en la comida y en infusiones.

Nombre botánico: *Salvia officinalis*

Familia: Lamiáceas / labiadas

Partes utilizadas: Partes aéreas

Energética: Calorífica, secante

Sabor: Picante, amarga

Propiedades de la planta: Aromática, astringente, carminativa, diaforética, antiséptica

Usos de la planta: Dolor de garganta, sudoración excesiva, infecciones, estancamiento de la digestión, diabetes tipo 2, sofocos, dolor de muelas, dolor muscular, colesterol elevado, alzhéimer

Preparación de la planta: Infusión, especia alimentaria, tintura, polvo dentífrico, vapor facial, aceite esencial

El nombre genérico de *Salvia* procede del latín y significa 'salvar' o 'saludable'. En su libro *A Modern Herbal*, Maud Grieve escribió que en ocasiones se conocía incluso como *Salvia Salvatrix* o «Salvia la Salvadora»[1].

ENERGÉTICA Y PROPIEDADES MEDICINALES DE LA SALVIA

La salvia es una planta astringente y muchos de sus efectos beneficiosos derivan de esta propiedad. Aunque no estés familiarizado con el término, lo más probable es que lo hayas experimentado. Si alguna vez has mordido un plátano verde o te has tomado una taza de té negro cargado, habrás percibido esta acción astringente. A menudo se describe como sensación de sequedad en la boca, aunque las plantas astringentes, como la salvia, lo que hacen realmente es tensar los tejidos mucosos con los que entran en contacto. Esta tensión y tonificación puede ser muy valiosa para curar tejidos laxos o permeables. En la sección de Ácidas de este libro analizaremos más detenidamente esta importante acción herbal, pero es importante que la conozcas mientras hablamos de las propiedades beneficiosas de la salvia.

PARA MEJORAR LA FUNCIÓN COGNITIVA

En la época medieval había un dicho que afirmaba: «*Cur moriatur homo cui salvia crescit in horto?*», que significa: «¿Cómo va a morir un hombre que tiene salvia en el huerto?». El doctor Bharat Aggarwal, autor del libro *Especias curativas*, señala que un científico del siglo XXI preguntaría más bien: «¿Cómo va a sufrir pérdida de memoria una persona cuando tiene salvia a su disposición?»[2].

Efectivamente, se ha comprobado que la salvia tiene efectos beneficiosos en la memoria y la atención de personas que sufren pérdida de memoria y síntomas de alzhéimer. Esto podría deberse a sus propiedades anticolinesterásicas. Ya sé que resulta un término un poco rebuscado, así que vamos a analizarlo. La acetilcolina es una sustancia química segregada por el cerebro que favorece la memoria y la función cognitiva. En las personas que sufren alzhéimer, esta acetilcolina se des-compone y cada vez se segrega en menor cantidad. Estas dos acciones dan como resultado la pérdida gradual de la memoria. Un anticolinesterásico es una sustancia que inhibe la descomposición de la acetilcolina.

En un ensayo aleatorio controlado por placebo y doble ciego los investigadores demostraron que un extracto de salvia es capaz de mejorar la memoria y la atención de ancianos voluntarios sanos[3]. En otro ensayo se administró extracto de salvia a personas con síntomas leves o moderados de alzhéimer. Al cabo de cuatro meses, los que tomaban el extracto de salvia mostraron una mejoría significativa de sus funciones cognitivas y menos agitación que los del grupo placebo[4]. También se ha comprobado que mejora la memoria y el estado de ánimo de la gente joven[5].

John Gerard, un herborista inglés que vivió a finales del siglo XVI y principios del XVII, escribió en su libro *The Herbal*: «La salvia es singularmente buena para la cabeza y el cerebro; acelera los sentidos y la memoria, fortalece los tendones, devuelve la salud a los que sufren parálisis provocada por la humedad, elimina los temblores de las extremidades y, cuando se introduce en la nariz, extrae la flema fina de la cabeza»[6].

PARA MEJORAR LOS MARCADORES DE COLESTEROL Y DE DIABETES

Se ha comprobado que incluso cantidades pequeñas de extracto de salvia tienen efectos positivos sobre los niveles de azúcar en sangre, colesterol y triglicéridos en personas con diabetes tipo 2[7]. En un ensayo pequeño se administraron 300 miligramos de infusión de salvia dos veces al día a un grupo de mujeres sanas. Al cabo de cuatro semanas todas mostraron una reducción significativa del nivel total de colesterol y del LDL (colesterol «malo») y un aumento del HDL (colesterol «bueno»). También se observaron efectos beneficiosos en las defensas antioxidantes. Todas las mujeres completaron el ensayo y no informaron de ningún efecto adverso. Como el nivel alto de colesterol y la inflamación son aspectos habituales de la resistencia a la insulina, los investigadores plantean la hipótesis de que la salvia podría resultar segura y beneficiosa para las personas que padecen resistencia a la insulina y diabetes[8].

PARA EL DOLOR DE GARGANTA Y LA SALUD BUCAL

Desde hace mucho tiempo, los herboristas adoran la salvia por su capacidad para aliviar el dolor de garganta. Aunque este efecto podría deberse a varias de sus múltiples propiedades, una de las que sin duda está implicada es su capacidad para tensar y tonificar los tejidos inflamados, con lo que proporciona un gran alivio. La ciencia ha confirmado esta vieja tradición.

En un ensayo aleatorio y doble ciego, los investigadores compararon los efectos sobre el dolor de garganta de un extracto de salvia y equinácea con los de un aerosol que contenía clorhexidina y el anestésico lidocaína. Al cabo de tres días, el extracto de salvia y equinácea mostró unos resultados ligeramente mejores en la disminución de los síntomas del dolor de garganta[9]. Otro estudio reveló que un extracto fluido de salvia resulta más eficaz que un placebo para reducir el dolor producido por una faringitis vírica (una infección de garganta)[10].

Otra parte del cuerpo que se beneficia a menudo de la tensión y tonificación que produce la salvia en los tejidos es la boca. La salvia es un ingrediente habitual en muchos polvos dentífricos y colutorios herbales y puede utilizarse para aliviar el dolor y curar úlceras bucales, aftas, encías sangrantes, encías esponjosas y calenturas.

PARA LA MENOPAUSIA

La salvia es famosa por su capacidad para disminuir la sudoración excesiva y otras molestias habituales de la menopausia como los sudores nocturnos y los sofocos. Los herboristas recomiendan tomarla en infusión o en tintura, ya sea sola o combinada con otras plantas.

En el 2011, unos investigadores confirmaron esta tradición en un ensayo clínico multicéntrico que se llevó a cabo en Suiza. Durante el estudio, de ocho semanas de duración, las participantes tomaron una pastilla de hojas frescas de salvia y confirmaron una reducción significativa en la intensidad y la frecuencia de los sofocos. Los investigadores informaron de que «la media total de sofocos diarios disminuyó significativamente cada semana desde la 1 hasta la 8. La cifra media de sofocos leves, moderados, graves y muy graves disminuyó respectivamente en el 46, el 62, el 79 y el 100 por ciento al cabo de 8 semanas»[11].

PARA LA DIGESTIÓN

El sabor de la salvia es al mismo tiempo amargo y picante. Muchas veces, cuando encontramos estos dos sabores juntos en una misma planta, sabemos que es apropiada para reforzar la digestión. La salvia es un carminativo maravilloso que alivia los gases y la hinchazón, pone en movimiento la digestión estancada y calma los cólicos intestinales dolorosos.

Resulta especialmente apropiada para las personas que no digieren bien las grasas. Puede tomarse en infusión antes o después de las comidas o sencillamente utilizarse como especia para condimentar los platos. Desde hace mucho tiempo se emplea en platos de carne pesados, como el pato y las salchichas, para facilitar su digestión.

PARA LOS PROBLEMAS DE LA PIEL

La salvia es rica en sustancias con propiedades antioxidantes y antiinflamatorias. Las investigaciones han demostrado que el extracto de salvia aplicado tópicamente produce un efecto similar al de la hidrocortisona y podría ser útil para tratar dolencias inflamatorias de la piel[12].

El aerosol de salvia y hamamelis reduce las venas varicosas. Para prepararlo, llena sin apretar un tarro pequeño con hojas de salvia seca y a continuación rellénalo con destilado de hamamelis (disponible en farmacias). Remueve bien, deja reposar durante 4 semanas y, una vez transcurridas, cuélalo. Pulveriza las zonas afectadas tantas veces como desees.

CÓMO UTILIZAR LA SALVIA

La salvia funciona estupendamente tanto seca como fresca. Puedes también comprarla fresca y secarla tú mismo para utilizarla más adelante. Como sucede con la mayoría de las plantas aromáticas, lo más importante es que tanto su olor como su sabor sean muy intensos. En la cocina marida bien con las aves y hace una infusión estupenda (en este capítulo encontrarás una receta de Infusión de Salvia y Limón).

Los herboristas la utilizan a menudo en infusión o en tintura para uso interno, pero también puedes colar la infusión y mojar con ella el cuero cabelludo para combatir la caspa.

Con las hojas pulverizadas se puede elaborar un polvo dentífrico astringente (estupendo para las encías débiles o inflamadas) y antimicrobiano. Para prepararlo no tienes más que moler las hojas de salvia secas, mojar el cepillo de dientes húmedo sobre el polvo y cepillarte con él como harías normalmente.

La salvia puede también macerarse en aceite. De este modo se obtiene un oleomacerado que, al masajearse en articulaciones doloridas y frías, alivia el dolor y aumenta la circulación. Para preparar este aceite, llena un tarro pequeño sin apretar con hojas recién secas de salvia y luego rellénalo con aceite. Remueve bien. Deja reposar durante 4 semanas y cuela. Puedes utilizarlo tan a menudo como lo desees.

La infusión en vinagre de salvia tiene varios usos. Diluida al 50 por ciento en agua, puede pulverizarse tópicamente para reducir el dolor de las quemaduras solares o utilizarse para aclarar el cuero cabelludo como tratamiento contra la caspa. Para preparar el vinagre de salvia, llena sin apretar un tarro pequeño con hojas de salvia recién secas y rellénalo de vinagre. Remueve bien y ciérralo con una tapa de vidrio o de plástico. Si lo haces con una metálica, coloca papel pergamino o encerado entre la tapa y el tarro (porque el vinagre corroe el metal). Deja reposar durante 4 semanas y, una vez transcurridas, cuélalo. Utilízalo tan a menudo como lo desees.

CANTIDADES RECOMENDADAS

La salvia puede disfrutarse en cantidades culinarias por su delicioso sabor y para aliviar molestias digestivas menores.

La dosis terapéutica de la salvia es:

En infusión (seca): 1 o 2 gramos de 2 a 3 veces al día.

En tintura: 1:5, 30 % de alcohol, 1,5 a 2 ml 3 veces al día[13].

CONSIDERACIONES ESPECIALES

No se recomienda el consumo de grandes cantidades de salvia durante el embarazo.

La salvia puede secar el flujo de leche materna durante la lactancia, por lo que, a menos que la madre desee destetar al niño, no se recomienda su consumo en grandes cantidades en estas circunstancias.

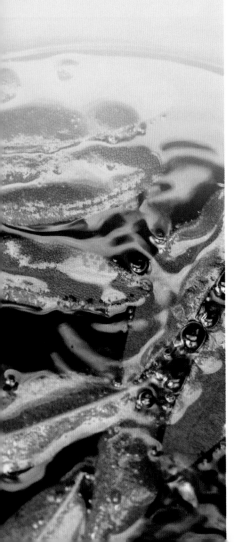

HOJAS DE SALVIA FRITAS

2-4 cucharadas soperas de aceite de coco

20 hojas frescas enteras de salvia

Las hojas de salvia fritas están crujientes y deliciosas. Son una guarnición muy sencilla que aporta un sabor único a las comidas y a los quesos. A mí me gusta freírlas en aceite de coco, pero se puede hacer con cualquier aceite que tenga una buena tolerancia al calor. Si utilizas hojas recién cogidas, déjalas durante un par de horas para que se agachen antes de freírlas.

Se obtienen 20 hojas de salvia

1. Calienta el aceite en una sartén pequeña a fuego medio-alto (yo utilizo las de hierro forjado). La cantidad de aceite que vayas a necesitar dependerá del tamaño de la sartén. Pon suficiente para que las hojas queden sumergidas, pero no mucho más. Vigila la temperatura; si el aceite humea, redúcela.

2. Para determinar si está bastante caliente, deja caer en él una hoja pequeña. Si sisea, está listo. Para freír las hojas, deposítalas en el aceite durante 20 o 30 segundos y luego, con un tenedor o unas pinzas, dales la vuelta y fríelas durante otros 15 segundos, más o menos.

3. Una vez fritas, transfiérelas a una fuente recubierta de papel de cocina o de un paño para empapar el exceso de aceite. Consúmelas cuando se hayan enfriado.

INFUSIÓN DE SALVIA Y LIMÓN

La infusión de salvia es una forma sencilla y deliciosa de disfrutar de los múltiples beneficios de esta planta. Pruébala antes o después de una comida para favorecer la digestión. En verano, a mí me gusta helada.

Se obtiene 1 taza grande

1 cucharada sopera de hojas de salvia seca desmenuzadas

1 rodaja fina de limón

Miel al gusto (opcional)

1. Pon a hervir 300 ml de agua. Introduce el limón y las hojas de salvia en una taza con filtro o en un filtro grande. Evita apelotonarlas en un filtro demasiado pequeño; es preferible que tengan sitio para expandirse y moverse.

2. Vierte el agua recién hervida sobre la salvia y el limón. Tapa y deja reposar durante 5 minutos.

3. Una vez transcurrido ese tiempo, cuela y añade miel al gusto.

POLLO CON SALVIA

La que me enseñó esta técnica de la mantequilla de salvia fue una de mis escritoras y blogueras favoritas, Jenny McGruther, de NourishedKitchen.com. La salvia combina estupendamente con las aves y aporta a este plato un sabor fresco y suculento.

Para 4 personas

1. Precalienta el horno a 160 °C (350 °F).

2. Introduce la cebolla en una cazuela de horno pequeña y mézclala con el aceite de oliva, la sal y la pimienta.

3. En un bol aparte mezcla las hojas de salvia, el ajo y la mantequilla. Separa con suavidad la piel del pollo de la carne pero sin desprenderla del todo. Unta la mantequilla con salvia y ajo por los muslos entre la carne y la piel.

4. Coloca el pollo en la cazuela encima de la cebolla. Salpiméntalo al gusto y cúbrelo con rodajas finas de limón.

5. Introduce la cazuela en el horno y deja que se ase durante 40 minutos, aproximadamente, o hasta que el pollo esté hecho por dentro (cuando el centro del pollo alcance una temperatura de 75 °C - 165 °F).

6. Retira los limones y reserva. Asa el pollo durante 2 minutos más o hasta que la piel esté dorada y crujiente.

7. Retira la cazuela del horno y sirve el pollo con las rodajas de limón que habías reservado.

---

1 cebolla cortada en rodajas finas

2 cucharadas soperas de aceite de oliva

Sal y pimienta negra recién molida al gusto

2 cucharadas soperas de hojas de salvia frescas picadas

2 dientes de ajo picados

50 g (¼ de taza) de mantequilla blanda

1 kg (2 libras) de muslos de pollo con piel

1 limón cortado en rodajas finas

«EL TOMILLO ES UNA DE LAS PLANTAS MÁS APRECIADAS PARA EL TRATAMIENTO DE LAS INFECCIONES DE LAS VÍAS RESPIRATORIAS ALTAS, LA TOS Y LA CONGESTIÓN. LOS HERBORISTAS RECONOCEN SU VALOR COMO TERAPIA COMPLEMENTARIA EN LAS FÓRMULAS CONTRA EL ASMA».

TIERAONA LOW DOG, AUTORA DE *HEALTHY AT HOME: GET WELL AND STAY WELL WITHOUT PRESCRIPTIONS*

CAPÍTULO 20

Tomillo

Hace unos años salí de excursión por el sur de la región francesa de Provenza con mi amigo y colega herborista Christophe Bernard. En un momento dado Christophe, que siempre iba unos diez pasos por delante de mí, me llamó todo excitado. Me acerqué corriendo a ver lo que había encontrado y pude observar una mata de tomillo silvestre de hojitas diminutas que se elevaba unos quince centímetros sobre el suelo. Los dos nos agachamos para verla mejor.

Ante aquella plantita comprendí por fin por qué muchos herboristas establecen diferencias entre el tomillo silvestre y el cultivado: el aroma de aquellas hojitas era increíblemente potente y su sabor, mucho más picante que el de la variedad hortícola. No necesité más que probarla para saber que aquella planta tan pequeña y humilde contenía una medicina muy potente.

Nombre botánico: *Thymus vulgaris*

Familia: Lamiáceas / labiadas

Partes utilizadas: Hojas

Energética: Calorífica, secante

Sabor: Picante

Propiedades de la planta: Aromática, antimicrobiana, carminativa, diaforética estimulante y relajante, antiespasmódica, expectorante, emenagoga, vermífuga

Usos de la planta: Infecciones, síntomas de gripes y resfriados (fiebre, dolor de garganta, tos), infecciones del tracto urinario, infecciones por levaduras, infecciones fúngicas tópicas, dispepsia, heridas, quemaduras, dolor de muelas, congestión nasal, colutorio, inflamación, tos ferina, espasmos digestivos, cólicos menstruales, amenorrea

Preparación de la planta: Miel infusionada, vinagre infusionado, tintura, inhalación de vapor, oleomacerado y pomada, especia culinaria, jarabe para la tos, duchas vaginales

El hábitat originario del tomillo es el sur de Europa y la zona mediterránea. Allí crece de forma silvestre en los suelos duros y rocosos. Esta planta tan querida fue domesticada y hoy en día crece en jardines de todo el mundo.

Existen cientos de variedades de tomillo y la mayoría de ellas pueden utilizarse con fines medicinales. Déjate guiar por tu sentido del gusto. ¿Tiene un sabor picante y especiado? Si es así, lo más probable es que sea muy bueno como medicina. Las variedades con un sabor más suave no son tan potentes como sus parientes más fuertes.

ENERGÉTICA Y PROPIEDADES MEDICINALES DEL TOMILLO

El tomillo tiene una energética picante y secante. Además de estar riquísimo, facilita la digestión, refuerza el sistema inmunitario y alivia el dolor. Tiene un olor y un sabor muy pronunciados, por lo que suele utilizarse en cantidades alimentarias pequeñas y no en dosis terapéuticas grandes.

PARA COMBATIR LAS INFECCIONES

Tradicionalmente se ha utilizado para combatir muchos tipos de infecciones bacterianas. Puede emplearse en infusión o tintura como colutorio para tratar las encías doloridas o inflamadas y las infecciones leves de boca. Las gárgaras con una infusión de tomillo o una miel infusionada con tomillo fresco calman el dolor de garganta. Las infecciones por levaduras u hongos, como la tiña o las infecciones vaginales por levaduras, pueden tratarse con aplicaciones tópicas. La herborista Aviva Romm recomienda el uso del tomillo, junto con otras hierbas, como supositorio vaginal para combatir los estreptococos del grupo B durante las últimas fases del embarazo[1].

Las investigaciones modernas han refrendado las potentes propiedades antimicrobianas del tomillo. Es más, en su libro *Antibióticos herbales*, Stephen Buhner afirma que se ha demostrado que inhibe los mecanismos que hacen que las células bacterianas se vuelvan resistentes a los antibióticos[2]. Numerosos estudios *in vitro* con aceite esencial de tomillo han revelado su capacidad para inhibir patógenos como *Candida albicans*, *Staphylococcus aureus*, *Enterococcus fecalis*, *Escherichia colia* e infecciones nosocomiales [3, 4, 5, 6, 7]. Los Centros para el Control y Prevención de las Enfermedades estiman que, solo en Estados Unidos, dos millones de personas contraen infecciones resistentes a los antibióticos que acaban provocando 23.000 muertes al año[8]. El tomillo, junto con muchas otras plantas de efectos parecidos, pueden ofrecer un rayo de esperanza ante la creciente amenaza de las bacterias resistentes.

Muchos herboristas consideran que, además, el tomillo favorece el sistema inmunitario. En su libro *Combining Western Herbs and Chinese Medicine*, el herborista británico Jeremy Ross afirma: «El tomillo puede resultar especialmente apropiado para las personas que han estado recibiendo terapia antibiótica repetida —para una infección respiratoria o urinaria, por ejemplo— y, como resultado de ella, su sistema inmunitario y su aparato digestivo han quedado debilitados. Esto, a su vez, puede provocar una acumulación de patógenos que no se eliminan del organismo»[9].

PARA COMBATIR EL RESFRIADO, LA GRIPE Y LA TOS

Desde hace miles de años, el tomillo se ha venido utilizando para combatir muchos de los síntomas relacionados con el resfriado y la gripe. Ya Dioscórides, el médico del siglo I, escribió: «Todo el mundo conoce el tomillo»[10], y recomendó tomar tomillo con sal y vinagre para expulsar las flemas por los intestinos.

La energética picante y secante del tomillo es estupenda para las dolencias frías y estancadas que se manifiestan con un grueso recubrimiento blanco en la lengua y mucosidad congestionada en los pulmones. Es muy utilizado como antitusivo; detiene los espasmos de la tos e incluso toses secas como la tos ferina.

La ciencia ha empezado a confirmar el uso tradicional que ya conocen los herboristas para tratar la bronquitis aguda. En un ensayo clínico doble ciego y controlado por placebo, los investigadores descubrieron que los pacientes con bronquitis aguda a los que se les administraron extractos secos de tomillo y onagra tuvieron tiempos de curación significativamente mejores que aquellos a los que se les suministró el placebo[11]. En otro ensayo clínico doble ciego y controlado por placebo se descubrió que los pacientes con bronquitis aguda que tomaron extractos de tomillo y hojas de hiedra consiguieron una disminución del 50 por ciento en los accesos de tos dos días antes que los que tomaron placebo[12]. También la combinación de tomillo y hojas de hiedra ha resultado ser eficaz y segura para niños de entre 2 y 17 años aquejados de bronquitis aguda[13].

PARA LA DIGESTIÓN

El tomillo con las comidas refuerza las digestiones saludables y se puede tomar en mayores cantidades para combatir síntomas del estancamiento de la digestión como hinchazón, eructos y flatulencia. Además, calma los espasmos digestivos y puede resultar útil para las personas que sufren diarrea o síndrome del colon irritable.

¿Alguna vez has tenido invitados no deseados en tu aparato digestivo? Desde hace mucho tiempo, el tomillo se ha utilizado como vermífugo para ayudar al organismo a expulsar parásitos y lombrices. Según la herborista Anne McIntyre, «una cucharadita de tintura media hora antes del desayuno es un remedio tradicional, junto con el aceite de ricino, para combatir las lombrices. En Francia, el tomillo se emplea especialmente como tónico hepático depurativo, porque estimula el aparato digestivo y la función hepática, y para tratar la indigestión, la falta de apetito, la anemia, las molestias del hígado y la vesícula, los problemas de la piel y el letargo»[14].

PARA REDUCIR EL DOLOR

Aunque el tomillo es conocido sobre todo por su capacidad para tratar los problemas digestivos, las infecciones y los síntomas de las vías respiratorias altas, también se emplea desde hace mucho tiempo para reducir el dolor. Maud Grieve recomienda utilizarlo externamente sobre las articulaciones doloridas como contrairritante o rubefaciente (un rubefaciente es una sustancia que actúa irritando los tejidos, con lo que provoca una mayor afluencia de sangre y calor en la zona afectada). Muchos herboristas a lo largo de la historia lo han recomendado para los retrasos en la menstruación y los cólicos menstruales.

CÓMO UTILIZAR EL TOMILLO

El tomillo resulta muy fácil de cultivar en el jardín. Justo antes de que florezca, yo lo recolecto cortando los tallos finos y leñosos unos centímetros por encima del suelo. Puedo hacer dos o tres recolecciones cada temporada, con lo que obtengo una cantidad abundante para toda la temporada. Te advierto, eso sí, de que hace falta paciencia para separar todas las hojitas de los tallos. Cuando están bien secas, se pueden guardar en un recipiente de vidrio muy bien cerrado.

El tomillo se utiliza en muchos preparados herbales. Funciona bien en infusión o en tintura y también en infusiones en aceite, vinagre o miel.

Muchas de sus propiedades antimicrobianas se han demostrado mediante el uso del aceite esencial. Existen al menos siete quimiotipos (tipos químicamente diferentes) de aceite esencial de tomillo. A la hora de elegir uno, consulta con un profesional porque el conocimiento de las distintas propiedades de estos quimiotipos es importante en lo que se refiere a su seguridad y efectividad.

CANTIDADES RECOMENDADAS

El tomillo es una hierba culinaria deliciosa. Como tiene un aroma y un sabor tan potentes, normalmente se emplea en cantidades pequeñas.

La dosis terapéutica es:

En infusión (seco): de 2 a 6 gramos al día [15].

En tintura (seco): 1:5, 35 % de alcohol, de 2 a 4 ml 3 veces al día [16].

En aceite esencial: diluciones del 1 por ciento o menos (1 gota de aceite esencial en 100 gotas de aceite portador) [17].

CONSIDERACIONES ESPECIALES

Las mujeres embarazadas no deben utilizar cantidades terapéuticas de tomillo ni el aceite esencial porque puede estimular las contracciones uterinas y el flujo menstrual.

Tampoco se recomienda la utilización de grandes cantidades de tomillo ni de su aceite esencial durante la lactancia.

El aceite esencial de tomillo debe elegirse según su quimiotipo y se debe utilizar solo diluido y en cantidades muy pequeñas. Trabajar con un aromaterapeuta clínico formado en el uso interno de aceites esenciales te permitirá no correr riesgos con este extracto tan potente.

El tomillo se ha asociado con algunas reacciones alérgicas raras [18].

OJIMIEL DE TOMILLO

Los ojimieles, que ya se utilizaban en la antigua Grecia, son preparados herbales que se elaboran mezclando hierbas con miel y vinagre. Tienen un sabor agridulce y son específicos para el tratamiento de los problemas respiratorios. Pueden utilizarse para los trastornos bronquiales, sobre todo si cursan con abundante mucosidad, como en el caso de la tos congestiva.

Una simple cucharada de miel puede aliviar el dolor de garganta, pero además ofrece muchos otros beneficios. Es antimicrobiana, es decir, inhibe el crecimiento de patógenos, y también ligeramente expectorante.

Aunque en la lista de ingredientes se indica una cantidad concreta de tomillo, también puedes calcularla a ojo si lo preparas en un tarro de medio litro. Si vas a emplear tomillo fresco, necesitarás suficientes hojas y ramitas picadas para llenar tres cuartas partes del tarro. Si lo empleas seco, llena un tercio del tarro.

Se obtienen 1,5 tazas

4 puñados de tomillo fresco o ⅔ de taza de tomillo seco

60 ml (¼ de taza) de miel cruda

1,5 tazas (aproximadamente) de vinagre de sidra ecológico

---

1. Introduce el tomillo en un tarro de medio litro y añade la miel. Rellena el resto del tarro con vinagre de sidra y remueve bien.

2. Cierra el tarro con una tapa de vidrio o de plástico (o, si es de metal, pon papel pergamino o encerado entre el metal y el líquido porque, de lo contrario, el vinagre la corroerá).

3. Agita suavemente la mezcla una vez al día durante 2 semanas. Una vez transcurrido ese tiempo, cuela y guarda el ojimiel en el frigorífico o en un lugar fresco. Se conserva durante un año o más.

4. *Modo de empleo:* Los adultos pueden tomar 1 cucharada sopera cada hora para combatir el dolor de garganta o la tos congestiva (esta receta también puede combinarse con aceite de oliva para preparar un aliño de ensalada).

TOMATES A LA PROVENZAL

3 tomates medianos de una variedad tradicional cortados por la mitad a lo ancho

2 dientes de ajo picados

1 cucharada sopera de perejil fresco picado

1 cucharada sopera de albahaca fresca picada

2 cucharaditas de tomillo fresco o 1 cucharadita de tomillo seco

¼ de cucharadita de pimienta negra recién molida

¼ de cucharadita de sal o al gusto

3 cucharadas soperas de aceite de oliva

40 g (¼ de taza) de queso parmesano

La primera vez que probé este plato fue cuando me lo preparó mi *belle-mère* (suegra) durante nuestro viaje al sur de Francia. Al instante me quedé prendada de esta forma tan sencilla y deliciosa de disfrutar los tomates de finales de verano. En muchas recetas populares se utiliza pan rallado, pero yo he elegido una versión más sencilla para realzar las hierbas aromáticas como el tomillo y la albahaca.

Para 6 personas

1. Precalienta el horno a 180 °C (350 °F). Coloca los 6 medios tomates en una fuente de horno.

2. Mezcla el ajo, el perejil, la albahaca, el tomillo, la pimienta negra y la sal con el aceite de oliva y viértelos sobre los tomates.

3. Hornea durante 20 minutos o hasta que los tomates estén tiernos.

4. Espolvorea por encima el queso parmesano y gratina durante 1 o 2 minutos o hasta que el queso esté dorado. Deja enfriar ligeramente y sirve mientras esté todavía templado.

JARABE PARA LA TOS DE TOMILLO Y CORTEZA DE CEREZO

Esta receta es una variante de un jarabe que desarrollé para mi curso por internet Herbal Cold Care (www.HerbalColdCare.com). Ayuda a detener la tos seca e improductiva. La raíz de malvavisco y la miel hidratan los tejidos secos y la corteza de cerezo silvestre y el tomillo alivian el reflejo de la tos. Como muchas de las hierbas de esta receta tienen una forma rara, es preferible medirlas por peso y no por volumen.

Se obtienen aproximadamente 1,75 tazas

- 30 g de corteza seca de cerezo silvestre (*Prunus serotina*)
- 10 gramos de raíz de malvavisco seca (*Althaea officinalis*)
- 7 gramos de hojas de tomillo secas
- ½ taza de miel
- ¼ de taza de zumo concentrado de cereza ácida o guinda

1. Introduce la corteza de cerezo silvestre, la raíz de malvavisco y 2 tazas de agua en una cazuela. Pon a calentar hasta que rompa a hervir, baja el fuego y deja que hierva lentamente destapado durante 20 minutos. El agua debe reducirse aproximadamente a la mitad.

2. Retira del fuego. Añade el tomillo y deja reposar tapado durante 5 minutos.

3. Una vez transcurrido ese tiempo, cuela las hierbas y mide el líquido que haya quedado. Añade un 50 por ciento de miel y un 25 por ciento de zumo concentrado de cereza ácida o guinda (por ejemplo, si te ha quedado 1 taza de líquido, deberás añadir ½ taza de miel y ¼ de taza de concentrado de cereza ácida).

4. Refrigerado dura aproximadamente un mes. También puede congelarse para utilizarlo más adelante. Si ves que cría moho, tíralo.

5. *Modo de empleo:* Los adultos deben tomar 1 cucharadita cada 30 minutos o tantas veces como sea necesario. Otra opción es añadir mucha menos miel y beberlo frecuentemente como infusión, pero no se debe tomar todo en un mismo día; esta receta tiene que durar al menos dos días si se toma como infusión.

saladas

«CUANDO TENGAS DUDAS, ELIGE LA ORTIGA».

DAVID HOFFMAN, HERBORISTA
Y AUTOR DE *MEDICAL HERBALISM*

CAPÍTULO 21

Ortiga

En esta época en la que proliferan las hierbas milagrosas exóticas importadas de todos los rincones del mundo, la ortiga sigue siendo una campeona olvidada que mejora la salud en muchos sentidos. Según la herborista Susun Weed, las infusiones de ortiga «se recomiendan para aquellas personas que quieren estabilizar sus niveles de glucosa en sangre, reiniciar los circuitos metabólicos para normalizar el peso, reducir la fatiga y el agotamiento, restaurar la potencia adrenal para disminuir los trastornos alérgicos y los problemas de la menopausia y eliminar dolores de cabeza crónicos»[1]. ¡Y no exagera lo más mínimo! La densidad de nutrientes de esta planta, junto con sus múltiples componentes beneficiosos, la convierten en una aliada muy poderosa para muchos problemas de salud.

Nombre botánico: *Urtica dioica*

Familia: Urticáceas

Partes utilizadas: Hojas jóvenes (antes de que la planta florezca), semillas, raíces

Energética: Refrescante, secante

Sabor: Salado

Propiedades de la planta: Nutritiva, reconstituyente para el riñón y las glándulas suprarrenales, adaptógena, diurética, astringente, hemostática

Usos de la planta: Artritis, eccema, metabolismo lento, hipotiroidismo, cabello/dientes/huesos débiles, fatiga, escasez de leche materna, formación de glóbulos sanguíneos, alergias estacionales, infecciones del tracto urinario, asma, cólicos menstruales, amenorrea, resistencia a la insulina, diabetes tipo 2

Preparación de la planta: Infusión herbal nutritiva, infusión, tintura, hierba culinaria, productos liofilizados

as ortigas crecen con gran abundancia en los suelos ricos en proteínas de todo el hemisferio norte y se han utilizado como alimento y medicina desde hace miles de generaciones. Con los tallos se elaboran unas fibras que, a lo largo de la historia, han tenido una gran importancia en la fabricación de cuerdas, redes y vestimentas. Cuando visité en el centro de Francia las cuevas que sirvieron como viviendas en la prehistoria, encontré muchos lugares donde crecían ortigas y eso me hizo preguntarme cuántas decenas de miles de años llevamos utilizando esta planta tan importante.

Si has salido de excursión al campo, es probable que ya la conozcas. Si te rozas con ella sin darte cuenta, al momento te trae al presente. Las hojas y los tallos están cubiertos de diminutas espinas que, al ser rozadas, liberan ácido fórmico y provocan una reacción cutánea leve pero muy molesta.

Me imagino que desarrolló esta forma de protección en un intento por mantener alejados a todos aquellos que aprovechaban de forma habitual todos sus nutrientes. Cuando se cuece y se seca, se eliminan estos pelos urticantes, pero, como verás en seguida, también constituyen una parte importante de sus propiedades medicinales. Los herboristas utilizan habitualmente las hojas, las raíces y las semillas para preparar remedios.

ENERGÉTICA Y PROPIEDADES MEDICINALES DE LA ORTIGA

La ortiga es eficaz para una diversidad de dolencias tan amplia que los herboristas la recomiendan para reforzar la salud en general. Por vía interna alivia los espasmos musculares provocados por deficiencias alimentarias y calma el dolor.

¿Te sientes flojo? Los herboristas recomiendan tomar ortiga de forma regular para aumentar los niveles de energía. Aunque sin duda actúa en muchos frentes distintos, yo deduzco que lo que nos aporta más energía es su gran cantidad de nutrientes.

PARA TENER HUESOS, DIENTES Y CABELLOS SANOS

La ortiga está repleta de nutrientes importantes para la salud de los huesos, los dientes y el cabello. Muchas mujeres han mejorado su nivel de densidad ósea bebiendo infusiones herbales nutritivas elaboradas con ortiga (véase la receta en este capítulo).

La ortiga contiene aproximadamente 2.900 mg de calcio por cada 100 gramos de hoja seca[2]. Es un calcio natural que nuestro organismo absorbe con gran facilidad (algo que no sucede con los suplementos de calcio). Es también rica en magnesio, otro nutriente fundamental para la salud de los huesos[3].

PARA COMBATIR LOS PROBLEMAS DE SALUD DE LA MUJER

El déficit de hierro es un problema muy habitual durante el embarazo, pero los suplementos de hierro pueden resultar difíciles de digerir y en ocasiones provocan estreñimiento. ¡Ortiga al rescate! Muchas mujeres me han dicho que pudieron mejorar sus niveles de hierro durante el embarazo bebiendo una infusión al día de ortiga.

Además, favorece la menstruación saludable. Los herboristas la utilizan habitualmente para combatir la amenorrea, o falta de menstruación. El consumo regular de infusiones de ortiga ayuda a disminuir los cólicos menstruales; es probable que esto se deba en parte a su elevado contenido en magnesio.

PARA DISMINUIR LAS ALERGIAS ESTACIONALES

Otro efecto muy común que se consigue bebiendo ortiga con regularidad es la reducción de los síntomas de las alergias estacionales. Los investigadores no están muy seguros de qué mecanismo es el que se esconde detrás de estos efectos, pero suponen que pueden deberse a la histamina de la planta que reduce la respuesta inflamatoria[4,5]. Los mejores resultados se obtienen bebiendo a diario infusiones de ortiga al menos un mes antes de que empiece la temporada de alergias. Para aliviar los síntomas agudos de una alergia estacional, yo prefiero la ortiga liofilizada.

PARA COMBATIR LA RESISTENCIA A LA INSULINA Y LA DIABETES TIPO 2

La ortiga es otra planta con multitud de efectos positivos sobre el metabolismo y la glucosa de la sangre. Numerosos estudios han demostrado sus efectos beneficiosos sobre la inflamación y la hiperglucemia, dos problemas que son complicaciones de la resistencia a la insulina y la diabetes[6,7,8].

Ensayos clínicos realizados utilizando ortiga en personas diagnosticadas con resistencia a la insulina y diabetes tipo 2 mostraron una mejoría significativa en los niveles de glucosa en sangre en ayunas, HbA1c (un marcador que muestra los niveles medios de glucosa en sangre durante un periodo de tiempo) e inflamación [9].

PARA DEPURAR

Hay mucha gente que considera la depuración como algo que se hace muy de vez en cuando, quizá con la ayuda de batidos verdes y una dieta restrictiva. En realidad, se trata de una función crucial que las células del organismo realizan en todos los momentos del día. La mejor forma de favorecer una depuración saludable es reforzar regularmente los principales órganos depurativos para que puedan cumplir bien sus funciones.

La ortiga potencia muchos de estos órganos depurativos como, por ejemplo, el hígado, los pulmones y el tracto urinario. Los herboristas la utilizan a menudo para tratar las señales de la mala eliminación, como el eccema y el estreñimiento. También se emplea para fortalecer los pulmones y resulta muy beneficiosa para las personas que sufren asma o insuficiencia respiratoria.

Es una planta diurética y parece ser que fortalece el aparato urinario en general. Yo suelo recomendar tomar infusiones diarias de ortiga a las personas que sufren infecciones recurrentes del tracto urinario.

PARA LA SALUD DE LA PRÓSTATA

Desde hace mucho tiempo, los herboristas han utilizado la raíz de ortiga para favorecer la salud de la próstata [10]. En un estudio realizado con raíz de ortiga y serenoa, los investigadores llegaron a la conclusión de que estas plantas eran más eficaces y seguras que los fármacos convencionales que suelen recetarse para la hiperplasia prostática benigna (HPB), es decir, el aumento de tamaño de la próstata [11].

PARA REDUCIR EL DOLOR

El picor que provoca la ortiga es algo que se conoce desde tiempo inmemorial. El herborista Nicholas Culpeper, que vivió en el siglo XVII, lo describía así en su libro *Culpeper's Complete Herbal*: «Las ortigas son tan conocidas que no necesitan descripción; se pueden encontrar en la noche más oscura con solo tocarlas» [12].

Los pelitos diminutos de la ortiga fresca segregan ácido fórmico al rozar contra la piel y provocan una erupción un tanto desagradable... ¡que puede utilizarse con fines terapéuticos! El uso tópico de la ortiga fresca, conocido como urticación, calma el dolor musculoesquelético. Yo misma lo he hecho y me he quedado asombrada de lo bien que reducía una tortícolis muy fuerte. También he oído muchos relatos que hablan de lo útil que resulta para combatir el dolor que provoca la artritis en las articulaciones. Los investigadores lo han llevado al laboratorio y han obtenido unos resultados beneficiosos del uso de la ortiga fresca para el dolor de rodilla y de pulgar [13].

Por vía interna, la ortiga calma el dolor porque alivia los espasmos musculares y la inflamación.

CÓMO UTILIZAR LA ORTIGA

En las recetas que aparecen en este libro se utilizan hojas secas de ortiga, que pueden adquirirse en proveedores herbales por internet.

La ortiga silvestre fresca puede recolectarse con cuidado en primavera, cuando las hojas son todavía jóvenes y tiernas. Como están recubiertas de vellosidades que pican, es necesario cocerlas antes de consumirlas. La identificación y recolección ética de plantas silvestres queda fuera del objetivo de este libro; de todas formas, en HerbMentor.com se pueden encontrar muchos suministradores.

CANTIDADES RECOMENDADAS

La ortiga es una planta nutritiva que puede consumirse en grandes cantidades como alimento.

La dosis terapéutica de hoja de ortiga es la siguiente:

En infusión (seca): Entre 29 y 30 gramos (aproximadamente 2 tazas de hojas muy picadas) al día.

En tintura (fresca): 3 a 5 ml, 75-95 % de alcohol, 3 a 5 veces al día.

CONSIDERACIONES ESPECIALES

No se recomienda consumir hojas de ortiga cuando la planta ya ha florecido o ha echado semillas.

Las personas con constitución seca deben utilizarla con precaución.

Para algunas personas, la ortiga puede ser un diurético fuerte.

Muy de vez en cuando he oído decir a alguna persona que la ortiga le daba dolor de cabeza.

DUKKAH DE HOJAS DE ORTIGA

1 taza de avellanas crudas

2 cucharadas soperas de semillas de sésamo

⅓ de taza de semillas de cilantro enteras

3 cucharadas soperas de semillas de comino enteras

½ taza de hojas de ortiga secas

¼ de taza de hojas de perejil secas

1 cucharadita de sal marina fina

¼ de cucharadita de pimienta negra recién molida

Hace años, un amigo me dio una mezcla de especias deliciosa que había comprado en un mercado de Oriente Próximo. Todos los ingredientes estaban escritos en un idioma que no conocíamos, por lo que no teníamos ni idea de cuáles eran. ¡Sin embargo, nos entusiasmó! Años más tarde descubrí que se trataba de una mezcla egipcia tradicional llamada *dukkah* que se elabora con frutos secos, semillas y especias. Mi propia interpretación de esta mezcla le añade ortiga y perejil, dos plantas muy nutritivas. Las combinamos con aceite de oliva hasta formar una pasta bastante líquida y luego la untamos sobre pan, carnes, huevos e incluso verduras.

Se obtienen 2 tazas

1. Tuesta las avellanas a fuego lento en una sartén hasta que empiecen a desprender aroma y la piel se desprenda (unos 10 minutos). Remueve con frecuencia para evitar que se quemen. Reserva.

2. Tuesta las semillas de sésamo a fuego lento hasta que estén doradas y aromáticas (unos 5 minutos). Remueve con frecuencia para evitar que se quemen. Reserva junto con las avellanas.

3. Tuesta las semillas de cilantro y comino hasta que desprendan aroma (2 o 3 minutos). Reserva junto con las avellanas y las semillas de sésamo y deja enfriar totalmente.

4. Introduce todos los ingredientes en un robot de cocina. Tritúralos hasta que se hayan molido bastante pero no dejes que se conviertan en una manteca.

INFUSIÓN NUTRITIVA DE ORTIGA

30 gramos (unas 2 tazas) de hojas secas de ortiga muy picadas

Un pellizco grande de hierba limón para darle sabor (opcional)

Aunque la mayoría de nosotros estamos habituados a preparar las infusiones con una pequeña cantidad de hierbas y un tiempo de reposo corto, las infusiones de hierbas nutritivas requieren una cantidad de planta mayor y un periodo de reposo mucho más largo. La herborista Susun S. Weed fue la que popularizó las infusiones de ortiga. Según sus palabras, «mi infusión diaria de hierbas nutritivas es mi salvaguarda contra el cáncer, mi tónico de longevidad y mi tratamiento de belleza todo en una sola taza»[14]. Puedes tomar esta infusión a diario como complemento general de salud porque contiene una cantidad asombrosa de nutrientes que te ayudan a mantener un buen nivel de energía y a conservar la salud de los huesos, el cabello y los dientes.

Susun recomienda no añadir ninguna otra planta a las infusiones de ortiga. Sin embargo, si el sabor te resulta demasiado fuerte, utiliza al principio solo la mitad de las ortigas que se indican en la receta y ve poco a poco aumentándolas a medida que le vas cogiendo el gusto. También puedes añadirle algún otro sabor como hago yo en esta receta. Le van muy bien la hierba limón, la menta y el jengibre.

Se obtienen aproximadamente 3 tazas, para 1 persona

1. Pon a hervir 4 tazas de agua. Introduce todas las hierbas en un tarro de 1 litro o en una cafetera francesa de prensa.

2. Vierte el agua recién hervida sobre las hierbas, remueve bien y tapa. Deja las hierbas en infusión durante 4 horas o toda la noche (si utilizas una cafetera de prensa, no bajes el émbolo hasta que la infusión esté hecha).

3. Cuela cuando esté hecha la infusión. Puedes tomarla templada o fría, pero siempre en un plazo máximo de 36 horas.

SALTEADO DE ORTIGAS Y BERENJENA

La ortiga es una planta nutritiva que puede añadirse a la dieta mucho después de que haya finalizado su breve temporada de crecimiento. En esta receta se hidratan las ortigas secas y se añaden a un plato especiado de berenjena. Resulta muy sabrosa y está repleta de nutrientes. Está inspirada en otra que aparece en uno de mis libros de cocina favoritos, *The Three Sisters Indian Cookbook*, de Sereena, Alexa y Priya Kaul.

Para 6 personas como guarnición

1. Introduce las hojas de ortiga en un bol pequeño y cúbrelas con el caldo. Deja reposar durante 15 minutos. Si ves que, a medida que las ortigas se van hidratando, dejan de estar cubiertas con caldo, añade más caldo. No pasa nada si lo absorben todo. Reserva.

2. Calienta el aceite en una sartén grande a fuego medio. Añade la cebolla, el comino y la sal y rehógalos durante 3 minutos.

3. Agrega el ajo y la berenjena. Deja que cuezan, tapados, hasta que la berenjena esté translúcida. Remueve de vez en cuando para que no se peguen.

4. Incorpora los tomates, las hojas de ortiga hidratadas y el caldo, el chile, el cilantro, el jengibre y la cúrcuma.

5. Remueve para mezclarlo todo bien y deja cocer, parcialmente tapado, hasta que la berenjena esté blanda y la salsa haya espesado (unos 10 minutos).

- 1 taza de hojas de ortiga secas
- 180 ml (¾ de taza) de caldo de pollo o de verduras
- 4 cucharadas soperas (¼ de taza) de aceite de oliva
- 1 cebolla mediana en rodajas finas
- ½ cucharadita de comino en grano
- ½ cucharadita de sal
- 3 dientes de ajo picados
- ½ kg (1 libra) de berenjenas cortadas en rodajas de 1 cm (½ pulgada) de grosor
- ½ kg (1 libra) de tomates picados
- 1 cucharadita de chile en polvo
- ½ cucharadita de cilantro en polvo
- 1 cucharadita de jengibre en polvo
- 1 cucharadita de cúrcuma en polvo

ácidas

«SUS ESPINAS PARECEN UÑAS; TIENEN VARIOS
CENTÍMETROS DE LONGITUD Y RESISTEN LA
TRACCIÓN. SIN EMBARGO, ES MUY DIFÍCIL ENCONTRAR
UNA PLANTA MEDICINAL MÁS SUAVE Y NUTRITIVA».

JIM MCDONALD, HERBORISTA
Y FUNDADOR DE HERBCRAFT.ORG

CAPÍTULO 22

Espino albar

Hace poco pedí a un grupo de herboristas que me dijeran la primera planta para el corazón que les viniera a la cabeza. De las ciento cincuenta y tres personas que respondieron, noventa y tres eligieron el espino albar. De hecho, los herboristas llevan siglos utilizando sus hojas, flores y bayas para reforzar la salud cardiovascular. En las últimas décadas, los científicos han estudiado sus propiedades para disminuir la presión sanguínea y el colesterol y para mejorar la calidad de vida de los enfermos del corazón. La mayoría de estos estudios han revelado unos beneficios significativos.

Teniendo en cuenta que las enfermedades cardiovasculares son la primera causa de mortalidad en el mundo occidental, me sorprende que haya tanta gente que no conozca las propiedades del espino albar. Antes de que empiece a parecer una vendedora de mercadillo, me gustaría señalar que las razones que provocan este tipo de enfermedades son muy numerosas y que el espino albar no es ninguna cura mágica que vaya a hacer efecto si no tomamos en consideración las bases fundamentales del bienestar: una dieta saludable y un estilo de vida activo, entre otras cosas. De todas formas, es cierto que puede reforzar muchísimo la salud cardiovascular.

Otros nombres comunes: Espino blanco, majuelo

Nombre botánico: *Crataegus spp.*

Familia: Rosáceas

Partes utilizadas: Hojas y flores, bayas

Energética: Ligeramente refrescante, neutro

Sabor: Ácido

Propiedades de la planta: Reconstituyente del corazón, nervina relajante, digestiva, astringente, diurética, antioxidante

Usos de la planta: Enfermedades relacionadas con el corazón, insuficiencia cardíaca, estancamiento de la digestión, regulador de la presión sanguínea

Preparación de la planta: Infusión, tintura, vinagre, alimento

La cultura europea ha sentido fascinación por el espino albar desde tiempo inmemorial. Muchos mitos y leyendas populares giran alrededor de este árbol espinoso. Además de utilizarse como planta medicinal, con la madera se fabricaban herramientas y por su naturaleza densa y espinosa era muy popular como seto o valla natural. Existen algunas especies originarias de Norteamérica, donde muchos de los pueblos indígenas lo emplearon para tratar heridas, problemas digestivos y otros trastornos. También los chinos han desarrollado una buena relación con él y lo utilizan a menudo para combatir el estancamiento digestivo.

En primavera le salen multitud de florecillas blancas y rosadas muy bonitas. Tras la polinización, empiezan a formarse muchos racimos de bayas que maduran a finales de verano. Estas bayas rojas son secas y harinosas y su sabor puede ser amargo o dulce, dependiendo de la especie.

TIPOS DE ESPINO ALBAR

El espino albar es un árbol de la familia de las rosáceas que crece en todo el hemisferio norte. Existen más de 280 especies y los herboristas utilizan todas ellas con fines muy parecidos. Las más estudiadas por la ciencia son *Crataegus monogyna*, *C. oxiacantha* y *C. laevigata*.

ENERGÉTICA Y PROPIEDADES MEDICINALES DEL ESPINO ALBAR

El herborista David Hoffman afirma: «El *Crataegus* [espino albar] es un tónico en el sentido más exacto de la palabra y puede considerarse un remedio específico para la mayoría de las enfermedades cardiovasculares»[1].

El paradigma actual de la medicina occidental para el tratamiento de las enfermedades crónicas se basa fundamentalmente en suprimir los síntomas y no en abordar los factores que causan el problema. Por poner un ejemplo, a la persona que sufre alergias estacionales se le receta algo que impida al organismo crear histamina, pero rara vez se le da algo que ajuste el sistema inmunitario y prevenga la aparición de los síntomas de la alergia. Este paradigma se ve con mucha claridad en todos los fármacos que se utilizan para tratar los síntomas de las enfermedades cardiovasculares. Aunque esta especie de «tratamiento tirita» pueda a corto plazo salvar vidas, no aborda el problema que provocó la enfermedad.

De hecho, muchas de las medicinas que se suelen recetar agotan los nutrientes que necesita el organismo para mejorar su salud cardiovascular. Las estatinas, que se prescriben habitualmente para disminuir el colesterol, acaban con la CQ10 del cuerpo, una enzima muy importante para la salud del corazón. Los diuréticos, que se recetan con mucha frecuencia para disminuir la hipertensión arterial, dejan al organismo sin potasio y el déficit de potasio provoca irregularidad en el ritmo cardíaco. El espino albar, al nutrir y fortalecer el corazón, hace algo que ningún fármaco es capaz de conseguir.

¿Y cómo actúa esta planta? Al igual que la mayoría de las plantas medicinales, actúa de una forma múltiple y compleja, muchos de cuyos aspectos aún desconocemos. De todas formas, uno de los factores importantes es su elevado contenido en flavonoides. Con frecuencia, las enfermedades cardiovasculares están relacionadas con la presencia de inflamación y se ha demostrado que el consumo regular de hierbas y alimentos ricos en flavonoides disminuye la inflamación y el estrés oxidativo.

PARA OPTIMIZAR EL NIVEL DE COLESTEROL

Desde los años cincuenta hasta hace poco, se creía equivocadamente que los niveles elevados de colesterol eran la consecuencia de consumir alimentos ricos ellos mismos en colesterol. Hoy en día, sin embargo, se cree que están más relacionados con la inflamación sistémica, algo que el espino albar, gracias a su elevado contenido en flavonoides, ayuda a reducir.

Los investigadores llevan décadas estudiando el espino albar y su relación con diversos síntomas de las enfermedades cardiovasculares. En uno de estos estudios los investigadores administraron a un grupo de personas con diabetes y cardiopatías coronarias 1.200 mg diarios de hojas y flores de espino albar durante seis meses. Al cabo de ese tiempo, los que tomaban el espino albar mostraron una mayor tendencia a disminuir el colesterol LDL (colesterol «malo») y la elastasa neutrofílica (una enzima que, cuando está alta, guarda relación con las enfermedades del corazón) que los del grupo placebo[2]. La dosis utilizada en este estudio fue relativamente baja comparada con los estándares de los herboristas y sería interesante observar los efectos de las dosis más elevadas que estos suelen emplear.

PARA COMBATIR LA HIPERTENSIÓN ARTERIAL

Para los herboristas, una de las indicaciones más comunes para el espino albar es la hipertensión arterial. Algunos lo utilizan por sí solo y otros lo combinan con otras plantas y suele sugerirse que vaya acompañado de una dieta sana y de ejercicio regular. Tras siglos de uso, sigue siendo uno de los remedios favoritos para disminuir la hipertensión.

Diversos ensayos clínicos han refrendado este uso tradicional. En un estudio doble ciego controlado por placebo realizado en Irán se administró durante cuatro meses a 92 hombres y mujeres con hipertensión leve un extracto de una especie local de espino albar. Cada mes se medía la tensión arterial de los participantes y, al cabo de tres meses, los resultados mostraron una disminución significativa tanto en la sistólica como en la diastólica[3]. En otro estudio se administró espino albar a pacientes con diabetes tipo 2 y se comprobó que reducía la tensión arterial diastólica[4].

PARA LA SALUD CARDIOVASCULAR

El herborista Charles Kane afirma: «Como medicina para el corazón no existe ninguna planta con una influencia tan positiva y, al mismo tiempo, que sea tan suave como el espino albar»[5]. Además de ayudar a reducir problemas cardiovasculares concretos como la hipertensión arterial y la hiperlipidemia, se ha comprobado que mejora el funcionamiento general del corazón en personas con cardiopatías leves o moderadas.

En un estudio se analizó a 1.011 personas con cardiopatía de fase 2 que estaban tomando una dosis elevada de un producto patentado a base de espino albar. Al cabo de 24 semanas se observó una disminución del edema en los tobillos, una mejoría del gasto cardíaco y una disminución de la tensión arterial [6].

En otro ensayo se utilizó el mismo producto a base de espino albar, pero en esta ocasión se estudió a los pacientes durante dos años. Una vez transcurrido ese tiempo, los que tomaban espino albar mostraron una mejoría significativa en los tres síntomas principales de las cardiopatías —fatiga, dolor al aumentar el esfuerzo y palpitaciones— en comparación con el grupo de control. Los investigadores concluyeron que el espino albar producía un beneficio claro en pacientes con insuficiencia cardíaca leve o moderada [7].

CÓMO UTILIZAR EL ESPINO ALBAR

Los herboristas occidentales tienen más tendencia a utilizar las bayas; sin embargo, las flores y las hojas han recibido más atención en los estudios realizados en los últimos años.

Las bayas pueden consumirse como alimento y disfrutarse de muchas formas distintas: maceradas en alcohol o vinagre o en mieles, mermeladas o incluso kétchup. Yo recomiendo tomar espino albar de forma regular y en grandes cantidades; ¡tomarlo a diario mantiene el corazón alimentado y fuerte!

Con las hojas y las flores se puede preparar una infusión deliciosa, ligeramente tánica, que recuerda al té negro.

CANTIDADES RECOMENDADAS

Las bayas de espino albar pueden consumirse en grandes cantidades, como cualquier otro alimento. Para obtener los mejores resultados con las bayas, las hojas o las flores, tómalas a diario y durante periodos prolongados.

La dosis terapéutica es la siguiente:

En infusión: hasta 30 gramos de bayas y hasta 30 gramos de hojas y flores al día.

En tintura (bayas frescas): 1:1, 40-60 % de alcohol, 5 ml de 3 a 5 veces al día.

En tintura (hojas y flores secas): 1:5, 30% de alcohol, 5 ml 3 veces al día.

CONSIDERACIONES ESPECIALES

Las personas que están tomando medicación para el corazón —como digital o betabloqueadores— deben consultar con un terapeuta experto antes de tomar espino albar.

Las dosis elevadas de hojas y flores pueden provocar, en algunos individuos, molestias de estómago. Si eso sucediera, disminuye la cantidad.

No debe utilizarse con personas que padezcan insuficiencia cardíaca diastólica [8].

INFUSIÓN NUTRITIVA DE ESPINO ALBAR

Esta receta combina las propiedades nutritivas de las hojas, las flores y las bayas del espino albar, por lo que constituye una forma deliciosa de reforzar la salud del corazón. Tiene un sabor ligeramente astringente con el delicado perfume de las hojas y las flores que complementa el dulzor de las bayas. A mí me encanta tomarla helada los días calurosos del verano.

Se obtienen aproximadamente 3,5 tazas, para 1 persona

20 gramos (¼ de taza) de bayas secas de espino albar

15 gramos (½ taza) de flores y hojas secas de espino albar

Una pizca de estevia o miel al gusto

1. Pon a hervir 4 tazas de agua. Introduce todas las hierbas en un tarro de 1 litro o en una cafetera francesa de prensa.

2. Vierte el agua recién hervida sobre las hierbas, remueve bien y tapa. Deja en infusión entre 4 y 8 horas o toda la noche (si estás utilizando una cafetera francesa de prensa, no bajes el émbolo hasta que haya terminado de infusionarse).

3. Cuela las hierbas. Añade la miel o la estevia al gusto y consume en un plazo máximo de 24 horas.

CORDIAL DE ESPINO ALBAR

80 gramos (1 taza) de bayas de espino albar secas

1 manzana picada sin pepitas

1 cucharadita de jengibre fresco picado

3 vainas de cardamomo machacadas

1 vaina de vainilla cortada por la mitad a lo largo

1 rama de canela

La corteza de 1 limón

2 cucharadas soperas de hibisco seco

80 ml (⅓ de taza) de zumo de granada cien por cien puro sin endulzar

½ taza de miel o al gusto

2 tazas de brandy

Esta receta aúna las propiedades nutritivas del espino albar con especias deliciosas que favorecen la digestión. Disfrútala en pequeñas cantidades después de la cena (yo he descubierto que me ayuda a desconectar).

Hace poco llevé esta infusión a una cena de amigos para preparar un cóctel bajo en alcohol. Para ello puse entre 1 y 3 cucharaditas de cordial en una taza de agua con gas. Fue un éxito y varias personas quisieron comprarme una botella (yo les di la receta).

Se obtienen aproximadamente 1,5 tazas

1. Introduce todas las hierbas, las especias y la fruta en una jarra de 1 litro.

2. Añade el zumo de granada y la miel y rellena el resto del tarro con brandy (aproximadamente 2 tazas).

3. Deja reposar durante 4 semanas agitando a menudo.

4. Una vez transcurrido ese tiempo, cuélalo. Debe guardarse en un lugar oscuro y fresco y consumirse en un plazo de 1 año.

VINAGRE DE ESPINO ALBAR

Con las bayas de espino albar se puede preparar un vinagre herbal exquisito y con un precioso color rojo. Yo lo utilizo en muchas de mis mezclas caseras para ensalada. También puede tomarse una cucharadita antes de comer para facilitar la digestión. No pongo medidas exactas para que tú mismo decidas cuánto quieres preparar. Para medio litro (1 pinta) necesitarás aproximadamente 1,5 tazas de vinagre.

Se obtiene una cantidad variable

Bayas de espino albar frescas o secas

Vinagre de sidra

Un tarro con tapa de vidrio o de plástico

1. Si vas a utilizar bayas frescas, llena el tarro con ellas. Si son secas, llénalo hasta la mitad (tienes que dejar hueco para que se expandan).

2. Rellena el tarro con vinagre de sidra. Ciérralo con una tapa de vidrio o de plástico. Si es metálica, coloca papel pergamino o encerado entre la tapa y el tarro (porque el vinagre corroe el metal).

3. Deja el vinagre en infusión durante 2 semanas agitándolo una vez al día. Cuando esté hecho, cuélalo. No hace falta refrigerarlo (aunque puedes hacerlo, si quieres). Utilízalo en el plazo de 1 año.

«ES EQUILIBRANTE. ES UNA PANACEA. ES UN BUEN NERVINO. LAS CULTURAS LATINOAMERICANAS Y LOS PUEBLOS DEL MEDITERRÁNEO LA CONSIDERAN UNA PLANTA SUMAMENTE RELAJANTE, BUENA PARA EL CORAZÓN, PARA EL ALMA, PARA LOS BEBÉS, PARA LOS ANCIANOS Y PARA TODOS LOS QUE TIENEN EDADES INTERMEDIAS».

CASCADE ANDERSON GELLER, HERBORISTA Y ACTIVISTA

CAPÍTULO 23

Melisa

Hace un par de años salí de excursión con un grupo de gente a un bosque centenario de la zona noroccidental del Pacífico. Mientras contemplábamos los árboles gigantescos que se alzaban sobre nosotros, alguien pisó un nido de avispas y rápidamente nos vimos rodeados por un enjambre enfurecido de insectos. Yo corrí a refugiarme en un lugar seguro, pero no conseguí evitar algunos picotazos. Miré a mi alrededor buscando algo con lo que aliviar el dolor y vi que a lo largo del camino crecían matas de melisa silvestre. Mastiqué unas cuantas hojas hasta formar una pasta, la apliqué sobre las picaduras y noté asombrada que el dolor y la inflamación desaparecían.

Desde aquella aventura en el bosque centenario, he utilizado a menudo hojas de melisa frescas para aliviar las picaduras de abeja en los niños. Además de ser una planta de primeros auxilios fantástica para las picaduras de insectos, resulta sumamente relajante. También se utiliza para combatir infecciones víricas e incluso ha demostrado su capacidad para proteger contra los efectos negativos de la radiación.

Otros nombres comunes: Toronjil

Nombre botánico: *Melissa officinalis*

Familia: Lamiadas / labiadas

Partes utilizadas: Partes aéreas; hojas justo antes de la floración

Energética: Refrescante, secante

Sabor: Ácido

Propiedades de la planta: Aromática, nervina relajante, antivírica, diaforética relajante, digestiva aromática, antiespasmódica

Usos de la planta: Ansiedad, nerviosismo, estrés, infecciones víricas, picaduras de insectos, digestión nerviosa, fiebre, tos

Preparación de la planta: Infusión, tintura, aceite esencial, oleomacerado, para esparcir por el suelo, hierba culinaria

El nombre de toronjil, con el que también se conoce a esta planta, deriva de su intenso olor y sabor a limón. Para la mayor parte de la gente, tomar esta medicina herbal de sabor tan agradable es un placer.

La melisa es originaria del Mediterráneo. Desde hace miles de años se viene empleando con fines medicinales. Plinio, Hipócrates, Galeno, Culpeper e incluso Shakespeare hablan de sus atributos. Existen datos que confirman que Thomas Jefferson, el tercer presidente de Estados Unidos, la cultivaba en Monticello.

El nombre de melisa, que es también el genérico, procede del griego y significa 'abeja' y 'miel'. En la mitología griega, Melissa fue una ninfa que compartía la sabiduría y la miel de las abejas. La melisa es una de las plantas favoritas de estos insectos. No solo produce grandes cantidades de néctar sino que, además, los apicultores la utilizan para evitar que las abejas enjambren.

ENERGÉTICA Y PROPIEDADES MEDICINALES DE LA MELISA

Es una planta muy apreciada desde hace muchísimo tiempo por sus propiedades calmantes y relajantes. Los herboristas la clasifican como nervina relajante, es decir, una planta que relaja, calma y refuerza el sistema nervioso.

Al ser un antiespasmódico suave, consigue aliviar el dolor provocado por la tensión: cefaleas, lumbago y cólicos de estómago. Como tiene un sabor agradable y es muy segura, resulta estupenda para calmar los dolores de la dentición de los niños.

PARA MEJORAR EL ESTADO DE ÁNIMO Y ALIVIAR EL ESTRÉS

Ensayos clínicos en seres humanos han revelado que la melisa es capaz de aliviar la agitación en personas con demencia y de mejorar el estado de ánimo y los niveles de estrés de adultos sanos [1, 2, 3, 4]. También puede utilizarse para calmar la ansiedad, la crispación, el estrés, el insomnio, los trastornos afectivos estacionales y la tensión nerviosa.

PARA FAVORECER EL SUEÑO

La melisa puede utilizarse como sedante suave para favorecer el sueño. En un estudio realizado con una combinación de valeriana y melisa se comprobó que favorecían unos ciclos de sueño saludables en mujeres menopáusicas [5]. En otro estudio se demostró que esta misma combinación beneficiaba a los niños que sufrían inquietud y patrones de sueño irregulares [6].

COMO ANTIVÍRICO

La melisa alivia las calenturas dolorosas y otros brotes herpéticos. Yo he visto cómo disminuye la gravedad y la duración de un ataque agudo y, cuando se toma regularmente, cómo reduce la reaparición de los brotes.

En años recientes se ha estudiado por sus propiedades antivíricas, sobre todo en relación con el herpes simple 1 y 2. En un estudio se elaboró una crema de melisa que demostró aliviar síntomas comunes del herpes genital como el picor, el hormigueo, la quemazón, los pinchazos y la inflamación. Esta crema, además, acortaba el tiempo de curación de las heridas[7].

El herborista Karta Purkh Singh Khalsa recomienda aplicarla externamente sobre las erupciones de la varicela, un virus muy relacionado con el del herpes simple[8].

PARA PREVENIR LOS DAÑOS EN EL ADN

Gracias a su elevado contenido en antioxidantes, se ha comprobado que es capaz de mejorar notablemente el estrés oxidativo y los daños en el ADN. En un estudio se pidió a 55 miembros de un servicio de radiología que tomaran infusión de melisa dos veces al día durante 30 días (la radiación de los rayos X puede dañar el ADN e inducir estrés oxidativo). Se registraron los marcadores del estrés oxidativo antes de empezar el tratamiento y una vez transcurridos los 30 días. Los investigadores observaron numerosas mejoras en estos marcadores, incluida una «marcada reducción del daño en el ADN plasmídico»[9]. Después de leer este estudio, voy a tomar infusión de melisa siempre que tenga que hacerme una radiografía, antes y después de la prueba.

CÓMO UTILIZAR LA MELISA

Para obtener el máximo beneficio te recomiendo que utilices melisa fresca. Es muy fácil de cultivar y se da bien en maceta. La melisa recién desecada conserva sus virtudes pero, como podrás comprobar, a medida que se va haciendo vieja pierde su chispa. Al tener un sabor tan

delicioso, podemos disfrutarla de muchas formas distintas como, por ejemplo, en una infusión exquisita o en un extracto alcohólico.

También puede macerarse en aceite para utilizarla como pomada, bálsamo labial o tratamiento para las lesiones producidas por los herpes (es más asequible que el aceite esencial de melisa). Para preparar este oleomacerado solo hay que llenar sin apretar un tarro con melisa recién desecada machacada. A continuación, se rellena el tarro con el aceite que se quiera (yo recomiendo utilizar aceites estables como el de oliva o el de jojoba). Remueve bien la mezcla. Guárdala en un lugar fresco y seco y remuévela a diario durante 2 semanas. Una vez transcurrido ese tiempo, cuélala y utilízala como desees.

¡Y no te olvides de la melisa en la cocina! Va muy bien con las carnes, el pescado y la verdura y también puede espolvorearse en las salsas, las ensaladas verdes, las macedonias de frutas y las mantequillas herbales.

CANTIDADES RECOMENDADAS

La melisa, tanto fresca como seca, puede consumirse de forma regular en cantidades variables. Puedes preparar una infusión ligera y sencilla con 1 cucharadita de la planta o una más fuerte con hasta 30 g (aproximadamente 2 tazas). Para medir cantidades grandes, es preferible hacerlo al peso; una cucharadita, sin embargo, resulta demasiado ligera para medirla con exactitud en una báscula normal de cocina.

La dosis terapéutica de la melisa es la siguiente:

En infusión: de 1 cucharadita a 30 g (1 onza) al día.

En tintura (hierba fresca): 1:2, 45 % de alcohol, de 3 a 5 ml entre 3 y 5 veces al día.

CONSIDERACIONES ESPECIALES

Los ensayos *in vitro* demuestran que la melisa puede inhibir la función tiroidea. Este efecto no se ha comprobado en seres humanos; de todas formas, si tienes un tiroides poco activo, evita consumirla en exceso.

INFUSIÓN NUTRITIVA DE MELISA

En esta receta se utiliza un montón de melisa y el tiempo de reposo es muy prolongado para que puedas sentir claramente las propiedades calmantes y relajantes de esta planta de la familia de las mentas. Se mezcla con salvado de avena (*Avena sativa*), que también se emplea habitualmente como planta calmante y reconstituyente. Esta infusión también está exquisita helada.

Se obtienen aproximadamente 3 tazas, para 1-2 personas

½ taza de melisa seca

½ taza de salvado de avena (*Avena sativa*)

2 cucharadas soperas de capullos o pétalos de rosa secos

Una pizca de estevia o miel al gusto

1. Pon a hervir 3,5 tazas de agua.

2. Introduce las plantas en un tarro de 1 litro y rellénalo con el agua recién hervida.

3. Tapa y deja reposar durante 4 horas o toda la noche. Una vez transcurrido ese tiempo, cuela. Si lo deseas puedes añadir estevia o miel para que esté dulce.

4. Consúmela en un plazo máximo de 24 horas.

750 g (1,5 libras) de pechugas de pollo sin hueso cortadas en trozos de 2,5 cm (1 pulgada)

3 cucharadas soperas de aceite de oliva

½ cebolla roja cortada en rodajas finas

250 g (½ libra) de judías verdes cortadas en trozos de 2,5 cm (1 pulgada)

1 zanahoria grande cortada en tiritas

½ taza de hojas frescas de melisa sin tallos

2 cucharaditas de semillas de sésamo tostadas

Para el adobo:

1 cucharada sopera de maicena (almidón de maíz)

180 ml (¾ de taza) de zumo de naranja

1 cucharada sopera de cáscara de naranja ecológica rallada muy fino

60 ml (¼ de taza) de tamari o salsa de soja

1 cucharada sopera de aceite de sésamo tostado

1 cucharada sopera de jengibre fresco rallado

1 cucharada sopera de miel

3 cucharaditas de mezcla de cinco especias

POLLO CON MELISA Y NARANJA

Me encanta preparar este plato en mitad del verano, cuando las verduras pasan directamente del huerto a la mesa. La melisa fresca le aporta un sabor a limón y menta que combina muy bien con el de la naranja. Si no dispones de melisa puedes incluso sustituirla por otra menta aromática. La mezcla de cinco especias la venden en algunas tiendas de alimentación, pero también puedes prepararla tú mismo con la receta de la página 156.

Para 6 personas

1. *Para preparar el adobo:* En un bol, bate 60 ml (¼ de taza) de agua fría con la maicena. A continuación, incorpora el zumo de naranja, la cáscara de naranja, el tamari, el aceite de sésamo, el jengibre, la miel y la mezcla de cinco especias.

2. En otro bol pequeño mezcla el pollo y ¼ del adobo. Deja reposar entre 15 y 30 minutos (mientras tanto, puedes ir preparando las verduras).

3. Calienta el aceite de oliva en una sartén grande a fuego medio-alto. Introduce la cebolla y rehoga durante 30 segundos.

4. Añade el pollo adobado y deja cocer durante 5 minutos o hasta que el pollo deje de estar rosado por fuera. Remueve a menudo.

5. Agrega las judías verdes y la zanahoria. Deja cocer, removiendo frecuentemente, hasta que las verduras estén tiernas pero crujientes.

6. Añade el resto del adobo. Sigue cociendo entre 3 y 5 minutos más o hasta que la salsa haya espesado y el pollo esté bien hecho.

7. Retira del fuego. Incorpora removiendo la mitad de las hojas de melisa y todas las semillas de sésamo.

8. Justo antes de servir, reparte por encima el resto de las hojas de melisa.

AGUA DE MELISA

1 ramita de melisa fresca (unas
10 hojas) o 1 cucharada
sopera de melisa seca

1 rodaja fina de limón

2 rodajas finas de pepino

Aquí tienes una forma muy sencilla de aromatizar ligeramente el agua y de preparar una bebida deliciosa y refrescante para los días calurosos del verano. A mí me gusta sobre todo para los viajes. Si utilizas melisa fresca, machaca ligeramente la rama entre las palmas de las manos para liberar sus propiedades aromáticas.

Se obtienen 4 tazas

1. Introduce la melisa fresca o seca, la rodaja de limón y las rodajas de pepino en un tarro de 1 litro.

2. Rellena el tarro con 4 tazas de agua tibia y deja reposar entre 2 y 4 horas para que se impregne con los sabores (si has utilizado melisa seca, puedes colarla para no beber los trocitos de hoja o tomarla con una pajita que tenga filtro).

3. Consúmela en un plazo máximo de 24 horas tal cual o helada.

«LOS PÉTALOS DE ROSA SON CALMANTES Y LEVANTAN EL ÁNIMO. AYUDAN A COMBATIR LA IRA Y LA FRUSTRACIÓN, TE DAN VALOR PARA DEFENDER TUS OPINIONES Y TUS LÍMITES Y HACEN QUE TE RESULTE MÁS FÁCIL GUSTARTE A TI MISMO Y QUE TE GUSTEN LOS DEMÁS».

HENRIETTE KRESS, HERBORISTA Y AUTORA DE *PRACTICAL HERBS*

CAPÍTULO 24

Rosa

Cada mes de junio, el valle en el que vivo estalla de rosas silvestres. Unos arbustos, por lo general modestos y anónimos, descuellan de repente en el paisaje con sus flores rosas. Mientras voy por los caminos, a menudo huelo y oigo la presencia de un rosal silvestre mucho antes de llegar a verlo. La brisa me trae el aroma embriagador de las rosas y el aire vibra con el zumbido constante de las abejas. Es una estación que disfruto intensamente todos los años.

Mi marido y yo hemos salido muchas veces a recolectar plantas silvestres y sin duda, de todo lo que hemos recogido, los pétalos de rosa son mis favoritos. Su textura sedosa entre mis dedos y el perfume que me envuelve constituyen una experiencia gozosa e increíble.

Las rosas silvestres han sido adoradas por su belleza desde hace miles de años. Son mucho más que una flor bonita de dulce aroma. Nos ofrecen una medicina muy potente para aliviar el dolor tanto emocional como físico, para curar heridas y para disminuir la inflamación sistémica.

Nombre botánico: *Rosa spp.*

Familia: Rosáceas

Partes utilizadas: Pétalos, corteza interior, hojas, frutos (escaramujos)

Energética: Refrescante, secante

Sabor: Ácido (astringente)

Propiedades de la planta: Astringente, analgésica, nervina, afrodisíaca, antiinflamatoria, antioxidante

Usos de la planta: Infecciones de la vejiga, dolor, resfriado, gripe, aflicción, depresión, inflamación, heridas

Preparación de la planta: Infusión, tintura, miel, jarabe, vinagre, alimento

S i existiera un concurso de popularidad para las flores, estoy convencida de que la ganadora sería la rosa. Hay jardines enteros, libros, temas decorativos e incluso profesiones dedicados en exclusiva a ella. Las rosas son originarias de muchas zonas del hemisferio norte. Se ha planteado la posibilidad de que su cultivo se iniciara en China y que de ahí se trasladaran distintos híbridos a Europa, donde siguió creciendo la obsesión por esta flor.

Marie-Josèphe-Rose Tascher de La Pagerie, más conocida como Josefina Bonaparte, la primera emperatriz de Francia, financió y apoyó la creación de las primeras rosas híbridas. Se dice que en su hogar, el Château de Malmaison, tenía cientos de híbridos distintos, lo que le granjeó el título de «Madrina de los obsesos por las rosas modernos»[1].

Desde hace muchísimo tiempo, las rosas se han utilizado para simbolizar y celebrar el amor y la amistad, pero en los últimos tiempos esa costumbre ha alcanzado cotas inigualadas anteriormente. ¡Solo en Estados Unidos se gastaron más de 210.000 millones de dólares el día de San Valentín del año 2015![2].

TIPOS DE ROSAS

Las rosas silvestres auténticas son bonitas pero sencillas. Solo tienen cinco pétalos y una estrella de estambres en el centro. Su color varía del blanco puro al rosa oscuro y casi siempre son aromáticas. ¿Cómo, entonces, hemos conseguido llegar a los miles de especies distintas que existen hoy en día?

Nuestra obsesión por las rosas ha dado lugar a la creación de innumerables variedades, de manera que en la actualidad las rosas pueden tener muchos pétalos y multitud de colores: blanco, amarillo, rosa, naranja, rojo, azul y todas las gamas intermedias. Por desgracia, como en muchas de las que se cultivan hoy lo que se busca es la belleza, en muchos casos se han perdido gran parte del perfume y de sus propiedades medicinales.

A la hora de elegir rosas con fines de salud, las silvestres perfumadas son las mejores. Si no tienes manera de conseguir rosas silvestres, puedes utilizar las cultivadas aunque debes tener en cuenta un par de cosas. Emplea solo aquellas que no hayan sido fumigadas con pesticidas. Jamás uses las de las floristerías porque lo más probable es que estén fumigadas (además de evitar consumir aquellas rosas que hayan sido fumigadas, quizá también debas plantearte que no es muy conveniente manipularlas en un ramo decorativo). En segundo lugar, te recomiendo que utilices pétalos de flores aromáticas. Si tus rosas no tienen perfume, busca otras.

ENERGÉTICA Y PROPIEDADES MEDICINALES DE LA ROSA

Nuestra sociedad suele centrarse en los aspectos físicos de las enfermedades. Utilizamos medidas físicas objetivas para diagnosticarlas y tratarlas y relegamos el bienestar espiritual y emocional de la persona a otra rama de la medicina, a una confesión religiosa o a un maestro espiritual. Las rosas pueden recordarnos que esta separación es solo una realidad muy reciente. Su perfume, su belleza física y sus propiedades medicinales abordan con fluidez nuestra salud física y emocional y las convierten en una medicina maravillosa para todo el conjunto del corazón.

PARA EL CORAZÓN

Las rosas tienen un efecto positivo en el corazón físico. En un estudio se administró a los participantes una dosis de 40 gramos de escaramujo en polvo durante seis semanas. Al cabo de ese tiempo, se observó una mejoría significativa en la presión arterial y en el colesterol plasmático de las personas que estaban tomando el escaramujo en comparación con las del grupo de control[3].

Unos investigadores se propusieron investigar el efecto fisiológico en los seres humanos del aceite de rosa aplicado en la piel. Los que recibieron el aceite mostraron una disminución de la frecuencia respiratoria, de la saturación de oxígeno en sangre y de la presión arterial sistólica, lo que indicaba una disminución general de la activación del sistema nervioso autónomo. Los participantes afirmaron además que se sentían más calmados y relajados que los del grupo de control[4]. Este estudio es un ejemplo fantástico del efecto que producen las rosas sobre las múltiples dimensiones de la salud.

Además de simbolizar un regalo del corazón, las rosas pueden emplearse también para alegrar este órgano. Se suelen utilizar para componer un corazón roto y para apoyar a quien está atravesando una época de duelo, tristeza y depresión. El herbolista David Winston recomienda una combinación de tintura de pétalos de rosa con hojas de espino albar y corteza de mimosa para combatir la aflicción y el trastorno de estrés postraumático[5]. Es más, un estudio de cuatro semanas de duración que analizó una combinación de aceite de rosa y aceite esencial de lavanda en mujeres con riesgo elevado de sufrir depresión postparto reveló que las que recibieron los tratamientos de aromaterapia lograron una mejoría significativa tanto en los problemas

de ansiedad como en la depresión y no experimentaron ningún efecto adverso[6].

PARA CURAR HERIDAS

Todas las partes del rosal se llevan utilizando desde hace mucho tiempo para curar heridas tanto externas como internas. En su libro *Native American Ethnobotany*, Daniel Moerman registró numerosos usos de esta planta por parte de los pueblos indígenas americanos. Los paiutes utilizaban con mucha frecuencia *Rosa woodsii*, una especie de rosa silvestre muy común en su territorio, en aplicaciones tópicas para combatir forúnculos, quemaduras solares, llagas, cortes, inflamaciones y heridas. Los okanogan-colville empleaban cataplasmas hechas con hojas de rosal masticadas para curar las picaduras de abeja[7].

Una de las aplicaciones más comunes en toda Norteamérica era para combatir la diarrea. Los herboristas suelen utilizar plantas astringentes para favorecer la curación de las heridas y sin duda el rosal lo es. Esta propiedad de tonificar los tejidos ayuda a reparar la

piel o a tensar tejidos que estén demasiado laxos como, por ejemplo, cuando los dientes bailan en las encías o cuando una diarrea excesiva ha dejado los tejidos intestinales flojos.

PARA COMBATIR LA INFLAMACIÓN Y EL DOLOR

Otra aplicación de las propiedades astringentes del rosal es en tejidos ulcerados porque al tensarlos se facilita la curación. En un estudio doble ciego y controlado por placebo sobre un colutorio elaborado con extracto de rosa se comprobó que resultaba muy eficaz para aliviar el dolor, disminuir la inflamación y reducir el tamaño y la cantidad de úlceras en personas con aftas recurrentes (estomatitis aftosa)[8].

Diversos estudios realizados con las semillas y los frutos (escaramujos) del rosal han comprobado su capacidad para modular la inflamación y disminuir el dolor[9]. Hasta la fecha existen varios que demuestran que el consumo diario de escaramujos reduce el dolor y mejora el bienestar general de pacientes con osteoartritis en las caderas y en las rodillas y que, además, beneficia a las personas con artritis reumatoide[10, 11, 12]. En uno de ellos se demostró que los escaramujos reducen determinados marcadores de inflamación como la proteína C-reactiva en pacientes afectados de osteoartritis[13].

Pero la rosa hace algo más que combatir el dolor inflamatorio. Otro estudio demostró la capacidad de la infusión de rosa para aliviar los síntomas del síndrome premenstrual en adolescentes. En este estudio se dividió de forma aleatoria a 130 muchachas en dos grupos. A unas se les administró infusión de rosa y a las otras, un placebo. Las que tomaron la infusión de rosa sintieron menos dolor menstrual, malestar y ansiedad que las del grupo de control[14].

CÓMO UTILIZAR LA ROSA

Aunque son muchas las partes del rosal que pueden utilizarse con fines medicinales —las hojas, la corteza y la raíz—, yo estoy más familiarizada con el uso de los pétalos y los escaramujos (los frutos del rosal que, al madurar a finales de verano y principios de otoño, adquieren un color rojo fuerte).

Tanto los pétalos como los escaramujos son ricos en bioflavonoides y estos últimos son famosos por su elevado contenido en vitamina C. Cuando se secan y se cuecen, su contenido en vitamina disminuye. Por eso, para obtener el máximo beneficio, es aconsejable comerlos crudos, recién cogidos del rosal. De todas formas, también pueden utilizarse para elaborar jaleas, mieles, vinagres y conservas. Con los pétalos de rosa frescos, por su parte, se pueden hacer mermeladas, vinos, mieles y vinagres y también se pueden añadir a las ensaladas y disfrutarse en infusión.

Si vives en el hemisferio norte, puedes pedir a alguien de la zona que te ayude a identificar los rosales silvestres de tu región (también puedes mirar el curso «Learning Your Plants» que he creado en HerbMentor.com).

CANTIDADES RECOMENDADAS

Los pétalos de rosa y los escaramujos son un alimento y pueden consumirse como tal. En los ensayos realizados sobre los beneficios medicinales de los escaramujos se han empleado dosificaciones desde 5 a 45 gramos al día.

CONSIDERACIONES ESPECIALES

Evita consumir rosas que hayan sido fumigadas con pesticidas (casi todas las que proceden de las floristerías contienen trazas de este tipo de productos porque su fin no es el consumo humano).

El aceite esencial de rosa tiene un perfume embriagador y un precio muy elevado. Hace falta una cantidad increíble de rosas para conseguir unos gramos de aceite. Si encuentras alguno barato, lo más probable es que haya sido adulterado con alguna otra planta.

INFUSIÓN DE CAPULLOS DE ROSA

2 cucharadas soperas colmadas de capullos o pétalos de rosa secos (aproximadamente 6 gramos)

1 cucharadita de hierba luisa seca

1 cucharadita de aciano seco (opcional)

Miel al gusto (opcional)

Aquí tienes una forma maravillosa de disfrutar de los dulces sabores de la rosa y de la hierba luisa que te ayuda a desconectar al final del día. El aciano (*Centaurea cyaus*) le aporta un sabor sutilmente amargo. Si no lo encuentras, puedes omitirlo.

Se obtienen 300 ml (1,25 tazas)

1. Pon a hervir 300 ml (1,25 tazas) de agua. Mezcla las hierbas e introdúcelas en una taza con filtro o en un filtro de té grande. Evita apelotonarlas en un filtro pequeño. Es preferible que tengan sitio para expandirse y moverse.

2. Vierte el agua recién hervida sobre las hierbas. Tapa y deja reposar entre 7 y 10 minutos. Remueve o hunde el filtro de vez en cuando. Una vez transcurrido ese tiempo, cuela.

3. Si lo deseas, puedes añadirle miel. Tómala mientras esté templada.

3 tazas de manzanas picadas
(unas 3 manzanas
medianas)

2 tazas de arándanos rojos
frescos

⅓ de taza de escaramujos
secos sin semillas

1 cucharada sopera de zumo
de limón

1 cucharada sopera de corteza
de limón

1 taza de zumo de manzana

½ taza de zumo de granada

2 cucharadas soperas de
jengibre fresco rallado

2 cucharaditas de canela en
polvo

½ cucharadita de nuez
moscada recién rallada

¼ de cucharadita de clavo en
polvo

¼ de taza de miel o azúcar
o al gusto

Nata recién montada
(opcional)

COMPOTA DE ESCARAMUJOS Y ARÁNDANOS ROJOS

Las compotas se hacen cociendo fruta con especias y son una forma sencilla y deliciosa de preparar un postre a base de fruta. Esta receta en concreto es una de las favoritas de mi casa y a menudo simboliza la llegada del invierno y de las vacaciones. Los arándanos rojos son una fuente maravillosa de antioxidantes y merecen tomarse más de una vez al año. Las manzanas pueden ponerse peladas o sin pelar, como más te guste.

Se obtienen 4 tazas, para 8 personas

1. Introduce la fruta, los escaramujos, el zumo de limón, la corteza de limón, el zumo de manzana, el zumo de granada y el jengibre en una cazuela y pon a calentar. Cuando rompa a hervir, reduce el fuego para que hierva a fuego lento.

2. Continúa cociendo a fuego lento durante 20 minutos. Remueve de vez en cuando para impedir que se queme. Al cabo de esos 20 minutos, la fruta debe estar blanda y todo ello habrá adquirido un aspecto gelatinoso.

3. Añade las especias y la miel. Prueba y, si lo deseas, añade más miel. Remueve durante 2 minutos más y retira del fuego.

4. Sirve templado y, si te apetece, ponle nata montada por encima.

MUESLI DE ESCARAMUJO Y MANZANA

El muesli es un desayuno a base de avena que a menudo incluye frutos secos y fruta desecada. Si lo dejas en reposo durante toda la noche, la avena y los frutos secos se digieren mejor y los escaramujos pueden rehidratarse. Una pequeña preparación la noche anterior te permite disfrutar de un desayuno rápido y delicioso por la mañana.

Para 4 personas

1. Mezcla la avena, los escaramujos, las almendras, la canela y la nuez moscada en un bol con tapa. Incorpora la leche, el yogur, el zumo, el extracto de vainilla y la miel. Deja en remojo en el frigorífico durante toda la noche.

2. Por la mañana, añade la manzana. Si lo deseas puedes servirlo con más leche. Puedes tomarlo tal cual pero, si prefieres desayunar caliente, no pasa nada por calentarlo.

250 g (1 ¼ tazas) de avena

⅓ de taza de escaramujos secos sin semillas

½ taza de almendras crudas picadas

1 cucharadita de canela en polvo

Una pizca de nuez moscada recién rallada

150 ml (⅔ de taza) de leche entera

80 ml (⅓ de taza) de yogur natural

½ taza de zumo de manzana

1 cucharadita de extracto de vainilla

2 cucharaditas de miel o al gusto

1 taza de manzana picada (alrededor de 1 manzana mediana)

«EL SAÚCO ES UN ARBUSTO Y UN ÁRBOL, ES FLEXIBLE Y FIRME, ES MEDICINA Y ALIMENTO Y ES, AL MISMO TIEMPO, SUAVE Y FUERTE. ESTA PLANTA TAN IMPORTANTE ES LA PRIMERA QUE PRESENTO EN MIS RUTAS DE PLANTAS. LA INFUSIÓN DE SAÚCO NOS TRANSMITE SUS CUALIDADES EN SU AROMA A MIEL Y EN EL SABOR DE LA PROPIA MADRE NATURALEZA».

SUSAN MARYNOWSKI, HERBORISTA

CAPÍTULO 25

Saúco

En el valle de Methow, en el estado de Washington (EE. UU.) donde vivo, los saúcos se funden calladamente en el entorno durante la mayor parte del año. Sin embargo, justo después del equinoccio de verano, salen de su escondite. Empiezo a ver una flor aquí y otra allá y en seguida el paisaje aparece moteado de grandes flores blancas que anuncian con esplendor la presencia de estos arbustos. Luego, en otoño, las flores dan paso a grandes racimos de bayas moradas.

Tanto las flores como las bayas son estupendas para prevenir y tratar infecciones de las vías respiratorias altas como los resfriados y, muy especialmente, la gripe. De hecho, los preparados herbales con bayas de saúco han demostrado que son tan eficaces como los modernos fármacos antivíricos para combatir la gripe y, además, no tienen el peligro de producir ningún efecto perjudicial. Este es otro ejemplo más de cómo, a pesar de los avances de la ciencia moderna, las plantas continúan ofreciéndonos una medicina muy potente.

Nombre botánico: *Sambucus nigra, Sambucus nigra ssp. cerulea, Sambucus nigra spp. canadensis*

Familia: Adoxáceas

Partes utilizadas: Bayas, flores

Energética: Refrescante, secante

Sabor: Ácido (bayas), amargo (flores)

Propiedades (de las bayas): Antivíricas, inmunomoduladoras, ricas en antioxidantes, moduladoras de la inflamación

Propiedades (de las flores): Antivíricas, nervinas relajantes, diaforéticas relajantes, diuréticas, protectoras de la piel, ricas en antioxidantes

Usos de la planta: Resfriados y gripes, herpes, fortalece los ojos, fiebres, infecciones de oídos

Preparación de la planta: Infusión, oleomacerado, pomada, crema, tintura, jarabe

En Europa, el saúco se lleva utilizando desde tiempo inmemorial. En las excavaciones arqueológicas realizadas en yacimientos prehistóricos se han encontrado grandes cantidades de semillas, lo que indica que ya se consumió en la época magdaleniense (hace entre 9.000 y 17.000 años). También se han exhumado cabezas de lanza ceremoniales de sílex con forma de hojas de saúco, lo que nos da una idea de que era tan venerado entonces como lo es hoy[1].

Los saúcos continuaron siendo para los pueblos europeos una fuente importante de alimento, medicina y materia prima para fabricar herramientas, y en muchas regiones son los protagonistas de historias y mitos. Una de estas creencias populares era que cortar un saúco daba mala suerte. Si tenemos en cuenta lo medicinales que son, es evidente que cortarlo traía sin duda muy mala suerte.

ENERGÉTICA Y PROPIEDADES MEDICINALES DE LAS BAYAS DE SAÚCO

Los saúcos son unas plantas poderosamente medicinales. Desde hace más de mil años, los herboristas veneran sus propiedades y los mencionan en muchos textos históricos importantes. Aunque son famosos por su capacidad para acortar la duración de la gripe, también tienen otros muchos usos.

Estas bayas, ricas en flavonoides, pueden modular la inflamación y disminuir el estrés oxidativo. Los herboristas las recomiendan para fortalecer los ojos, para disminuir el dolor artrítico e incluso como tratamiento para que los brotes de herpes sean más cortos. También son muy importantes para la diabetes tipo 2, aunque harían falta estudios clínicos en seres humanos que lo confirmaran.

Si tenemos en cuenta la larga tradición de uso de las bayas de saúco, la experiencia personal de muchos herboristas y los ensayos clínicos positivos que existen, está claro que se van a realizar más investigaciones acerca de los efectos de las bayas de saúco contra las infecciones.

PARA COMBATIR INFECCIONES RESPIRATORIAS Y GRIPES

Las bayas de saúco, conocidas como «el botiquín del pueblo», tienen un historial muy antiguo de uso contra las infecciones de las vías respiratorias altas. De hecho, en un estudio se demostró que poseen unos componentes inmunomoduladores específicos que ayudan a combatir las enfermedades respiratorias[2].

En ensayos clínicos tanto en seres humanos como in vitro se ha demostrado la efectividad contra diversos virus de la gripe de un preparado a base de extracto de bayas de saúco[3]. En un ensayo doble ciego controlado con placebo, el 93,3 por ciento de los participantes que tomaron el preparado de saúco observó al cabo de dos días una mejoría significativa de los síntomas; en el grupo placebo, en cambio, se tardaron seis días en observar una mejoría en el 91,7 por ciento de los participantes[4]. Estos resultados fueron tan llamativos que impulsaron la popularidad del jarabe de bayas de saúco hasta convertirlo en uno de los remedios herbales más utilizados contra la gripe.

Estos resultados se confirmaron en otro ensayo clínico aleatorio, doble ciego y controlado con placebo realizado en Noruega. En él, los investigadores administraron a los participantes, 60 pacientes con síntomas de gripe desde hacía menos de 48 horas, 15 ml de jarabe de bayas de saúco o un placebo cuatro veces al día. Por término medio, los que recibieron el jarabe de bayas de saúco observaron un alivio en los síntomas cuatro días antes que los que tomaron el placebo. Y además, como beneficio añadido, los del grupo del jarabe de saúco tuvieron que emplear menos medicamentos para aliviar los síntomas[5].

Estudios in vitro han revelado que las bayas de saúco son eficaces contra muchas cepas distintas del virus de la gripe y también contra bacterias patógenas humanas[6]. Esto resulta especialmente importante porque una infección bacteriana contraída durante un episodio de gripe puede dar lugar a una neumonía grave. Durante la epidemia de gripe

H1N1 del año 2009 se realizaron unos ensayos *in vitro* con bayas de saúco que demostraron su eficacia contra este virus. Además, los investigadores descubrieron que los flavonoides de las bayas podían impedir la entrada de un virus en una célula hospedadora[7].

ENERGÉTICA Y PROPIEDADES MEDICINALES DE LAS FLORES DE SAÚCO

Antiguamente, las flores de saúco se utilizaban sobre todo externamente para tratar problemas de la piel. Pueden emplearse en infusión como solución para lavados o maceradas en aceite para preparar cremas o pomadas. Se dice que suavizan y rejuvenecen la piel, y el agua de flor de saúco fue un artículo de tocador femenino muy habitual. Estudios *in vitro* han demostrado que son un complemento muy útil en fórmulas cosméticas porque «cumplen los requisitos oficiales de los protectores solares gracias a su protección de amplio espectro contra los rayos UV combinada con su gran fotoestabilidad y sus notables propiedades antioxidantes»[8].

Aunque también se utilizan para combatir las infecciones de las vías respiratorias altas, el modo de empleo es distinto del de las bayas. A juzgar por mi propia experiencia y por los informes de muchísimos herboristas, las flores (como las bayas) poseen indudablemente propiedades inmunomoduladoras o antivíricas capaces de acortar un resfriado o una gripe. Las flores de saúco, al igual que las bayas, también se han utilizado para potenciar la salud de los ojos. Además, estudios *in vitro* han confirmado que la potente capacidad antiinflamatoria del extracto de flor de saúco resulta especialmente eficaz contra la periodontitis[9].

PARA COMBATIR LA FIEBRE

Hasta hace muy poco tiempo, la fiebre era algo muy temido y se creía que la mejor defensa era una reducción inmediata con fármacos como el paracetamol. Hoy en día, sin embargo, sabemos que es una respuesta importante y beneficiosa del sistema inmunitario. ¡Si la bajamos inmediatamente, estamos cortándole las alas a nuestro sistema inmunitario!

Las flores de saúco se utilizan a menudo para favorecer un proceso febril saludable. Como ya vimos en la sección de Picantes, algunas plantas picantes pueden potenciar la capacidad de las personas para calentarse. Se utilizan cuando una persona tiene fiebre y está destemplada y con tiritona. En etapas posteriores del proceso febril, el paciente puede notarse inquieto y acalorado pero sin sudar. Es entonces cuando se emplean las flores de saúco.

Estas flores permiten la salida del calor del cuerpo al dilatar los capilares cercanos a la superficie de la piel. En opinión del herborista jim mcdonald, es algo parecido a abrir una ventana en una habitación caliente y cargada. Aunque las flores de saúco no bajan artificialmente la fiebre, aportan alivio durante esta fase de calor e inquietud.

CÓMO UTILIZAR EL SAÚCO

Las bayas y las flores de saúco se pueden adquirir en las tiendas y ambas funcionan muy bien cuando están secas.

Si las utilizas para una enfermedad aguda, como una gripe o una fiebre, es preferible tomar dosis pequeñas con frecuencia en lugar de dosis mayores un par de veces al día.

Mis preparados favoritos para las bayas de saúco son los jarabes, los ojimieles y las decocciones. Muchos herboristas elaboran también una tintura (extracto alcohólico) con las bayas. Estas bayas pueden utilizarse para preparar un montón de cosas deliciosas como vino, jalea o mi preferida: un jarabe de chocolate y saúco que está delicioso con las tortitas.

CANTIDADES RECOMENDADAS

Las bayas de saúco son un alimento y pueden consumirse en grandes cantidades, como cualquier otro.

La dosis terapéutica es la siguiente:

En jarabe (bayas): Entre 1 cucharadita y 1 cucharada sopera cada hora.

En tintura (bayas secas): 1:4, 30 % de alcohol, 4 a 6 ml de 4 a 8 veces al día.

En tintura (flores secas): 1:5, 30 % de alcohol, 3 a 5 ml de 4 a 6 veces al día.

En infusión (flores): 15 gramos en dosis pequeñas a lo largo del día.

CONSIDERACIONES ESPECIALES

El consumo de las semillas crudas de las bayas puede provocar náuseas; al cocerlas, sin embargo, se disminuyen estos efectos.

He oído de algunas personas que compraron bayas de saúco en polvo que pueden provocar vómitos (presumiblemente porque las semillas están incluidas en el producto).

115 gramos (1 taza) de bayas de saúco secas

1 taza de zumo de manzana

9 gramos de raíz de regaliz

½ cucharadita de pimienta negra recién molida

3 gramos (1 cucharada sopera) de tomillo seco

5 gramos (2 cucharadas soperas) de romero seco

Miel al gusto (opcional)

JARABE DE BAYAS DE SAÚCO

Durante años he utilizado una versión de esta receta como remedio inmediato para evitar un resfriado o una gripe. Lo mejor es tomarlo en cuanto empiezan a aparecer los primeros síntomas. Ya sabes a qué me estoy refiriendo. Pueden empezar con picores de garganta o una fatiga repentina y escalofríos; esas primeras señales de aviso de que estás incubando algo.

También resulta más efectivo tomar dosis frecuentes y no solo un par de veces al día. En mí no es raro tomar una cucharada cada media hora o una hora.

Si pruebas la mezcla antes de añadir la miel, verás que es bastante dulce. Sin embargo, de la cantidad de miel que le pongas dependerá el tiempo que puede llegar a conservarse. Si pones la misma cantidad de miel que de zumo, te puede durar hasta un año. Yo suelo añadirle solo un poquito y consumo el jarabe en unos días.

Se obtienen aproximadamente 2 tazas

1. Introduce las bayas de saúco, el zumo de manzana, el regaliz, la pimienta negra y 2 tazas de agua en una cazuela mediana. Ponlo a fuego vivo y, cuando rompa a hervir, reduce el calor y deja que hierva lentamente, tapado, durante 20 minutos.

2. Una vez transcurrido ese tiempo, retira la cazuela del fuego. Añade el tomillo y el romero, remueve bien y deja reposar, tapado, durante 5 minutos.

3. Cuélalo bien. A mí me gusta hacerlo con una bolsa para jalea o una gasa de quesero para así exprimir todo el jugo.

4. Añade miel al gusto. Guárdalo en el frigorífico hasta el momento de utilizarlo.

INFUSIÓN DE FLORES DE SAÚCO

Durante siglos se han transmitido distintas versiones de esta receta y a menudo se atribuyen a la herborista Juliette de Bairacli Levy (siglo XX), que vivió un tiempo con gitanos europeos aprendiendo sobre las plantas. Yo he oído a mucha gente asegurar que este es su remedio favorito para aliviar los síntomas del resfriado y de la gripe. Lo mejor es poner la infusión caliente en un termo e ir tomándola a lo largo del día.

Se obtienen aproximadamente 2,5 tazas

1. Pon a hervir 3,5 tazas de agua.

2. Introduce todas las hierbas en un tarro de 1 litro. Cúbrelas con el agua recién hervida y remueve.

3. Deja reposar, tapado, durante 30 minutos. Una vez transcurrido ese tiempo, cuélalo bien.

4. Añade miel, si lo deseas, y tómalo caliente.

20 gramos (½ taza) de flores de saúco secas

9 gramos (¼ de taza) de hojas y flores de milenrama secas

15 gramos (2 cucharadas soperas) de escaramujos secos

4 gramos (2 cucharadas soperas) de menta seca

Miel al gusto (opcional)

SÉRUM FACIAL DE FLORES DE SAÚCO

½ taza de aceite de jojoba

10 gramos (¼ de taza) de flores de saúco secas

6 gramos de flores de caléndula secas

1 cucharadita de extracto antioxidante de romero

10 a 15 gotas de aceite esencial de lavanda

Aquí tienes una receta sensual que te protege la piel contra los daños del sol. No es un protector solar pero evita la oxidación y los daños producidos por los rayos UVA en la piel. Tiene una textura suave y sedosa pero no resulta grasiento. Utilízalo todos los días por la mañana y por la noche. Para ello, ponte una pequeña cantidad en las yemas de los dedos y frótalo sobre el rostro, el cuello, el pecho y todos aquellos lugares del cuerpo que reciban mucho sol. No tienes que usar una cantidad grande; si la utilizan dos personas, esta receta puede durar toda la temporada de sol.

Este sérum puede emplearse también para hidratar y rejuvenecer la piel. Yo lo preparo con aceite de jojoba porque me entusiasma su textura sedosa... pero es caro. Si lo deseas, puedes sustituirlo por aceite de semilla de uva, de hueso de albaricoque o de almendras.

Como la caléndula es una planta que pesa muy poco y tiene una forma peculiar, yo recomiendo utilizar una báscula para medirla con exactitud.

Se obtiene un poco menos de ½ taza

1. El primer paso consiste en elaborar el oleomacerado. Puedes hacerlo en una olla para baño María o en una olla de cocción lenta. Ten cuidado de que el aceite no se caliente demasiado para evitar que «fría» las plantas. La temperatura ideal es de 37 ºC (100 ºF).

2. *Con una olla para baño María:* Pon entre 2 y 5 centímetros (1-2 pulgadas) de agua en la parte inferior (también puedes llenar una cazuela con 2-5 centímetros de agua y colocar encima un recipiente que ajuste bien). Introduce el aceite de jojoba y las flores de saúco y de caléndula en la parte superior. Calienta a fuego bajo hasta que el aceite esté templado al tacto, apaga el fuego y tapa. Repite este proceso de calentar y enfriar cada hora o dos horas durante 24 o 48 horas (no hace falta que sigas haciéndolo durante la noche; puedes dejarlo descansar mientras duermes).

3. *Con una olla de cocción lenta:* Introduce el aceite de jojoba y las flores de saúco y caléndula en una olla de cocción lenta, una yogurtera o cualquier otro aparato de baja temperatura capaz de mantener el aceite a 37 °C (100 °F). Deja macerar entre 24 y 48 horas.

4. Una vez macerado el aceite, cuela las hierbas con varias capas de gasa de quesero, añade el extracto de romero y el aceite esencial y remueve bien.

5. Vierte el aceite en botellas con pulverizador. También puedes ponerlo en una botella con cuentagotas de las que suelen utilizarse para las tinturas o en cualquier botella pequeña y decorativa que cierre bien.

«EL TÉ ES ESE COMPAÑERO COTIDIANO QUE NUNCA
NOS FALLA. NOS CALIENTA CUANDO TENEMOS FRÍO...
O CUANDO EL MUNDO SE NOS MUESTRA COMO UN
LUGAR FRÍO; NOS DA FUERZA CUANDO ESTAMOS
AGOTADOS Y APORTA UNAS NOTAS ENCANTADORAS
A NUESTRAS REUNIONES».

KIM WALLER, AUTORA DEL LIBRO
THE PLEASURES OF TEA: RECIPES & RITUALS

CAPÍTULO 26

Té

Si tuviéramos que conceder a alguna planta el premio de ser la que más ha influido en los seres humanos, sin duda la ganadora sería el humilde té. Este arbusto ha conformado culturas enteras y desatado guerras y sus hojas siguen dándonos la bebida más consumida en todo el mundo hoy en día.

Desde hace miles de años, a la gente le gusta porque está muy rico y porque posee propiedades estimulantes similares a las del café. Hoy en día son cada vez más las personas que deciden tomarlo por la popularidad que han adquirido sus propiedades saludables. Pero además el té nos ofrece una ventaja que no suele dar pie a grandes titulares. Una taza nos brinda momentos preciosos de relajación y conexión, algo que en esta sociedad perennemente estresada puede ser la medicina más importante de todas.

Nombre botánico: *Camellia sinensis*

Familia: Teáceas

Partes utilizadas: Hojas

Energética: Refrescante, secante

Sabor: Ácido (astringente)

Propiedades de la planta: Estimulante, antioxidante, cardioprotectora

Usos de la planta: Energía, salud del corazón, salud bucal, resistencia a la insulina, diabetes tipo 2

Preparación de la planta: Infusión, especia culinaria

Las hojas de té crecen en un arbusto que, según se cree, proviene de algún lugar del suroeste asiático y el occidente de China. Como lleva tantísimos años cultivándose, resulta muy complicado delimitar su origen exacto. Algunos creen que, como sucede con la cúrcuma, ya no existe ninguna planta silvestre y todas las que tenemos hoy en día son cultivadas. Como los seres humanos llevan miles de años interactuando con esta planta, su historia es compleja, fascinante, en ocasiones sórdida y un tema que da pie a libros enteros. Si deseas más información sobre ella, te recomiendo el libro *Tea: History, Terroirs, Varieties*, de Kevin Gascoyne, Francois Marchand y Jasmin Desharnais.

TIPOS DE TÉ

Todos los distintos tipos de té que podemos encontrar, incluyendo el negro, el verde, el blanco, el oolong y el pu-erh, proceden de la misma planta, *Camellia sinensis*. Si tenemos en cuenta las grandes diferencias que existen entre el té negro y el verde, el hecho de que ambos provengan de una sola planta resulta bastante sorprendente.

La región en la que se cultiva, la forma en la que se recolecta y cómo se procesa y seca son factores que influyen en el producto final. Una de las diferencias principales entre los distintos tipos de té es el grado de oxidación. El té negro está muy oxidado, el verde no lo está en absoluto, el oolong está parcialmente oxidado y el pu-erh está envejecido y fermentado. Cada uno de estos métodos de elaboración da lugar a un té completamente distinto.

ENERGÉTICA Y PROPIEDADES MEDICINALES DEL TÉ

El té es rico en antioxidantes y flavonoides, sobre todo catequinas, y se ha comprobado que resulta muy útil para el corazón, la salud oral, la piel, el síndrome metabólico y el cáncer. Su consumo favorece la salud de muchas formas distintas, pero yo te invito a que, de forma regular, dediques un rato de sosiego a tomarte una taza en lugar de bebértela rápidamente mientras sales por la puerta. Esto mejorará tu salud emocional y espiritual, además de la física.

PARA EL CORAZÓN

No hay duda de que incluir el té entre nuestras bebidas cotidianas resulta muy beneficioso para el corazón. Numerosos estudios han demostrado su capacidad para proteger este órgano de diversas formas. Disminuye la presión arterial y la variabilidad de la frecuencia cardíaca (una señal de la existencia de una cardiopatía)[1, 2]. También se ha comprobado que el consumo regular disminuye los perfiles lipídicos e impide la oxidación de las arterias, con lo que previene o reduce el avance de la aterosclerosis[3]. Además, reduce la proteína C-reactiva y la activación plaquetaria, dos factores que suponen un gran esfuerzo para el corazón[4].

PARA COMBATIR LA RESISTENCIA A LA INSULINA Y LA DIABETES TIPO 2

Son muchos los estudios que se han realizado sobre la capacidad que tiene el té para influir positivamente sobre el síndrome metabólico y la diabetes tipo 2. En un ensayo controlado por placebo se indicó a los participantes, personas mayores, que hicieran ejercicio durante 30 minutos al día, 6 días a la semana, durante 12 semanas. Al final del ensayo, los que tomaron tres tazas de té verde al día habían perdido mucho más peso y mostraban una mejoría significativa en indicadores metabólicos como los niveles de insulina en ayunas y de glucosa en sangre[5].

Otro ensayo clínico, esta vez realizado con pacientes obesos con síndrome metabólico, midió los efectos de tomar cuatro tazas de té verde al día. Al cabo de ocho semanas, los que tomaron té mostraron una disminución significativa de peso corporal, biomarcadores de estrés oxidativo y niveles de colesterol. El estudio concluyó que los flavonoides del té verde ofrecían múltiples beneficios para las personas con síndrome metabólico[6].

PARA LA SALUD ORAL

Usar el té para tener dientes y encías sanos puede parecer algo extraño, pero diversos ensayos clínicos han revelado algunos aspectos interesantes por los cuales el té verde favorece la salud oral. En uno de ellos, los pacientes que utilizaron un colutorio de té verde tras la extracción quirúrgica de la muela del juicio sufrieron mucho menos dolor y tomaron menos analgésicos que los que emplearon un colutorio placebo[7]. Otro reveló que aclararse la boca durante cinco minutos con una mezcla al 2 por ciento de té verde producía un efecto positivo en la placa dental y era una forma barata de prevenir la aparición de caries[8].

PARA REDUCIR EL ESTRÉS

Vivimos en una sociedad con estrés crónico. La mayoría de nosotros estamos abrumados, ya sea por el trabajo, por nuestro papel en casa o por nuestras responsabilidades con la comunidad. Vivimos repasando constantemente nuestras listas de tareas pendientes mientras pasamos corriendo de una a otra. Los problemas de trabajo, dinero y salud nos mantienen en un estado permanente de preocupación y este estrés crónico nos está matando.

Los efectos negativos del estrés crónico desempeñan un papel importante en nuestra felicidad cotidiana y favorecen la aparición de muchas enfermedades crónicas. De hecho, se ha relacionado con las seis causas principales de mortalidad en los países occidentales[9]. En una encuesta realizada para la Asociación Estadounidense de Psicología, el 77 por ciento de los que respondieron a las preguntas afirmaron que sufren de forma regular síntomas físicos derivados del estrés[10].

El estrés crónico está tan implantado en nuestra sociedad que va a hacer falta un cambio sociocultural drástico para mejorar la situación. Mientras tanto, puedes plantearte realizar algunos cambios en tu vida diaria para compensar este estrés cultural. Yo te recomiendo que empieces por hacer una paradita diaria para tomar un té. No es una oportunidad para comprobar tus listas de asuntos pendientes ni para darle más vueltas a tus problemas diarios, sino que debes usarla para dar un descanso a tu mente y aprovechar la oportunidad de conectarte contigo mismo, de

relajarte totalmente o quizá de conectarte sinceramente con otra persona (en este mismo capítulo he incluido una receta y unas indicaciones para conseguirlo).

CÓMO UTILIZAR EL TÉ

Mientras preparaba esta sección del libro, hice una visita a la tienda Floating Leaves Tea Shop, de Seattle, para recibir una clase sobre el té oolong que daba su propietaria, Shiuwen Tai, una apasionada del arte del té como forma de contemplación y conexión. Afirma, por ejemplo, que el té en bolsita no solo es inferior al que se vende a granel en lo que se refiere a la calidad, sino que además, cuando lo utilizamos, perdemos la conexión con las hojas.

De hecho, la mayor parte del té que se consume en los países occidentales es embolsado o en bebidas preelaboradas. Si lo que quieres es tomar té por motivos de salud, es preferible que no los utilices. Busca, más bien, té a granel ecológico y de comercio justo en tiendas especializadas o en internet.

Shiuwen me contó también que los grandes conocedores son capaces de tomar un sorbo y saber la montaña de la que procede. Aunque muchos jamás llegaremos a ese nivel de discernimiento, disfrutar regularmente de una taza de té estando presentes en el momento nos aporta paz y satisfacción, algo de lo que muchos carecemos y que añoramos en nuestras vidas tan ajetreadas.

CANTIDADES RECOMENDADAS

Aunque el té aporta muchos beneficios para la salud, es cierto que contiene cafeína. La cantidad saludable que puede disfrutarse al día varía de una persona a otra y también según el tipo de té de que se trate. Aunque voy a recomendar una cantidad concreta, en último término tendrás que determinar tú mismo cuál es la que te va mejor. ¿Te tomas una taza y ya estás como un flan? ¿Te cuesta dormir por la noche si tomas té a lo largo del día? Estas son señales de que quizá el té no te vaya bien.

La cantidad terapéutica es la siguiente:

En infusión: 1 o 2 cucharaditas infusionadas en 1 taza de agua de 3 a 5 veces al día.

CONSIDERACIONES ESPECIALES

Todos los tés contienen cafeína y las personas a las que esta no les sienta bien pueden sentirse excesivamente estimulados. El té negro es el que más cafeína contiene y el verde, el que menos.

La mayoría del té que se vende en las tiendas, sobre todo el de las bolsitas y las bebidas instantáneas, es de muy mala calidad. Se ha comprobado que este té de mala calidad contiene grandes concentraciones de toxinas como flúor y metales pesados. Para obtener el máximo beneficio para tu salud, compra té ecológico a granel.

Gran parte del té se recolecta a mano y mucho puede también procesarse de esta forma. Busca té de comercio justo para asegurarte de que las personas que participan en la recolección y la elaboración del que te vas a tomar recibieron un sueldo justo por su trabajo y fueron tratados con respeto.

10 a 15 gotas de aceite
esencial de bergamota

1 taza de té negro a granel
(a mí me gusta el Assam)

20 gramos (¼ de taza) de
cáscara de naranja seca*

2 cucharadas soperas de
aciano seco (opcional)

1 grano de vainilla muy picado

Nata al gusto (opcional)

Miel al gusto (opcional)

* La corteza de naranja
seca que se compra en las tiendas está picada en trocitos pequeños y uniformes. Si la preparas tú mismo, asegúrate de picar
muy bien las cortezas antes de
secarlas porque, una vez secas,
resultan difíciles de cortar.

ELABORA TU PROPIO TÉ
EARL GREY

El té Earl Grey es un té aromatizado con bergamota (*Citrus bergamia*), un fruto cítrico originario de Italia y otras regiones mediterráneas. Cuando se creó, es probable que se mezclara con cáscaras de bergamota, pero hoy en día suele elaborarse con aceite esencial.

Este té es muy fácil de preparar en casa y esto, además, te permite hacerlo todo lo fuerte que quieras. Si quieres un sabor más sutil, añade poca cantidad de aceite esencial. Si te gusta más fuerte, ponle más. El aciano (*Centaurea cyanus*) no le añade mucho sabor pero consigue una mezcla estupenda; si no lo encuentras, puedes prescindir de él sin problemas.

Se obtienen 1,25 tazas de té a granel, entre 30 y 60 raciones

1. Vierte el aceite esencial de bergamota en un tarro de vidrio de 1 litro. Tapa el tarro y agítalo bien para distribuir el aceite esencial por todas partes.

2. Añade las hojas de té. Vuelve a tapar y a agitar bien durante 30 segundos. A continuación, incorpora el resto de los ingredientes y agita bien de nuevo.

3. Aunque se puede utilizar inmediatamente, a mí me gusta dejarlo reposar durante un par de días para que los sabores se combinen. Guárdalo en un lugar fresco y oscuro y utilízalo en un plazo máximo de 6 meses.

4. *Para preparar la infusión:* Pon a calentar 300 ml (1 ¼ tazas) de agua. Pon 1 o 2 cucharaditas del té en una taza con filtro o en un filtro de té grande. Evita apelotonar las plantas en un filtro pequeño; es preferible que tengan sitio para expandirse y moverse.

5. Cubre el té con el agua recién hervida. Deja reposar, tapado, entre 3 y 5 minutos. Una vez transcurrido ese tiempo, cuélalo.

6. Disfrútalo inmediatamente con nata y miel al gusto.

UNA PAUSA CON TÉ OOLONG

Puedes tomar todas las hierbas y especias del mundo para mejorar tu salud, pero, si nunca te dedicas unos minutos a ti, tus esfuerzos no van a servir para nada. En esta receta, lo importante no es solo el té. Lo que pretende es también que dediques un rato a descansar y a estar contigo mismo.

Aunque tomar cualquier tipo de té puede ser una forma estupenda de relajarse y de hacer una pausa en la jornada, en este caso he elegido un sencillo té oolong porque estoy enamorada de él desde que di una clase con Shiuwen. Una de las cosas que mencionó en la clase fue la diferencia que existe entre enseñar a preparar un té en Estados Unidos y hacerlo en Taiwán. En su opinión, los estadounidenses se preocupan mucho por tener unas instrucciones precisas. Quieren saber la temperatura exacta a la que debe estar el agua, cuánto té tienen que usar o cuánto tiempo deben dejarlo reposar. En lugar de centrarnos en esos detalles, el objetivo de esta receta es que te relajes con la preparación del té. Con el tiempo descubrirás tus preferencias personales.

He estado tomando una mezcla de oolong llamada Oriental Beauty. No es demasiado sofisticada y lo que me gusta de ella es precisamente su sencillez y su sabor ligeramente dulce. Además, es bastante permisiva con el tiempo de reposo y no queda demasiado astringente cuando se deja mucho tiempo.

Se obtiene una cantidad variable

1. Pon agua a calentar. Cuando haya roto a hervir, déjala reposar durante uno o dos minutos.

2. Introduce té oolong a granel en una taza pequeña. La cantidad deberá ser la suficiente para cubrir el fondo de la taza.

3. Vierte agua caliente sobre el té hasta llenar la taza. Deja reposar. Llegará un momento en que las hojas se hundan al fondo de la taza.

4. Deja a un lado tus listas de tareas pendientes y todas tus preocupaciones. Busca un lugar tranquilo y disfruta de tu té oolong.

Hojas de té oolong

1 taza de aceite de jojoba

30 gramos de hojas de té verde

10 gramos de pétalos de rosa secos

1 gramo de raíz de alkanna (alkanet) (opcional: tiñe el aceite de rojo y nos permite darle un color rosa a la crema)

20 gramos de cera de abeja

25 gramos de aceite de coco

20 gramos de manteca de karité

60 ml (⅓ de taza) de hidrosol de rosa

60 ml (⅓ de taza) de gel de aloe vera

1 cucharadita de extracto antioxidante de romero

15 gotas de aceite esencial de geranio (opcional)

10 gotas de aceite esencial de pomelo (opcional)

8 gotas de aceite esencial de amaro (opcional)

CREMA FACIAL DE TÉ VERDE Y ROSA

Una de las recetas de la herborista Rosemary Gladstar que más me gustan es la de la «Crema perfecta». A lo largo de estos años, yo he creado mis propias versiones de ella. ¡Sé que es un éxito porque mis amigas no muestran ninguna vergüenza a la hora de pedirme otro tarro!

Tengo que admitir que, probablemente, esta sea la receta más complicada del libro, pero, si te gustan las cremas faciales refinadas y nutritivas, aprender a hacerlas tú mismo te abrirá la puerta a un mundo nuevo de lujo y refinamiento. La mayoría de las cremas para la cara que venden en las tiendas —incluso las que anuncian como «completamente naturales»— contienen todo tipo de ingredientes raros. Esta, en cambio, está repleta de ingredientes nutritivos y estupendos para la piel.

Muchos de estos ingredientes tienen forma desigual, por lo que necesitarás una báscula para medirlos al peso.

Como la crema no contiene ningún conservante agresivo, asegúrate de que todo lo que uses para elaborarla (utensilios, cuencos, batidora, etc.) esté bien limpio. Debes comprobar también que todo esté seco. Si entra agua en la mezcla, tiene más probabilidades de estropearse. En los muchos años que llevo haciendo esta receta, solo se me ha estropeado una vez. En esos casos, le sale moho.

El aceite de jojoba es muy suntuoso. Tiene una gran estabilidad y la piel lo absorbe con facilidad. Pero también es caro. Puedes sustituirlo por aceite de almendras, de semilla de uva o de hueso de albaricoque. El antioxidante de romero puede adquirirse en farmacias herbales. Además de facilitar la conservación de los aceites, protege la piel.

Y un consejo para recoger todo fácilmente cuando termines: limpia todas las superficies que se hayan engrasado con una servilleta de papel antes de lavarlas con agua jabonosa caliente.

Se obtienen 1,5 tazas

---

1. El primer paso consiste en macerar el aceite con las hierbas. Pon entre 2 y 5 cm (1-2 pulgadas) de agua en el fondo de una olla para baño María. Introduce el aceite en la parte superior. Añade

el té verde, los pétalos de rosa y el alkanet (si vas a utilizarlo) y remueve bien. Enciende el fuego y calienta el aceite hasta que esté templado al tacto (unos 37 °C - 100 °F). Una vez alcanzada esa temperatura, retira del fuego. Calienta el aceite entre 3 y 5 veces al día durante 1 o 2 días. También puedes hacerlo en una olla de cocción lenta modificada o en una yogurtera siempre y cuando la temperatura del aceite no supere los 43 °C (110 °F).

2. Cuando las plantas y el aceite ya se hayan macerado, cuela las hierbas y reserva el aceite. Para escurrirlo te recomiendo que uses una gasa de quesero para exprimir bien todo el aceite de las hierbas. Una vez coladas las plantas, tendrás unos 180 ml (¾ de taza) de aceite de jojoba. Si te ha quedado menos, añade más aceite puro hasta llegar a esa cantidad.

3. En una olla para baño María, calienta la cera de abeja, el aceite de coco y la manteca de karité hasta que se fundan. Añade el aceite y remueve hasta obtener una mezcla líquida (a mí me gusta utilizar un palito de madera para que luego no me cueste mucho limpiar).

4. Vierte la mezcla templada en un robot de cocina o en el vaso de la batidora. Deja enfriar justo hasta que se solidifique.

5. Mezcla el hidrosol de rosa, el aloe vera, el antioxidante de romero y los aceites esenciales, si has decidido emplearlos. El siguiente paso consiste en emulsionarlo todo con los aceites. Para ello, lo mejor es que ambas mezclas estén más o menos a la misma temperatura.

6. Pon en marcha el robot de cocina o la batidora con los aceites y ve añadiendo poco a poco en chorrito la mezcla acuosa. Sigue batiendo hasta que el conjunto haya adquirido la consistencia de una crema densa. No batas demasiado. En caso necesario puedes utilizar una espátula para rebañar los lados del vaso y alrededor de las cuchillas mientras se está batiendo.

7. Con una cuchara, pasa la crema a unos recipientes. Guárdala en un lugar fresco y oscuro o en el frigorífico.

8. *Modo de empleo:* Coge una cantidad muy pequeña de crema y masajea con ella el rostro y el cuello justo después de haberlos lavado con agua templada. Es posible que al principio notes una sensación grasa, pero en seguida se absorberá y te dejará la piel sedosa y suave. Utilízala en un plazo máximo de 3 meses.

amargas

«DADNOS A LOS HERBORISTAS LAS HOJAS
DE ALCACHOFA Y CUIDAREMOS DE TODOS
LOS HÍGADOS CANSADOS».

CHRISTOPHE BERNARD, HERBORISTA Y FUNDADOR
DE ALTHEAPROVENCE.COM

CAPÍTULO 27

Alcachofa

A primera vista, quizá te parezca raro que haya incluido las alcachofas en un libro sobre hierbas y especias, pero lo cierto es que llevan mucho tiempo utilizándose como alimento y como medicina. Están entre las verduras con más densidad de antioxidantes que existen. Sus altos niveles de fibra e inulina (un prebiótico) las convierten en un aliado estupendo de la salud digestiva. A lo largo de la historia se han empleado para potenciar la salud del hígado y en su momento fueron tristemente utilizadas con fines afrodisíacos.

Por muy estupenda que sea la alcachofa como verdura, en esta sección vamos a ver en concreto las hojas. Lo que comemos (y vemos en las fruterías) es el capullo de la flor. Las hojas están más abajo y son amargas. Los herboristas las utilizan desde hace mucho tiempo para fortalecer la salud del hígado y favorecer la digestión. Investigaciones recientes están confirmando estos usos y resaltando la capacidad de estas hojas para reducir los niveles elevados de colesterol.

Nombre botánico: *Cynara scolymus*

Familia: Asteráceas / compuestas

Partes utilizadas: Hojas, capullo (verdura)

Energética: Refrescante, secante

Sabor: Amargo

Propiedades de la planta: Tónico amargo, hepatoprotectora, cardioprotectora, colerética, colagoga

Usos de la planta: Niveles elevados de colesterol, mejorar la salud del hígado y del corazón, dificultades con la digestión

Preparación de la planta: Tintura, infusión, mezclas digestivas amargas

L a alcachofa que conocemos hoy en día es un tipo de cardo que probablemente deriva de su prima la alcachofa silvestre o alcaucil. Se considera originaria del norte de África o de Sicilia. Se sabe que los antiguos griegos y romanos ya la consumían y que empleaban las hojas con fines medicinales, pero parece ser que, con la caída del Imperio Romano, cayó en desuso. En la Edad Media la tomaba la élite de Europa occidental y en el siglo XVIII ya se cultivaba en Norteamérica.

ENERGÉTICA Y PROPIEDADES MEDICINALES DE LAS HOJAS DE ALCACHOFA

Las hojas de alcachofa fortalecen la digestión, mantienen sano el hígado y favorecen la salud del corazón. Si se toman de forma regular, potencian las estrategias naturales de que dispone el organismo para depurarse. Cuando las vías de depuración funcionan bien, nos sentimos llenos de energía durante todo el día. Nuestra piel y nuestro cabello tienen un aspecto saludable, digerimos bien los alimentos y nuestras hormonas están equilibradas, lo que significa que todo nuestro cuerpo está sano y feliz.

PARA LA DIGESTIÓN

Uno de los secretos de las propiedades de las hojas de alcachofa es su sabor amargo. Aunque la mayor parte de la gente detesta el sabor amargo fuerte, los herboristas están obsesionados con él y lo consideran uno de los más importantes para tener una digestión saludable.

¿Cómo puede un sabor ser bueno para la digestión? El sabor amargo constituye un desafío. Además de suponer un reto para nuestras papilas gustativas, estimula todo el aparato digestivo. Nuestro organismo lo considera algo potencialmente venenoso y por eso, cuando lo detecta, se pone en situación de alerta máxima y empieza a segregar jugos digestivos para mitigar cualquier veneno que haya podido entrar en él. Cuando saboreas alimentos y hierbas amargos con regularidad, tu organismo está siempre revolucionado y listo para ponerse en marcha. Sin estos sabores fuertes, la digestión puede volverse lenta y

perezosa y provocar la aparición de gases, hinchazón, estreñimiento y otros trastornos digestivos. Dicho de otra manera, necesitamos tomar algo amargo todos los días para tener una buena digestión.

Los herboristas clasifican las hojas de alcachofa como coleréticas y colagogas. Los coleréticos estimulan la producción de bilis en el hígado y los colagogos estimulan su salida de la vesícula biliar. La bilis ayuda al organismo a descomponer y absorber la grasa y es también una parte importante de nuestro sistema depurativo natural. Por eso, la hoja de alcachofa está especialmente indicada cuando a una persona le cuesta digerir los alimentos pesados y las grasas.

Al poner a prueba a todo el aparato digestivo, la hoja de alcachofa fortalece la digestión de varias formas distintas. Por un lado, estimula la producción de saliva en la boca, lo que ayuda a descomponer los hidratos de carbono. Eso a su vez estimula la secreción de enzimas digestivas en el estómago. Además, estimula también la secreción de enzimas digestivas pancreáticas. El flujo de todos estos jugos digestivos indica al colon que debe realizar sus movimientos peristálticos naturales, con lo que ayuda a evitar el estreñimiento y mantiene el movimiento intestinal regular.

Los investigadores han estado estudiando los efectos positivos de las hojas de alcachofa en personas con problemas digestivos en general y en aquellas a las que se ha diagnosticado síndrome del intestino irritable (SII). En un estudio se dividió a 244 personas con dispepsia funcional (molestias en la parte superior del abdomen) en dos grupos. Uno de ellos recibió hoja de alcachofa y el otro, un placebo. Al cabo de seis semanas, los análisis de los que tomaban hoja de alcachofa dieron unos resultados significativamente mejores en lo que se refiere a los síntomas digestivos que padecían[1]. Los investigadores hicieron también un sondeo en pacientes diagnosticados con SII a los que se había administrado hoja de alcachofa y el 96 por ciento de ellos respondió que este tratamiento era mejor o igual que cualquiera de las terapias que habían recibido anteriormente[2].

PARA LA SALUD DEL HÍGADO

Las hojas de alcachofa estimulan la producción de bilis en el hígado y son un aliado poderoso para este órgano depurativo. Los científicos han identificado dos componentes de estas hojas que actúan como protectores del hígado. Uno de ellos, la cinarina, se encuentra solo en las alcachofas. El segundo, la silimarina, es muy conocido porque está presente en el cardo mariano, otra maravillosa planta hepatoprotectora que se ha utilizado para proteger contra la toxicidad hepática a las personas que han consumido setas venenosas por accidente.

Las alcachofas son también extremadamente ricas en antioxidantes, lo que refuerza aún más su acción hepatoprotectora. Su consumo regular y el uso de las hojas puede proteger el hígado de las sustancias químicas perjudiciales que están presentes en nuestro entorno (contaminantes, pesticidas, etc.).

CONTRA EL COLESTEROL ALTO Y LA HIPERTENSIÓN

Christophe Bernard, herborista y fundador de Altheaprovence.com, escribe: «La alcachofa es una planta muy fiable para proteger el hígado y disminuir los lípidos. Es una de las que siempre utilizo para tratar a las personas que sufren síndrome metabólico con niveles elevados de colesterol y triglicéridos. Si lo pensamos bien, el mundo hace crecer esta planta tan voluminosa para que aprovechemos las pocas flores que llevamos a nuestro plato. ¿Y qué sucede con la gran masa de hojas? Se desecha. ¡Pues eso se ha terminado! Dadnos a los herboristas las hojas de las alcachofas y cuidaremos de todos los hígados cansados»[3].

Aunque los herboristas llevan mucho tiempo utilizando las alcachofas y las hojas de la planta para reforzar el hígado y mejorar la digestión, los investigadores han confirmado también que las hojas son una planta muy potente para el corazón. Se ha comprobado que los extractos de hoja de alcachofa reducen los niveles elevados de colesterol y disminuyen ligeramente la hipertensión arterial. Aunque no se conocen con exactitud sus mecanismos de acción, lo más probable es que, al reforzar la salud del corazón, deja al organismo más capacitado para metabolizar el colesterol. Como la mayoría de los desequilibrios en el nivel de colesterol están provocados por una inflamación sistémica y complicaciones en la

resistencia a la insulina, otra vía por la que la alcachofa puede beneficiarnos es quizá su gran concentración en antioxidantes que ayudan a controlar la inflamación.

En un ensayo clínico doble ciego y controlado con placebo se administró extracto de hoja de alcachofa a 46 personas con colesterol alto. Al cabo de ocho semanas, los pacientes mostraron una mejoría significativa en sus perfiles lipídicos que incluía un aumento del HDL (el colesterol «bueno») y una disminución del LDL (el colesterol «malo») y del colesterol total[4].

Es raro que una planta produzca solo un beneficio y esto también sucede con las alcachofas y la salud del corazón: Los investigadores han demostrado que el zumo de alcachofa mejora la función endotelial en adultos con un nivel de colesterol ligeramente elevado[5]. La disfunción endotelial constituye una de las primeras etapas de las cardiopatías ateroscleróticas.

CÓMO UTILIZAR LA ALCACHOFA

Las hojas de alcachofa pueden utilizarse en tintura, en infusión o en cápsulas. A mí, como más me gusta es en mezclas digestivas amargas (como en las siguientes recetas), pero, para recibir todos sus beneficios, es necesario tomarlas en cantidades mayores (en una tintura o infusión). Como son muy amargas, resulta difícil tomar demasiadas.

Recuerda que las hojas de alcachofa no son lo que venden en las fruterías. Hay que pedirlas a empresas de productos herbales.

CANTIDADES RECOMENDADAS

La dosis terapéutica de la alcachofa es la siguiente:
En infusión o en cápsula: de 2 a 6 gramos al día.
En tintura: 1:5, 30 % de alcohol, de 3 a 5 ml 3 veces al día[6].

CONSIDERACIONES ESPECIALES

No debes consumir hojas de alcachofa si sabes que tienes una obstrucción en las vías biliares.

INFUSIÓN AMARGA DE ALCACHOFA

No te voy a mentir. Esta infusión no va a ser la más rica que hayas tomado en tu vida. Lo que sí va a ser es *amarga*. Y, como ya sabes, el amargo es un sabor importantísimo para estimular la digestión. Yo he intentado suavizar un poco este amargor mezclando las hojas de alcachofa con hierba limón y jengibre, dos plantas muy aromáticas. Un poquito de miel aporta complejidad a la infusión sin empañar sus beneficios amargos. Tómala despacio antes o después de una comida para estimular la digestión.

Se obtienen 300 ml (1,25 tazas)

1. Pon a hervir 300 ml (1 ¼ tazas) de agua. Introduce las hierbas en una taza con filtro o en un filtro de té grande. Evita apelotonar las hierbas en un filtro pequeño; es preferible que tengan sitio para expandirse y moverse.

2. Vierte el agua recién hervida sobre las hierbas. Tapa y deja reposar durante 5 minutos. Una vez transcurrido ese tiempo, cuela. Si deseas que esté un poco más dulce, puedes añadir miel.

Un pellizco pequeño de hojas de alcachofa secas

1 cucharada sopera de hierba limón seca

½ cucharadita de jengibre en polvo

Miel al gusto (opcional)

AMARGOS DE ALCACHOFA Y NARANJA

20 gramos (¼ de taza) de bayas de espino albar secas

30 gramos (¼ de taza) de raíz de diente de león seca

5 gramos (1 cucharada sopera) de semillas de hinojo

3 gramos (1 cucharadita) de pimienta negra recién molida

7 gramos (¼ de taza) de hibisco entero

1 gramo (1 cucharada sopera) de hojas de alcachofa

5 gramos (2 cucharadas soperas) de semillas de cilantro

1 naranja ecológica entera picada (incluidas la corteza y las semillas)

Entre ¼ y ½ taza de miel al gusto

3 tazas de vodka (aproximadamente)

Aquí tienes una mezcla amarga deliciosa que puedes tomar entre 15 y 20 minutos antes de comer para estimular la digestión (yo tengo siempre una botellita en la mesa y en el bolso para que esté a mano en todo momento). Aunque el alcohol conserva la mezcla y consigue una forma muy cómoda de tomar la hierba, la cantidad que se consume cada vez es mínima. A mí me gusta poner una o dos cucharaditas en un vaso de agua con gas y preparar así un cóctel con poco alcohol.

He incluido medidas de volumen y de peso en esta receta porque algunos de los ingredientes resultan complicados de medir. Utiliza la medida que te resulte más cómoda.

Se obtienen aproximadamente 2 tazas

1. Introduce todas las hierbas y especias y la naranja en un tarro de 1 litro.

2. Añade la cantidad de miel que desees.

3. Rellena el tarro con vodka. Remueve bien. Tápalo. Agita una o dos veces al día.

4. Pruébalo al cabo de una semana. Si te gusta cómo se han infusionado los sabores, cuela las hierbas y reserva el alcohol. También puedes dejarlo en infusión una semana más.

5. Toma media cucharadita o entre 5 y 10 gotas con una pequeña cantidad de agua unos 15 minutos antes de comer o cuando te acuerdes. Te durará indefinidamente. Guárdalo en una botella oscura o en un lugar alejado de la luz.

«SI EL CACAO FUERA UN FÁRMACO, ESTARÍAN
CONSTANTEMENTE ENSALZÁNDOLO COMO LA MEJOR
DE LAS MEDICINAS Y SU DESCUBRIDOR CONSEGUIRÍA
EL PREMIO NOBEL DE MEDICINA».

CHRIS KILHAM, HERBORISTA Y AUTOR DE
TALES FROM THE MEDICINE TRAIL

CAPÍTULO 28

Cacao

Para cuando el cacao llega a las estanterías de las tiendas de alimentación convertido en chocolate, resulta difícil imaginar que los ingredientes principales de las tabletas procedan de una planta. Sin embargo, durante miles de años los seres humanos han cultivado el árbol del cacao y se han dedicado a perfeccionar el proceso de convertir los granos en las múltiples creaciones sibaríticas y suaves del chocolate actual.

La mayoría de la gente toma chocolate porque está rico, pero los productos a base de cacao de calidad tienen unos efectos muy positivos en la función cardiovascular, en la resistencia deportiva y en la función cognitiva. En líneas generales, hacen que el corazón esté más sano y que el cerebro sea más inteligente. Por algo el nombre botánico del género significa 'alimento de los dioses'.

Nombre botánico: *Theobroma cacao*

Familia: Malváceas

Partes utilizadas: Semillas fermentadas

Energética:: Calorífica

Sabor: Amargo

Propiedades de la planta: Cardioprotectora, neuroprotectora, moduladora de la inflamación, nervina estimulante

Usos de la planta: Mejora el estado de ánimo, disminuye la tensión arterial, aumenta la sensibilidad a la insulina, ayuda a tener niveles saludables de colesterol, potencia la salud cerebral, disminuye la inflamación

Preparación de la planta: Bebida, golosina, alimento

Cuando entras en una tienda y te paras delante de la estantería del chocolate, quizá no seas consciente de ello pero estás contemplando una de las plantas más populares de todos los tiempos. Los árboles del cacao, venerados por los pueblos de América Central y del Sur, crecen hoy en día en regiones tropicales de todo el mundo para satisfacer la obsesión mundial por el chocolate.

Lo más probable es que su origen estuviera en Venezuela y que con el tiempo el hombre extendiera su cultivo por toda la selva amazónica. Al menos ya en el año 2000 a.C. los seres humanos consumían cacao como alimento, bebida y medicina. Con el tiempo, los granos llegaron a convertirse en la moneda preferida de estas zonas. En el Imperio Azteca existía tal pasión por esta planta que los impuestos se pagaban con ella.

En 1519 el rey azteca Moctezuma ofreció una bebida de chocolate (con vainilla y cayena) al conquistador español Hernán Cortés. Cuando este trajo el chocolate y la vainilla de vuelta a España en el año 1528, la bebida se convirtió en la preferida de las clases altas. En una carta escrita al rey Carlos V, Cortés define el cacao como «la bebida divina que da energía y combate la fatiga»[1].

ENERGÉTICA Y PROPIEDADES MEDICINALES DEL CACAO

Las habas de cacao son ricas en polifenoles, unos micronutrientes con propiedades antioxidantes. Los flavonoles del cacao forman parte de los flavonoides, una subclase de los polifenoles, y han sido muy estudiados por sus múltiples beneficios para la salud. De todas formas, es importante señalar que, aunque muchos de los ensayos clínicos en seres humanos que se han hecho hasta la fecha se han basado en componentes aislados del cacao, para obtener el máximo beneficio es aconsejable consumir todo el grano.

PARA EL CORAZÓN

¿Alguna vez has oído contar cómo se descubrieron los increíbles beneficios del cacao? A finales de los años noventa del pasado siglo, los investigadores se preguntaban por qué en una isla cercana a la costa de Panamá las cardiopatías eran muy raras, mientras que en el Panamá continental eran muy frecuentes. Acudieron a la isla y descubrieron que el pueblo kuna que la habitaba tomaba al día muchas tazas de una bebida elaborada a base de cacao. Llevaron muestras para estudiarlas y descubrieron que el cacao es riquísimo en flavonoides y antioxidantes que protegen contra las enfermedades del corazón[2].

Desde entonces se han realizado muchísimos estudios científicos sobre esta planta y los resultados han sido muy notables. En su libro *Especias curativas*, Bharat Aggarwal analiza: «Todos los estudios demuestran que los flavonoles del cacao son capaces de desarmar los radicales libres que dañan las células, de conservar las membranas celulares, de proteger el ADN, de prevenir la formación de placas en las arterias, de bajar la presión sanguínea y de prevenir la aparición de coágulos de sangre que puedan provocar un infarto o un ictus»[3].

Concretamente, algunos estudios han demostrado que el chocolate negro reduce la hipertensión arterial, aumenta la HDL (la lipoproteína protectora) e incluso incrementa la sensibilidad a la insulina, con lo que disminuye el riesgo de diabetes [4, 5, 6]. Aunque muchos estudios *in vitro* están demostrando la capacidad del cacao para reducir niveles de inflamación relacionados con cardiopatías y otras dolencias crónicas del corazón, los investigadores están pidiendo ensayos clínicos bien diseñados en seres humanos para confirmar estos efectos [7]. (¿Comer cacao para mejorar la salud? ¡Ya me gustaría poder apuntarme!).

PARA LEVANTAR EL ÁNIMO

Si eres un amante del chocolate, probablemente habrás observado que te levanta el ánimo. Los científicos llevan décadas estudiando este efecto tan impreciso y han llegado a distintas conclusiones. Una revisión de la literatura existente llegó a la conclusión de que los efectos más concluyentes sobre el estado de ánimo procedían de tomar el chocolate entero y no de componentes individuales como la teobromina, la cafeína, los hidratos de carbono o los flavonoides del cacao [8]. Por desgracia, muchos de los ensayos clínicos en seres humanos que se han realizado hasta la fecha han sido con componentes aislados en lugar de con el haba entera del cacao.

PARA EL CEREBRO

El cacao no solo levanta el ánimo sino que, además, mejora la función cognitiva (la combinación de alerta, memoria y capacidad de concentración). Un estudio realizado con personas ancianas reveló que el cacao mejoraba la función cognitiva y disminuía la presión arterial. Los investigadores dedujeron que estos efectos eran debidos a un incremento de la sensibilidad a la insulina que hace del cacao un aliado inesperado contra la resistencia a la insulina y la diabetes [9].

Otro estudio analizó los flavonoles del cacao en personas jóvenes y descubrió que no solo mejoraba su función cognitiva sino también la vista. Los investigadores opinan que puede deberse a un aumento del flujo sanguíneo en el cerebro [10].

PARA COMBATIR LA FATIGA

El cacao ha demostrado incluso su utilidad para las personas con síndrome de fatiga crónica. En un ensayo clínico doble ciego, los investigadores pidieron a 10 personas con fatiga crónica muy acusada que puntuaran la gravedad de sus síntomas. Durante ocho semanas administraron a la mitad de los participantes chocolate rico en polifenol y a la otra mitad, chocolate bajo en polifenol. Una vez concluidas las ocho semanas, los que tomaban chocolate rico en polifenol mostraron una mejoría significativa de los síntomas y una disminución de la ansiedad [11].

CÓMO UTILIZAR EL CACAO

Espera un momento... Antes de coger esa tableta de chocolate barato, hay algo más que debes saber: la mayoría de los dulces de chocolate corrientes tienen demasiada azúcar y muy poco cacao como para que puedan potenciar la salud. Para que el chocolate sea útil en términos de salud, debe ser negro y con un mínimo del 70 por ciento de cacao. Las tabletas de

chocolate oscuro de calidad indican con claridad el contenido de cacao en la etiqueta.

Si no te gusta el chocolate negro, te recomiendo que vayas poco a poco aumentando el porcentaje de chocolate. A mí tampoco me gustaba al principio y ahora, sin embargo, mi favorito es el que tiene al menos un 85 por ciento de cacao. Es un sabor al que hay que acostumbrarse pero, cuando consigues que te guste más que el otro, es para siempre.

La forma más saludable de incluir el cacao en la dieta es evitar por completo los productos que contienen azúcar y utilizar los que son cacao cien por cien. Es fácil conseguir perlas de chocolate, cacao en polvo y tabletas con un cien por cien de cacao. A la hora de comprar cacao en polvo con fines medicinales, evita el procesado según el método holandés porque contiene menos antioxidantes[12].

CANTIDAD RECOMENDADA

La dosis diaria recomendada para el cacao varía según la persona y el producto elegido. La Comisión Europea ha emitido recientemente un documento que afirma que para que el cacao resulte cardiosaludable se deben consumir 2,5 gramos de cacao en polvo rico en flavonol o 10 gramos de chocolate negro rico en flavonol[13].

CONSIDERACIONES ESPECIALES

Algunas personas no pueden consumir cacao porque tienen intolerancia a la teobromina y la cafeína, los suaves estimulantes que contiene.

Cuando elijas cacao con fines medicinales, escoge cacao en polvo negro o productos con un contenido elevado de cacao y poca azúcar.

El origen del chocolate es otra cosa importante que debemos tener en cuenta. Antes de disfrutarlo, investiga un poco acerca de las distintas marcas. Algunos fabricantes de chocolate están implicados en el uso de mano de obra infantil forzosa y otras prácticas laborales injustas. A menos que la etiqueta indique lo contrario, se emplea una gran cantidad de pesticidas en el cultivo. Para asegurarte de que es el más sano para ti y para el planeta, compra solo chocolate ecológico procedente de comercio justo certificado.

TARTA DE MOUSSE DE CHOCOLATE Y CARDAMOMO

A los amantes del chocolate les va a entusiasmar esta mousse elaborada con un chocolate excepcionalmente negro. Cada bocado se derrite lentamente en la boca mientras el cardamomo nos despierta los sentidos. Es el postre al que siempre recurrimos en mi familia cuando tenemos que llevar algo a una comida con más gente y nos han pedido la receta en innumerables ocasiones. Si no dispones de olla para cocer al baño María, pon entre 3 y 5 centímetros (1 o 2 pulgadas) de agua y coloca encima un recipiente que ajuste bien.

Se obtiene una tarta de 22 cm (9 pulgadas), unas 16 porciones pequeñas (u 8 grandes)

1. Precalienta el horno a 180 °C (350 °F).

2. Pon entre 3 y 5 centímetros (1 o 2 pulgadas) de agua en la parte inferior de una olla para cocer al baño María. En la parte superior, funde el chocolate semiamargo y el aceite de coco.

3. Cuando estén fundidos, retíralos del fuego. Añade la miel y el cacao en polvo y mezcla bien.

4. Incorpora la leche de coco y mezcla bien.

5. Bate los huevos en un bol pequeño. Agrega los huevos batidos, el cardamomo y el extracto de vainilla al chocolate y mézclalo todo bien.

6. Vierte la mezcla en un molde de tarta de 22 cm (9 pulgadas) ligeramente engrasado.

7. Hornea durante 30 minutos.

8. Cuando la tarta esté hecha, la parte superior se habrá cuarteado pero por dentro estará blanda y movediza.

9. Deja enfriar durante toda la noche para que cuaje. Si lo deseas, puedes adornarla con unas láminas de almendra.

10. Espolvorea un poco de cacao en polvo por encima antes de servir.

- 250 g (8 onzas) de chocolate semiamargo
- 70 gramos (⅓ de taza) de aceite de coco
- ½ taza de miel
- ½ taza de cacao en polvo (y un poco más para adornar)
- 1 lata de 400 ml (13,5 oz) de leche de coco
- 2 huevos
- 1 cucharada sopera de cardamomo en polvo
- 2 cucharadas soperas de extracto de vainilla
- Almendras en láminas para adornar (opcional)

BUDÍN DE CHOCOLATE Y FRESA

30 gramos (1 onza) de chocolate para hacer que sea cacao 100 % y sin azúcar

50 g (¼ de taza) de cacao en polvo sin azúcar

50 g (¼ de taza) de miel

180 ml (¾ de taza) de leche de coco entera

1 cucharadita de extracto de vainilla

Una pizca de sal

½ cucharadita de canela en polvo

2 aguacates muy maduros pelados y sin hueso

1 taza de fresas picadas sin tallo

Este budín ligero es una forma perfecta de disfrutar de las fresas frescas de primavera y verano. Los aguacates le aportan una consistencia cremosa pero, por lo demás, no interfieren en el sabor delicioso de este postre de chocolate.

Se obtienen aproximadamente 3 tazas

1. Pon entre 3 y 5 centímetros (1 o 2 pulgadas) de agua en la parte inferior de una olla para cocer al baño María. En la parte superior, funde el chocolate para hacer. Cuando esté totalmente fundido, retira del fuego.

2. Mezcla el cacao en polvo, la miel, la leche de coco, el extracto de vainilla, la sal y la canela con el chocolate fundido.

3. Introduce la mezcla anterior, los aguacates y las fresas en un robot de cocina. Tritúralo todo hasta obtener una crema fina.

4. Refrigera entre 2 y 3 horas y disfrútalo en un plazo máximo de 24 horas.

CHOCOLATE CALIENTE

Escribo esta receta en un día maravillosamente gris mientras las gotas de lluvia repiquetean en el tejado. En días así, lo que más apetece es una reconfortante taza de chocolate caliente.

Esta receta no tiene el sabor del chocolate ligero y azucarado que tomabas de niño. Es más bien una bebida oscura, espumosa y exquisita apropiada para el gusto de las personas mayores (si todavía no aprecias el chocolate negro, puedes empezar con la mitad de cacao en polvo y la otra mitad de cacao holandés).

Se obtienen 2 tazas, para 2 personas

1. Pon 2 tazas de agua en una cazuela mediana y caliéntalas a fuego vivo. Cuando esté caliente (pero no hirviendo), incorpora batiendo el cacao en polvo y la canela.

2. Cuando esté todo bien mezclado, retira del fuego y añade la mantequilla, el extracto de vainilla y la miel. Remueve hasta que la mantequilla y la miel se hayan fundido y todo esté bien combinado.

3. Bate con una batidora durante 30 segundos.

4. Sirve en tazas y disfrútalo inmediatamente.

16 gramos (¼ de taza) de cacao en polvo 100 % cacao

1 cucharadita de canela en polvo

2 cucharadas soperas de mantequilla (o aceite de coco)

1 cucharada sopera de extracto de vainilla

1 cucharada sopera de miel o al gusto

«EL CAFÉ ES UN SÍMBOLO PSICOLÓGICO. NOS INDICA
DÓNDE SE ENCUENTRAN LOS RECUERDOS. EL OLOR,
EL VAPOR, EL SABOR, EL CALOR QUE SIEMPRE NOS
RETROTRAEN A UN TIEMPO MEJOR SI LOS DEJAMOS».

CHARLES GARCÍA, HERBORISTA

CAPÍTULO 29

Café

Para la mayoría de la gente, el café no es una hierba. Sin embargo, si definimos hierba como planta medicinal, entonces no solo es una hierba sino también una de las más populares en todo el mundo. Al año se consumen más de quinientos mil millones de tazas y son más de 75 millones las personas que viven de él.

Es posible que el desprecio que suele mostrar el mundo herbal por él se deba al abuso que nuestra sociedad hace de esta sustancia medicinal. Resulta muy raro que un herborista lo recomiende, probablemente porque la mitad de la población ya se está automedicando con él. Lo más habitual es que los herboristas aconsejen no tomarlo por los efectos secundarios que produce en las personas vulnerables. Sin embargo, el café nos aporta mucho más que un chute de energía; mejora la función cognitiva, protege contra las enfermedades neurodegenerativas, previene la diabetes tipo 2, refuerza la salud cardiovascular y muchas cosas más.

Aunque se suele hablar de «granos de café», lo que utilizamos es la semilla de la planta.

Nombre botánico: *Coffea arabica, Coffea robusta, Coffea liberica*

Familia: Rubiáceas

Partes utilizadas: Semillas tostadas

Energética: Refrescante, secante

Sabor: Amargo

Propiedades de la planta: Estimulante, diurética, movilizadora de la sangre, laxante, reguladora de la glucemia, broncodilatadora, vasoconstrictora, antioxidante, cardioprotectora, moduladora de la inflamación

Usos de la planta: Fatiga, estreñimiento, resistencia a la insulina, estimulante de la digestión, mejora la función cognitiva, asma sintomática, dolor de cabeza, salud cardiovascular, inflamación

Preparación de la planta: Bebidas de café tostado, extractos de cafeína, planta culinaria

Según cuenta la leyenda, hace mil años un pastor de cabras etíope observó que sus animales se mostraban más revoltosos y juguetones después de comer las bayas y las hojas de un pequeño arbusto. Cuando lo probó él mismo, se sintió lleno de energía... y de ahí empezó la fascinación por el café.

El descubrimiento del tueste de los granos y de su cocción para preparar una bebida deliciosa se atribuye a los árabes. Durante siglos fueron ellos los que controlaron el comercio del café a otras partes del mundo, hasta que poco a poco pero de manera constante se fueron escamoteando plantas de las plantaciones controladas y se empezaron a cultivar en todas las regiones ecuatoriales del mundo.

La historia del café tiene también un lado oscuro. A medida que aumentaba la demanda, gobiernos y empresarios, impulsados por los beneficios que generaba, talaron selvas y destruyeron numerosas culturas indígenas para dejar sitio a las plantaciones. Millones de personas que en su momento fueron granjeros independientes se vieron forzados a cultivar café, lo que dejó a familias y países enteros a merced de las subidas y bajadas de los precios de este producto.

Desde la última década del siglo XX ha empezado a brotar una conciencia de los efectos económicos y medioambientales nocivos que tienen estos cultivos. Se han creado organizaciones y cooperativas para asegurar un precio justo para los agricultores. Hoy en día, el café es el producto de comercio justo que más se mueve en el mundo. De hecho, a la hora de comprarlo, la única opción ética es que sea de comercio justo. Los cafés «cultivados bajo sombra» y «ecológicos» son otras opciones sostenibles porque, al conservar la biodiversidad de las selvas y no emplear pesticidas, protegen el medioambiente.

TIPOS DE CAFÉ

De acuerdo, lo admito... me entusiasma el café. Por eso estoy tan contenta de que en el pequeño valle donde vivo tengamos una tostadora de café excepcional, Blue Star Coffee Roasters. Blue Star compra los granos de café verde de explotaciones de comercio justo, ecológicas y de cultivo bajo sombra de todo el mundo (al decir granos verdes me estoy refiriendo a que están crudos y sin tostar). Dan Donohue, uno de los dueños, me explicó que el sabor de los granos de café varía muchísimo dependiendo de las condiciones de cultivo y del clima. De un año a otro, el café que produce un arbusto concreto puede variar enormemente. Como herborista, este dato me resultó especialmente interesante y una prueba más de que no podemos estandarizar la naturaleza.

Se cree erróneamente que el café descafeinado no tiene nada de cafeína. De hecho, aunque se le extrae la mayor parte, sigue teniendo hasta un 3 por ciento del contenido original y eso puede afectar negativamente a las personas que tienen intolerancia.

A lo largo de la historia, la cafeína se ha extraído remojando los granos en disolventes químicos como el benzeno, una sustancia cancerígena. Hoy en día se emplean el diclorometano y el acetato de etilo. Los defensores de este método aseguran que la cantidad de disolvente que queda en los granos es muy pequeña. Sin embargo, la preocupación que provocan estas sustancias químicas no se limita al producto final sino también a lo que introducimos en el medioambiente durante el proceso. Si quieres evitar el contacto con sustancias carcinógenas y la creación de basura química, busca café descafeinado con agua o dióxido de carbono en lugar de disolventes químicos agresivos.

ENERGÉTICA Y PROPIEDADES MEDICINALES DEL CAFÉ

La forma más sencilla de describir las propiedades medicinales del café es decir que es estimulante. Estimula la energía, la circulación, la digestión e incluso la micción. Actúa sobre el sistema nervioso central inhibiendo el sistema nervioso parasimpático, el que nos indica que debemos «descansar y relajarnos», y reforzando el sistema nervioso simpático, el de la «lucha o huida». El efecto más evidente que sentimos después de tomar un café es que tenemos más energía; por eso nos gusta tanto al levantarnos por la mañana.

En esencia, el café despierta las cosas y las pone en movimiento. Fisiológicamente, aumenta el ritmo cardíaco, la circulación, la diuresis, la secreción de enzimas gástricas y la peristalsis. La estimulación de las enzimas gástricas, unos elementos importantes del proceso digestivo, y de la peristalsis, el movimiento natural del colon, es la razón de que muchas de las personas que toman café habitualmente confíen en la taza del desayuno para poner en marcha sus intestinos.

El café es rico en antioxidantes. De hecho, es la fuente principal para mucha gente.

PARA COMBATIR LA FATIGA Y LA DEPRESIÓN

A las personas les gusta el café por su sabor y por lo que reconforta ese cálido ritual matutino. Algunas dicen que es lo mejor del despertar. Si alguna vez te has deleitado con una tacita de café por la mañana, sabrás perfectamente lo que quiero decir.

Mucha gente depende del café para combatir la fatiga y tener más energía. Numerosos estudios han demostrado los efectos positivos que tiene para las personas que trabajan en turno de noche, muchas horas o en trabajos monótonos durante el día. A corto plazo, el café nos proporciona una forma relativamente segura de permanecer despiertos y de aumentar nuestro nivel de alerta[1, 2].

Esa tacita de café en el desayuno hace feliz a mucha gente y las investigaciones afirman que también puede tener un efecto a largo plazo sobre el grado de felicidad. Estudios epidemiológicos han demostrado la existencia de una relación inversa entre el café, el té y el consumo de cafeína y los niveles de depresión[3].

PARA EL CEREBRO

En numerosos estudios se ha demostrado que el consumo de café beneficia el rendimiento cognitivo. Uno de ellos, muy interesante, sobre los efectos de la cafeína y su relación con la extroversión reveló que, aunque la cafeína mejora el tiempo de reacción y la velocidad para interpretar informaciones nuevas en todas las personas, aquellas que se definen a sí mismas como extrovertidas muestran un mayor avance en recuerdo serial y en memoria de trabajo[4]. Este estudio confirma algo que muchos herboristas ya sabían: que cada persona es diferente y, por tanto, requiere unas recomendaciones personalizadas y no un «remedio milagroso».

Los estudios demuestran también que el café disminuye el riesgo de alzhéimer y párkinson, dos de las enfermedades neurodegenerativas más prevalentes [5]. Uno de ellos demostró que «el consumo de 3-5 tazas de café al día en los años centrales de la vida está asociado con una disminución del 65 por ciento del riesgo de desarrollar demencia o alzhéimer en los últimos años» [6]. Aunque los investigadores desconocen a qué se deben exactamente estos resultados, especulan que podrían deberse a las sustancias antioxidantes del café o a sus efectos positivos en la resistencia a la insulina.

PARA DEPURAR

Otros estudios han demostrado también que el consumo regular de café refuerza la salud del hígado, un órgano depurativo muy potente. Uno de ellos reveló que sus efectos beneficiosos resultaban especialmente apropiados para los bebedores de bebidas alcohólicas [7]. Otro demostró que el consumo de café, aunque sea descafeinado, está relacionado con una disminución de las enzimas hepáticas anormales, lo que ha llevado a los investigadores a proponer la teoría de que la cafeína no es la única sustancia medicinal del café [8]. Existen incluso estudios que demuestran que el café es beneficioso para las personas con hepatitis C crónica [9,10].

El café aumenta levemente el índice de filtración de los riñones y provoca, de este modo, un incremento de la micción. Sin embargo, las personas generan en seguida tolerancia a este efecto. Antiguamente se creía que

el café provocaba deshidratación, aunque esta creencia ya se ha desechado [11].

PARA COMBATIR LA RESISTENCIA A LA INSULINA, LA INFLAMACIÓN Y LAS CARDIOPATÍAS

Diversos ensayos clínicos han demostrado que el café de tueste ligero o medio reduce en los seres humanos el estrés oxidativo y la inflamación [12]. Los investigadores plantean la hipótesis de que los antioxidantes que contiene podrían ser el origen de sus efectos positivos sobre muchas enfermedades crónicas relacionadas con el daño oxidativo (como, por ejemplo, la diabetes, las cardiopatías, las enfermedades neurodegenerativas y la cirrosis hepática) [13].

El café es muy beneficioso para prevenir la resistencia a la insulina y para mitigar los efectos de esta enfermedad metabólica inflamatoria. Las personas que toman entre tres y cinco tazas de café al día tienen un riesgo significativamente menor de desarrollar diabetes tipo 2 [14]. Algunos estudios muestran que hasta siete tazas de café al día resultan beneficiosas aunque mucha gente experimentaría, con esta cantidad, efectos adversos como ansiedad o nerviosismo [15].

Diversos estudios han demostrado que la cardiopatía inflamatoria, que a menudo está muy relacionada con la diabetes tipo 2, disminuye en las personas que consumen café de forma regular. Se ha comprobado que el café mejora la función endotelial, reduce el riesgo de muerte súbita cardíaca y disminuye las cardiopatías coronarias en mujeres [16,17]. Desde hace mucho tiempo se cree que eleva la tensión arterial. Los ensayos clínicos han dado resultados contradictorios que pueden indicar una posible susceptibilidad individual.

CÓMO UTILIZAR EL CAFÉ

Los granos de café crudos (verdes) permanecen frescos alrededor de un año. Los granos tostados, si están almacenados en las condiciones apropiadas, deben consumirse en un plazo de seis meses. Para que no pierdan nada de sabor, lo mejor es utilizarlos lo antes posible después de molerlos. El café tostado ya molido no es el ideal; es preferible que lo muelas en casa o que te lo muelan en la tienda en el momento de comprarlo.

La molienda de los granos es otro aspecto fundamental para obtener una taza de café perfecta. Si están muy molidos, son apropiados para una extracción rápida con agua a presión, como el café expreso. El grano medio es mejor para el café que se extrae por goteo o echándole el agua caliente encima.

Para obtener una taza maravillosa de café, busca alguna empresa donde tuesten café de comercio justo, ecológico y cultivado a la sombra.

En los últimos años ha aumentado la popularidad de las máquinas de café en cápsulas. Aunque resultan muy cómodas, lo cierto es que el café es de baja calidad y que producen una cantidad vergonzosa de desechos de plástico y aluminio. El café que contienen estas cápsulas rara vez es de comercio justo, ecológico o cultivado a la sombra, lo que significa que ya ha provocado daños en las personas y en el medioambiente antes incluso de llegar a la cafetera.

CONSIDERACIONES ESPECIALES

El consumo excesivo de café presenta algunos efectos adversos potencialmente graves. El que sea o no bueno para tu salud dependerá de cómo seas y de tu estado actual de salud.

Aquellas personas que experimentan una reacción negativa —como hiperactividad o nerviosismo— cuando toman una taza de café deben hacer caso a la sabiduría de su organismo y evitar totalmente el consumo de café con cafeína. Tampoco deben tomarlo las personas que están constantemente estresadas, que tienen un nivel alto de ansiedad, que no duermen bien o que sufren muchos altibajos de energía a lo largo del día porque puede exacerbar estos síntomas.

Cuando compres café descafeinado, comprueba que se le haya eliminado la cafeína con agua o dióxido de carbono y no con disolventes químicos agresivos como el benceno, el cloruro de metileno o el acetato de etilo.

Algunas personas abusan del café, lo que puede provocar efectos negativos a corto y largo plazo sobre su salud en general. Puede, por ejemplo, trastornar los patrones de sueño. Luego, cuando la persona no duerme bien, se siente cansada al día siguiente, con lo que alimenta el deseo de tomar más café. Esto trastorna de nuevo el sueño y da lugar a un círculo vicioso.

El café puede ser adictivo. Cuando se aumenta el consumo, el cuerpo desarrolla tolerancia, lo que provoca la sensación de que se necesita tomar más. Dejar de tomarlo de repente puede generar síndrome de abstinencia con dolor de cabeza, fatiga y dificultad de concentración. En líneas generales, es preferible ir reduciendo poco a poco la ingesta en lugar de suprimirla radicalmente.

El café puede provocar y exacerbar el ardor de estómago.

No es recomendable durante el embarazo.

CAFÉ ESPECIADO ELABORADO EN FRÍO

1 taza de café molido grueso

½ cucharadita de canela en polvo

¼ de cucharadita de cardamomo en polvo

Nata líquida (opcional)

Miel o azúcar al gusto (opcional)

El café elaborado en frío es una bebida deliciosa que resulta menos amarga que el tradicional elaborado con agua caliente. En esta receta lo especiamos con canela y cardamomo. A mí me gusta tener siempre una jarra en la nevera durante los meses de verano para poder tomarme una taza bien fría en cualquier momento.

Se obtienen casi 3 tazas

1. Introduce el café molido grueso y las especias en un tarro de 1 litro. Rellénalo con agua y remueve bien. Tápalo y déjalo reposar en el frigorífico durante 12 horas.

2. Una vez transcurrido ese tiempo, cuélalo con un filtro de café o con varias capas de gasa de quesero para retirar el café y las especias. De este modo obtendrás un concentrado frío que se conserva hasta una semana refrigerado.

3. *Modo de empleo:* Cuando vayas a tomarlo, mezcla 1 parte del concentrado de café con 2 partes de líquido (por ejemplo, ¼ de taza de concentrado de café con ½ taza de agua). A mí me gusta ponerle una parte de agua y una parte de nata líquida: ¼ de taza de concentrado frío de café, ¼ de taza de agua y ¼ de taza de nata líquida. Puedes endulzarlo y añadirle hielo antes de servir.

2 cucharadas soperas de café
molido grueso

180-250 ml (¾ a 1 taza)
de agua de manantial
(o de agua fresca del grifo)

LA TAZA PERFECTA DE CAFÉ EN PRENSA FRANCESA

Quizá te preguntes por qué el café en prensa francesa resulta diferente de los demás. Durante un viaje de la Blue Star Coffee Roaster, uno de sus dueños, Dan Donohue, me explicó: «La prensa francesa no tiene un filtro de papel que retenga las partículas más finas y algunos de los aceites del grano tostado. Por eso produce un café más denso, con más cuerpo, que el que se obtiene con otros métodos de filtrado».

También nos recuerda la importancia de moler bien el café: «El café molido se mezcla con agua muy caliente y el tamaño de las partículas influye sobre la cantidad que se va a poder extraer. Si son demasiado pequeñas, la extracción excesiva hará que salgan los sabores amaderados de los granos. Si son demasiado grandes, se extraerá muy poco sabor y obtendremos un café con poco aroma y poco cuerpo». Nos aconseja además que lo molamos con un molinillo de muelas porque «se obtienen unos trozos relativamente uniformes y suficientemente grandes para preparar el café con este método». Aconseja graduarlo a grano grueso para obtener unas partículas similares a una arena gruesa.

Este hombre conoce bien su oficio y sus expertas directrices nos permiten preparar una taza perfecta de café en prensa francesa. Antes de empezar debes tener en cuenta lo siguiente:

Mide bien el café porque la proporción entre el café y el agua hará que salga más o menos cargado. Una buena medida para empezar es 2 cucharadas soperas de café por cada 180-250 ml (¾ a 1 taza) de agua. Más tarde podrás irla modificando según tus preferencias personales. Esta proporción es también importante para extraer bien el aroma; si te resulta demasiado cargado, puedes diluirlo con agua caliente o leche.

Tendrás que estar preparado para retirar el agua del fuego en cuanto rompa a hervir y echarla en ese momento en la prensa francesa. La temperatura de ebullición del agua es de 100 °C (212 °F) por lo que, si la viertes justo cuando rompe a hervir, tendrá la temperatura perfecta de entre 93 y 95 °C (200-204 °F).

Se obtiene 1 taza

1. Pon el agua a hervir. Mientras se calienta, mide el café molido e introdúcelo en la prensa francesa.

2. En cuanto el agua rompa a hervir, retírala del fuego y vierte una parte en la prensa francesa, lo justo para mojar el café. Remueve con suavidad dándole vueltas o con una cuchara para asegurarte de que todo el café se ha humedecido. No lo agites demasiado.

3. Si los granos son muy frescos, deja reposar durante unos momentos para que suelten todo su sabor y añade el resto del agua caliente.

4. Ajusta el pistón y presiónalo lo suficiente para que todo el café molido quede sumergido. El café flota, así que debes presionar el émbolo con suavidad para evitar que suba por encima de él.

5. Para obtener los mejores resultados, cronometra el tiempo que está el café en contacto con el agua. En líneas generales, cuatro minutos es un tiempo muy apropiado (Donohue afirma que él prefiere darle 10 segundos más). A continuación, baja totalmente el émbolo para separar el café molido de la bebida.

6. Sirve tu taza perfecta de café en prensa francesa. Puedes añadirle leche o endulzarlo a tu gusto. Disfrútalo inmediatamente.

«AL IGUAL QUE TODOS LOS BUENOS REBELDES,
EL DIENTE DE LEÓN ES INCONTROLABLE».

GUIDO MASÉ, HERBORISTA Y AUTOR
DE *DIY BITTERS: REVIVING THE FORGOTTEN FLAVOR*

CAPÍTULO 30

Diente de león

La primavera es una de mis estaciones favoritas en Methow Valley, donde vivo. Las flores amarillas de nuestros girasoles nativos transforman las laderas en oro y mi mala hierba preferida cubre nuestros prados con botoncitos de sol.

Puede que resulte extraño tener una mala hierba preferida, pero el diente de león tiene tantas virtudes que resulta muy fácil elegirla. Es una planta generosa porque todas sus partes pueden emplearse como alimento y como medicina. Soplar las cabezuelas de semillas ofrece a niños y adultos una diversión barata... y, según dicen algunos, un deseo gratis.

Al ser una planta tan deliciosa y medicinal, me sorprende muchísimo que haya tanta gente que la desprecie. En lugar de salir corriendo a disfrutar de este alimento y esta medicina gratuita, la rocían con sustancias químicas dañinas para matarla. Está demostrado que muchos de estos herbicidas favorecen el cáncer, envenenan nuestro suelo y nuestra agua y matan a muchísimos pájaros y abejas.

¿A qué se debe todo este odio contra el diente de león? Yo defiendo que ha llegado el momento de poner fin a nuestra guerra contra el diente de león y a acogerlo en nuestra vida por los muchos beneficios que nos ofrece gratuitamente.

Nombre botánico: *Taraxacum officinale*

Familia: Asteráceas / compuestas

Partes utilizadas: Raíz, hojas, flores

Energética: Refrescante, secante

Sabor: Amargo (hojas); amargo, dulce (raíz)

Propiedades (de la hoja): Diurética, reconstituyente, nutritiva, digestiva estimulante, colerética

Propiedades (de la raíz): Reconstituyente, nutritiva, colagoga

Usos de la planta: Mala digestión, retención de líquidos, nutrición, erupciones de la piel, favorece una función hepática saludable

Preparación de la planta: Decocción, tintura, alimento

Como el diente de león tiene tanta propensión a extenderse, resulta difícil señalar con exactitud dónde se originó en la vasta región de Europa y Asia. En la actualidad crece por todo el mundo, por lo general en suelos alterados soleados.

Se cree que esta planta tan humilde llegó a Norteamérica llevada por los colonos europeos que no podían consentir dejar atrás un alimento y medicina tan importante. De hecho, en muchos países europeos sigue siendo muy admirada. Con las flores se preparan mermeladas y vinos y mi marido, que es francés, recuerda con cariño cómo en primavera recolectaba las hojas con su madre para hacer una ensalada deliciosa. En este capítulo nos centraremos en el uso terapéutico de las raíces y las hojas.

ENERGÉTICA Y PROPIEDADES MEDICINALES DE LAS HOJAS DE DIENTE DE LEÓN

Las hojas de diente de león son una de las verduras más nutritivas que existen. En primavera, estas hojas tiernas están repletas de nutrientes como la vitamina C, la vitamina K1, el potasio, el magnesio y el betacaroteno. En muchos países de Europa existe la tradición ancestral de recogerlas y comerlas, no solo por la valiosa nutrición que aportan sino también por su capacidad para estimular la digestión.

PARA LA DIGESTIÓN

Las hojas de diente de león tienen un sabor agradablemente amargo. Como ya he dicho, tomar algo amargo, aunque solo sea un bocadito, estimula la secreción de una cascada de jugos gástricos. Aumenta la producción de saliva, que ayuda a descomponer los hidratos de carbono. Refuerza la secreción de jugos gástricos como el ácido clorhídrico, que descompone las proteínas, y favorece la producción de bilis, que es la encargada de descomponer las grasas. Por tanto, el diente de león no solo es muy rico en nutrientes, sino que potencia la digestión y la asimilación de los nutrientes de los alimentos.

COMO DIURÉTICO

El diente de león tiene otra propiedad muy importante: es diurético. Los franceses hacen referencia a ello en el nombre común que le dan, *pissenlit*, que significa 'orinar en la cama'. Si alguna vez has tomado una infusión de diente de león antes de acostarte, cuando vayas ya por la quinta excursión al cuarto de baño esa noche sabrás perfectamente lo que quieren decir.

Los herboristas llevan utilizándolo desde hace mucho tiempo para eliminar el exceso de líquido y la humedad del cuerpo y para tratar dolencias como el edema y la hipertensión. Si comes las hojas o preparas con ellas una infusión, experimentarás en primera persona estas propiedades diuréticas.

Un ensayo clínico ha demostrado la eficacia como diurético de la hoja de diente de león[1]. Estas hojas se consideran un diurético ahorrador de potasio. Esto significa que, a diferencia de muchos diuréticos farmacológicos, el diente de león es naturalmente rico en potasio y no favorece la excreción ni la deficiencia de este mineral.

ENERGÉTICA Y PROPIEDADES MEDICINALES DE LA RAÍZ DE DIENTE DE LEÓN

La raíz de diente de león es un gran refuerzo del hígado porque potencia su función y disminuye la inflamación. Los herboristas la utilizan principalmente para fortalecer la salud hepática ayudando a poner en movimiento el hígado estancado o perezoso. En la teoría herbal, el hígado perezoso puede estar relacionado con la mala digestión, con erupciones cutáneas como el eccema o el acné y con desequilibrios hormonales como la tensión provocada por el síndrome premenstrual.

PARA LOS PROBLEMAS DIGESTIVOS Y PARA TENER UNA FLORA INTESTINAL SANA

La raíz de diente de león potencia la digestión saludable gracias a su acción sobre el hígado. La mala digestión provocada por un hígado perezoso se manifiesta como incapacidad para digerir las grasas, unas heces de color arcilloso, náuseas, gases, hinchazón y dolor de cabeza. La raíz de diente de león estimula con suavidad al hígado para que se ponga en marcha y alivie estas molestias digestivas tan comunes.

Es también muy rica en inulina, un tipo de hidrato de carbono que nos ayuda a tener una flora intestinal sana. Como los seres humanos no podemos digerirla, llega hasta el colon donde fermenta y alimenta a las bacterias saludables del intestino (las hojas también contienen una cantidad saludable de inulina).

Tras décadas de uso abusivo de los antibióticos, estamos empezando a darnos cuenta de lo importante que es tener un microbioma sano y complejo. Los investigadores han demostrado la correlación entre la flora intestinal y los trastornos digestivos inflamatorios, la obesidad, el mal funcionamiento del sistema inmunitario e incluso las alergias. Algunos de los mejores métodos para tener una flora digestiva sana son tomar alimentos fermentados, vivir en un entorno no desinfectado (¡jugar con la tierra es estupendo!), evitar el uso frecuente e innecesario de antibióticos y llevar una dieta nutritiva que incluya prebióticos como la inulina que está presente en la raíz de diente de león.

PARA TENER UNOS NIVELES HORMONALES SALUDABLES

En el campo de la salud natural existe mucha controversia acerca de cómo «equilibrar las hormonas». Muchos terapeutas recomiendan utilizar hormonas sintéticas exógenas (externas) para crear un equilibrio hormonal interno. Aunque en ocasiones es necesario recurrir a ellas, yo creo que lo fundamental es, en primer lugar, tratar nuestro medio interior, sobre todo en lo que respecta a la salud hepática.

El hígado desempeña un papel muy importante en el metabolismo hormonal. Mantenerlo sano con plantas suaves como la raíz de diente de león nos ayuda a tener un equilibrio hormonal saludable. Los herboristas utilizan regularmente esta raíz para las mujeres que presentan síntomas de desequilibrio hormonal como los cólicos menstruales, los cambios de humor y los periodos irregulares.

PARA COMBATIR LA ARTRITIS

Los herboristas llevan mucho tiempo utilizando la raíz de diente de león para tratar a personas con artritis dolorosa. Es posible que actúe aliviando la acumulación de líquidos en las articulaciones, modulando la inflamación o aumentando la absorción de nutrientes. Hasta la fecha, los científicos han aislado un componente, el taraxasterol, que puede ser el responsable de aliviar la inflamación y el dolor provocados por la artritis[2].

PARA TRATAR EL CÁNCER

Tradicionalmente los herboristas recomiendan raíz de diente de león para reforzar la salud de las personas con cáncer. En los últimos años, los científicos han empezado a tomar nota y existe un puñado de estudios *in vitro* basados en los componentes que muestran unos resultados prometedores en el refuerzo del sistema inmunitario e incluso en la lucha contra las células cancerosas. Estoy deseando que existan ensayos clínicos en seres humanos que validen este uso tradicional del diente de león.

CÓMO UTILIZAR EL DIENTE DE LEÓN

Si tienes la suerte de que el diente de león crezca por donde vives, puedes recolectarlo tú mismo. De todas formas, asegúrate de consultar una guía de campo o de que alguien que lo conozca bien te indique cuál es la planta correcta, porque existen algunas otras con un aspecto parecido. Cuando cojas plantas en la naturaleza, o incluso en tu propio jardín, asegúrate de que no se han utilizado herbicidas ni cualquier otro producto contaminante.

Cuando cojas las hojas, observarás que las jóvenes y tiernas de primavera son las más ricas. Las que ya son viejas son muy amargas y quizá ni siquiera resulten comestibles.

Las hojas de diente de león (y sus primas las hojas de achicoria) empiezan a estar presentes en algunas fruterías. Si no las ves en tu tienda, pregunta a ver si pueden pedirlas. Las hojas secas pueden utilizarse en infusión.

La raíz de diente de león seca se encuentra con facilidad en los herbolarios.

Las flores también son comestibles. Con ellas se puede preparar una mermelada riquísima e incluso vino.

CANTIDADES RECOMENDADAS

El diente de león se considera al mismo tiempo un alimento y una medicina y puede consumirse en cantidades bastante grandes.

La dosis terapéutica de hojas y raíz de diente de león es la siguiente:

Hojas, en infusión: De 5 a 9 gramos en total en pequeñas dosis a lo largo del día.

Hojas (secas), en tintura: 1:5, 30 % de alcohol, de 3 a 4 ml 3 veces al día [3].

Raíz, en decocción: De 9 a 15 gramos al día.

Raíz (fresca), en tintura: 1:2, 30 % de alcohol, de 4 a 5 ml 3 veces al día [4].

CONSIDERACIONES ESPECIALES

Más de 40 millones de kilos de herbicidas se utilizan cada año para fumigar el césped, en especial para combatir el diente de león. Muchas de estas sustancias químicas no han sido probadas para establecer su nivel de seguridad o han demostrado estar muy relacionadas con el cáncer. Los niños y los fetos son los más susceptibles. Si vas a recolectar diente de león, asegúrate de que lo haces en una zona donde no se hayan echado sustancias químicas perjudiciales.

6 gramos de reishi seco en rodajas

10 gramos de raíz de diente de león tostada

INFUSIÓN DE DIENTE DE LEÓN TOSTADO Y REISHI

Esta es una de mis infusiones favoritas. El sabor tostado a frutos secos de la raíz de diente de león camufla el gusto algo amargo del reishi, una seta famosa por sus muchas propiedades saludables. Ambos son estupendos para potenciar la salud del hígado. Si no dispones de reishi, puedes sencillamente utilizar la raíz de diente de león sola.

La raíz de diente de león se puede adquirir ya tostada. Si prefieres hacerlo tú mismo, calienta unas raíces secas picadas a fuego medio, a ser posible en una sartén de hierro fundido (o, si no, en una de acero inoxidable). Cuando adquieran un color marrón oscuro y se vuelvan aromáticas, significará que ya están hechas. Como la raíz de diente de león y el reishi se venden en distintos tamaños y formas, es preferible medirlos al peso.

Se obtiene algo más de 1 taza

1. Hierve a fuego lento el reishi y el diente de león en 2 tazas de agua entre 30 minutos y 1 hora. También puedes ponerlos en una olla de cocción lenta a poca potencia y dejarlos toda la noche, pero en ese caso es posible que tengas que añadir más agua.

2. Una vez terminado, cuela. Consúmela en el plazo de un día.

VINAGRE DE RAÍZ DE DIENTE DE LEÓN

La raíz de diente de león es muy rica en minerales y el vinagre de sidra facilita su extracción. Es una forma muy cómoda de incorporar el diente de león en tu vida cotidiana. Puedes emplear este vinagre herbal para preparar un aliño para ensaladas, como ingrediente de un adobo o incluso como digestivo (prueba una cucharada sopera disuelta en agua) antes de las comidas.

En lugar de indicar una cantidad concreta para cada ingrediente, he escrito la receta tal y como yo la hago en casa. De este modo podrás elegir la cantidad que deseas preparar y comprobarás lo fácil que es de hacer. Por ejemplo, si quieres hacer medio litro (2 tazas), necesitarás aproximadamente 2 tazas de raíz fresca o ⅔ de taza de raíz seca y 1,5 tazas de vinagre.

Se obtiene una cantidad variable

1. Si vas a utilizar raíz de diente de león fresca, llena el tarro con la raíz muy picada. Si la que vas a emplear está seca, llena ⅓ del tarro (hay que dejarle sitio para que se expanda).

2. Rellena el tarro con vinagre de sidra. Ciérralo con una tapa de vidrio o de plástico. Si vas a cerrarlo con una tapa de metal, coloca papel pergamino o encerado entre la tapa y el tarro porque el vinagre corroe el metal.

3. Deja reposar durante 2 semanas agitándolo una vez al día. Cuando esté listo, cuélalo. No hace falta refrigerarlo (aunque puedes hacerlo). Consúmelo en el plazo de un año.

Diente de león fresca o seca

Vinagre de sidra

Un tarro con tapa de vidrio o de plástico

PESTO DE DIENTE DE LEÓN

½ taza de piñones pelados

3 dientes de ajo picados

2 tazas poco apretadas de hojas frescas de diente de león picadas

1 cucharada sopera de zumo de limón y 1 cucharada sopera de cáscara de limón

½ taza de aceite de oliva virgen extra

½ cucharadita de sal marina

1 cucharadita de cúrcuma en polvo

½ cucharadita de pimienta negra recién molida

40 g (¼ de taza) de queso parmesano recién rallado

Este pesto amargo resulta más suave gracias al sabor dulce de los piñones y el toque del limón. Si no te apetece coger tú mismo las hojas de diente de león, búscalas en la tienda de alimentación, en la sección de frutería. Puedes utilizarlo para mojar galletas saladas, pan o zanahorias. También está estupendo con la carne, las verduras y los huevos.

Se obtienen 2 tazas

1. Introduce todos los ingredientes excepto el parmesano en un robot de cocina o en el vaso de la batidora. Tritura hasta obtener una crema fina. Si resulta demasiado espeso, añade un poco más de aceite de oliva.

2. Agrega el parmesano y sigue batiendo hasta que la mezcla adquiera una consistencia suave.

3. Refrigera y consume en un máximo de 3 días.

«LA MANZANILLA ES PROBABLEMNETE LA PLANTA
NERVINA RELAJANTE MÁS UTLIZADA EN EL MUNDO
OCCIDENTAL, ES SEGURA Y SE PUEDE UTILIZAR
EN TODO TIPO DE TRASTORNOS DE ANSIEDAD
Y RELACIONADOS CON EL ESTRÉS».

DAVID HOFFMAN, HERBORISTA Y AUTOR DE
THE NEW HOLISTIC HERBAL

CAPÍTULO 31

Manzanilla

Es probable que mi interés por la medicina herbal fuera de la mano de *Peter Rabbit*, el clásico cuento de Beatrix Potter. En él, Peter desobedece a su madre, se cuela en el jardín de Mr. McGregor y empieza a comer todas las verduras deliciosas que encuentra. El granjero, furioso, le descubre y le persigue por todo el huerto. Después de un día lleno de sobresaltos, acaba sintiéndose enfermo, así que su madre le mete en la cama y le da una manzanilla. Cuando era niña tenía un plato decorado con esta escena y todavía recuerdo perfectamente cómo sobresalían las orejitas de Peter por encima de la sábana mientras su madre le daba la taza de manzanilla.

La madre de Peter era mucho más lista que yo. Durante años estuve equivocada con respecto a la manzanilla. La consideraba suave y, por tanto, débil. Creía que, como es tan suave que la pueden utilizar los pequeños (como Peter Rabbit), no resulta eficaz para los problemas más graves de los adultos. Sin embargo, ese es el secreto maravilloso de esta planta. Tal y como dice con tanta sabiduría mi querida herborista Rosemary Gladstar, «la manzanilla nos demuestra que suave no significa menos eficaz»[1].

Nombre botánico: *Matricaria chamomilla*

Familia: Asteráceas / compuestas

Partes utilizadas: Sumidades floridas

Energética: Ligeramente refrescante, secante

Sabor: Amargo

Propiedades de la planta: Aromática, nervina relajante, carminativa, diaforética relajante, suavemente sedante, antiespasmódica, vulneraria, antiinflamatoria

Usos de la planta: Irritabilidad, inquietud, insomnio, indigestión, dispepsia, gases, fiebre, resfriados, gripes, dentición, cólicos, externamente para quemaduras, erupciones, conjuntivitis

Preparación de la planta: Infusión, tintura, aceite esencial, oleomacerado, hidrosol, vahos de vapor

L a manzanilla es un miembro de la familia de los asteres y se parece mucho a las margaritas. Cada «flor» es en realidad una inflorescencia formada por muchas florecillas pequeñas. Tiene el centro amarillo (formado por las flores del disco) y pétalos blancos (formados por flores radiales). Es originaria del sur y el este de Europa, pero se ha extendido por todo el mundo tanto cultivada en jardines como silvestre en suelos alterados.

Desde hace decenas de miles de años la han utilizado tanto el *Homo sapiens* como el neandertal. Los arqueólogos que han analizado las piezas dentales de los neandertales que vivieron hace 50.000 años han encontrado evidencias de que ya comían manzanilla (y milenrama). Deducen que la única razón que podía llevarles a comer una planta amarga y no demasiado nutritiva tuvo que ser la de medicarse[2].

TIPOS DE MANZANILLA

Hay dos plantas a las que solemos denominar manzanilla: la manzanilla dulce (*Matricaria chamomilla*) y la amarga (*Chamaemelum nobile*). Aunque presentan bastantes similitudes, también tienen diferencias significativas. En este capítulo vamos a hablar de la manzanilla dulce o de Castilla.

ENERGÉTICA Y PROPIEDADES MEDICINALES DE LA MANZANILLA

Tomar una taza de manzanilla es como recibir el cálido abrazo de una persona querida. Te ayuda a relajarte y desconectar después de una jornada estresante, disminuye el dolor provocado por la tensión o los espasmos musculares y reduce muchísimo la inflamación. Su mejor regalo es que es suave y al mismo tiempo ofrece un alivio profundo. Puede disfrutarse a menudo en infusión, en aceite para masaje o en tintura. Y como es suave y eficaz, va igual de bien para los adultos y para los niños.

A menudo los padres me preguntan qué planta deberían tener siempre a mano para sus hijos y yo siempre les respondo que manzanilla porque calma el sistema nervioso, favorece el sueño, combate los problemas digestivos y puede utilizarse para numerosos síntomas asociados con el catarro y la gripe. Por ejemplo, relaja con suavidad la tensión muscular y ayuda a calmar la tos espasmódica. En ocasiones, este tipo de tos es consecuencia de la sequedad o de la inflamación de los pulmones. Puedes tratarla con manzanilla sola o mezclada con tila (*Tila cordata*) y regaliz (*Glycyrrhiza glabra*).

PARA COMBATIR LA ANSIEDAD Y EL INSOMNIO

La capacidad de la manzanilla para calmar a una persona angustiada, ansiosa o nerviosa es algo que los herboristas conocen desde hace mucho tiempo. El nombre del género, *Matricaria*, está relacionado con el término latino *mater*, 'madre'. Hay quien afirma que esto se debe a los múltiples beneficios que ofrece a las madres y otros aseguran que tomar una taza de manzanilla es como recibir el consuelo de una madre amantísima. En el mundo herbal existe un dicho muy conocido que afirma que la manzanilla va bien para los niños que lloriquean y para los adultos que se comportan como niños lloriqueantes (debo admitir que yo también he tenido días de esos y la manzanilla es un regalo maravilloso).

Una taza de manzanilla cargada calma la crispación, por lo que resulta estupenda después de un día estresante y una buena medida preventiva antes de afrontar una situación complicada. A menudo me he preguntado si los viajes no serían mucho más agradables si todo el mundo tomara manzanilla en lugar de café en las terminales de los aeropuertos.

Los herboristas llevan muchos siglos confiando en sus propiedades relajantes y la ciencia se está poniendo al día y está confirmando sus usos tradicionales. En un estudio exploratorio los investigadores descubrieron que incluso en dosis relativamente pequeñas (220 mg) resultaba más eficaz que un placebo para aliviar la depresión y la ansiedad en las personas[3]. Otro estudio clínico demostró que alivia la ansiedad de leve a moderada en personas diagnosticadas con trastorno de ansiedad generalizada[4].

La manzanilla sirve también para conseguir un sueño profundo y reparador. Yo me acuerdo de ella sobre todo cuando a una persona le cuesta dormir por culpa de la tensión muscular o la ansiedad. Para este fin, lo mejor es tomarla al menos una hora antes de acostarse (para evitar excursiones nocturnas al cuarto de baño) o usar la tintura.

COMO ALIVIO DEL DOLOR

La manzanilla es una planta antiespasmódica, es decir, que relaja la tensión muscular. Por eso es capaz de disminuir el dolor provocado por los músculos tensos y los calambres. A mí me gusta especialmente para aliviar los cólicos menstruales y el dolor asociado con los calambres digestivos. Una tintura o una taza de manzanilla cargada no solo alivian el dolor rápidamente sino que también disminuyen la preocupación o la ansiedad que llevan aparejadas estos trastornos.

Aunque la manzanilla disminuye eficazmente el dolor, sus efectos van mucho más allá y puede tratar otras molestias comunes del síndrome premenstrual. En un estudio clínico realizado con mujeres que sufrían este tipo de síndrome se compararon los fármacos antiinflamatorios no esteroideos (AINE) con la manzanilla. Al cabo de dos meses, las que tomaban manzanilla mostraron una reducción del dolor similar a la experimentada por las que usaban los AINE, pero sufrían muchos menos síntomas emocionales[5].

Otro problema muy común es la tensión en los hombros que da lugar a dolor de cuello y de cabeza. Una taza de manzanilla combinada con un masaje en el cuello con un oleomacerado de manzanilla puede hacer milagros porque relaja tanto la mente como los músculos y te ayuda a desconectar de dentro afuera.

PARA CURAR HERIDAS

La manzanilla modula la inflamación y es ligeramente antimicrobiana, por lo que resulta excelente para numerosos trastornos inflamatorios como las heridas, las quemaduras y las erupciones. La mejor forma de usarla es externamente en aceite o solución para lavados e internamente en infusión o tintura.

La ciencia ha demostrado la capacidad de esta planta para modular la inflamación en dos estudios muy importantes. En el primero se administró manzanilla a pacientes con flebitis (inflamación de las venas) como consecuencia del tratamiento con quimioterapia intravenosa. En los pacientes que recibieron concentraciones del 2,5 y del 5 por ciento, la duración de la flebitis fue significativamente menor que en el grupo de control[6]. Ninguno de los participantes en este estudio mostró ningún tipo de toxicidad, lo que nos recuerda que la manzanilla es eficaz y suave.

En otro estudio se comparó el uso tópico de compresas de manzanilla con una crema con hidrocortisona para aliviar los picores y las molestias asociadas a las lesiones de la piel que sufren las personas con estomas (aberturas quirúrgicas en el abdomen para permitir la salida de las heces o de la orina). A unos participantes se les entregó una crema con hidrocortisona al 1 por ciento y a otros se les indicó que debían utilizar compresas de manzanilla dos veces al día. En los que utilizaron las compresas, la curación fue significativamente más rápida y con muchos menos dolores y picores en comparación con los que emplearon la crema esteroidea. Los investigadores señalaron que utilizar manzanilla en lugar de la crema esteroidea previene los graves efectos secundarios asociados al uso

tópico de esteroides como, por ejemplo, el adelgazamiento de la piel[7].

Otra dolencia para la que la manzanilla resulta muy efectiva es el sangrado de las encías provocado por la gingivitis. En esencia, no es más que una herida infectada en la boca; sin embargo, los efectos de la gingivitis no son solo localizados. A menudo están relacionados con una cardiopatía inflamatoria. En un estudio muy interesante, los investigadores compararon la efectividad de un colutorio de manzanilla con la del antiséptico clorhexidina para las encías sangrantes asociadas con la gingivitis. Los resultados mostraron que el colutorio tenía unas propiedades antimicrobianas y antiinflamatorias similares a las del fármaco[8].

PARA LA DIGESTIÓN

La manzanilla puede ser la planta perfecta para muchos tipos de dolencias digestivas. Como ya hemos visto, es un antiinflamatorio muy eficaz, por lo que resulta muy apropiada para problemas digestivos inflamatorios como la enfermedad de Crohn, la diarrea, las úlceras y las irritaciones provocadas por las intolerancias alimentarias.

No solo calma problemas digestivos inflamatorios graves en los adultos, sino que también aporta un suave alivio a los niños y se ha utilizado desde siempre para combatir los cólicos y la diarrea infantil. En un estudio realizado en el año 2006 con niños de edades comprendidas entre los seis meses y los seis años afectados de diarrea aguda, se administró a los participantes una mezcla de manzanilla y pectina de manzana o un placebo. Los síntomas de los que recibieron la mezcla de manzanilla y pectina mostraron una mejoría significativa en comparación con los que recibieron el placebo[9].

La manzanilla es fabulosa para los problemas digestivos provocados por la ansiedad o la preocupación, los espasmos digestivos dolorosos y las enfermedades digestivas inflamatorias. Cuando se consume antes de las comidas en una infusión cargada, su sabor amargo estimula el apetito saludable. Después de la comida alivia problemas digestivos como la hinchazón, los gases, el ardor de estómago y los espasmos digestivos.

PARA COMBATIR LA FIEBRE Y LAS INFECCIONES

Uno de los síntomas más molestos de los resfriados y gripes es la congestión nasal. El hecho de estar totalmente atascados y sin poder respirar o de tener los senos paranasales inflamados e irritados afecta al sentido del olfato y al apetito y hace que nos sintamos fatal. Si no se tratan, estos síntomas pueden incrementar la susceptibilidad de desarrollar una infección en los senos paranasales. Los vahos de manzanilla fortalecen la zona, ayudan a drenarla y alivian la inflamación.

La fiebre puede ser uno de los síntomas más incómodos y preocupantes de la gripe. Sin embargo, los herboristas reconocen que constituye una respuesta beneficiosa del sistema inmunitario y que, en muchos casos, no se debería bajar artificialmente. De todas formas, cuando la persona está muy caliente, inquieta e incómoda, la manzanilla alivia la tensión, favorece el sueño curativo y reconforta.

La manzanilla es estupenda también para tratar la conjuntivitis. Yo misma la he usado en muchas ocasiones. La más memorable fue hace unos años, cuando estaba impartiendo mi primera conferencia sobre hierbas. El día de la primera clase me desperté con un ojo hinchado y los párpados pegados. Casi no

podía ni abrirlos. Cuando por fin lo conseguí, el ojo estaba terriblemente rojo e inflamado. Por suerte, todavía faltaban unas horas para la clase y llevaba varias bolsitas de manzanilla en mi botiquín herbal de primeros auxilios. Empapé una de las bolsitas en agua caliente y me la puse sobre el ojo durante media hora. Luego descansé un ratito y repetí el tratamiento con otra bolsita. Cuando llegó la hora de la clase, el ojo estaba casi normal otra vez. Repetí el proceso un par de veces más ese día y al siguiente los síntomas habían desaparecido por completo.

CÓMO UTILIZAR LA MANZANILLA

Lo más probable es que a todos nos resulte familiar eso de meter una bolsita de manzanilla en agua caliente, dejarla un par de minutos y luego tomar la infusión ligeramente dulce y aromática. Aunque así podemos preparar una bebida muy rica, si lo que buscamos es un alivio profundo de la ansiedad, el insomnio, el dolor, la inflamación y los síntomas de la gripe y el resfriado, necesitamos una infusión más fuerte y más amarga.

En lugar de comprar la manzanilla en bolsitas, yo recomiendo comprarla a granel. De ese modo sale más barata y resulta más fácil preparar una tisana cargada. Cuando compres manzanilla a granel, para saber si es de calidad debes fijarte en el aroma. Tiene que ser muy aromática. Por suerte, es fácil de conservar y, si la guardas en un lugar fresco y oscuro, dura un par de años.

La manzanilla va muy bien en vahos para cuando tenemos la nariz taponada o inflamada. Para hacerlos, pon un par de puñados de manzanilla en una palangana mediana. Vierte varias tazas de agua hirviendo sobre ella y remueve bien para empapar las flores. Coloca la cabeza encima de la palangana y envuélvela en una toalla, junto con la palangana, para que no se vaya el vapor. Respira profundamente. Puedes hacerlo todo el tiempo que quieras. Si el agua se enfría, no tienes más que añadir agua caliente.

CANTIDADES RECOMENDADAS

Con una cantidad pequeña de manzanilla dejada en infusión durante poco tiempo obtenemos una tisana deliciosa. Si quieres utilizarla para algo más que para hacer una bebida agradable, una infusión más cargada y más amarga te dará mejores resultados.

La dosis terapéutica de la manzanilla es la siguiente:

En infusión: De 9 a 15 gramos al día.

En tintura (flores secas): 1:5, 40 % de alcohol, de 3 a 6 ml 3 veces al día[10].

CONSIDERACIONES ESPECIALES

La manzanilla suele considerarse segura para todo el mundo; sin embargo, hay algunas personas que tienen alergia a la familia de las asteráceas y pueden mostrarla también a la manzanilla.

SOLUCIÓN DE MANZANILLA PARA LAVAR LOS OJOS

Esta es una simple solución salina. Este tipo de soluciones calman la irritación de los ojos y de las membranas mucosas y resultan mucho más suaves que el agua sola.

Necesitarás una copa lavaojos y una gasa de quesero o un filtro de café. Las copas lavaojos han sido diseñadas para tratar las infecciones oculares (como la conjuntivitis) y pueden comprarse en muchas farmacias.

Todos los utensilios deben estar lo más estériles posible. Lávalos bien con agua caliente jabonosa y considera la posibilidad de hervirlos antes de usarlos. Para tratar una infección en los ojos, esteriliza la copa después de lavar un ojo y antes de pasar al otro para no propagar la infección del primero al segundo.

Puedes lavarte los ojos con esta solución varias veces al día. Eso sí, tienes que prepararla cada día para evitar que pueda contaminarse.

Se obtiene 1 taza

1 taza de agua destilada*

½ cucharadita de sal (sal marina o sal auténtica; no emplees sal de mesa)

2 cucharadas soperas de manzanilla seca

* Utiliza solo agua destilada. El agua del grifo puede contener cloro, flúor y otras sustancias químicas que no son apropiadas para los ojos.

---

1. Mezcla el agua con la sal en un cazo. Ponla a calentar y remueve con suavidad hasta que la sal se haya disuelto. Deja hervir durante 5 minutos y apaga el fuego.

2. Añade la manzanilla, tapa y deja reposar durante 10 minutos. Cuela con varias capas de gasa de quesero o con un filtro de café pero no escurras la gasa. Es importante que no quede ningún trocito de manzanilla en la solución porque irritaría los ojos.

3. Deja enfriar la solución en una jarra medidora de vidrio con pitorro para servir.

4. Cuando la solución esté templada, viértela en una copa lavaojos estéril. Llena la copa hasta la mitad. Inclina la cabeza hacia adelante y coloca la copa sobre el ojo ajustándola bien. Sujeta la copa sobre la cuenca del ojo y echa la cabeza hacia atrás. Parpadea varias veces para que la solución entre bien en el ojo. A continuación, cierra el ojo y sigue sosteniendo la copa en su sitio durante 1 o 2 minutos. Si fuera necesario, repite con el otro ojo.

MEZCLA PARA INFUSIÓN DE MANZANILLA CON ROSAS Y VAINILLA

- 1 cucharada sopera de manzanilla seca
- 1,5 cucharaditas de paja de avena (*Avena sativa*)
- 1,5 cucharaditas de pétalos de rosa
- 2,5 cm (1 pulgada) de vaina de vainilla picada
- Miel al gusto (opcional)

Aquí tienes una mezcla para preparar una infusión que está riquísima después de las comidas. Una de mis probadoras de recetas, Cathy Izzi, la describe como si fuera un buen vino. Dice que es suave, con mucho cuerpo y no excesivamente floral, pero con un sabor muy agradable y reconfortante. También observó que la vainilla le da un toque final agradable y sutil.

Se obtienen 1,5 tazas

1. Pon a hervir 1,5 tazas de agua. Cuando hiervan, introduce las hierbas, tapa y deja reposar durante 15 minutos. Una vez transcurridos, cuela.

2. Si lo deseas, puedes añadirle miel.

POLOS DE MANZANILLA

Estos polos son un regalo muy sano para los calurosos días veraniegos y también un gran remedio herbal para niños de todas las edades. La receta ha sido formulada para reponer los electrolitos y ayudar a rehidratar a los niños cuando han estado jugando con mucho despliegue de energía un día de verano, pero también viene muy bien cuando se están recuperando de una enfermedad digestiva como la diarrea, el estómago revuelto o incluso los vómitos. Para ella necesitarás palitos de madera y algún tipo de moldes (sirven los vasos de papel).

Se obtienen seis postres de 90 g (3 oz)

1. Pon a hervir 300 ml (1,25 tazas) de agua. Introduce la manzanilla y el hibisco en una taza, vierte el agua caliente por encima y deja reposar durante 10 minutos.

2. Cuela la infusión y viértela en un bol pequeño. Mientras esté todavía caliente, añade miel al gusto. Remueve bien para que la miel se disuelva totalmente (como vas a mezclar esta infusión con yogur, quizá le vaya mejor estar bastante dulce).

3. Añade la sal y el zumo de limón. Mezcla bien. Deja que se enfríe un poco (unos 5 minutos).

4. Agrega el yogur y mezcla bien.

5. Vierte la mezcla en moldes o en vasos de papel y clava un palito en el centro de cada uno. Introdúcelos en el congelador hasta que estén sólidos (tardarán varias horas).

6. Es preferible consumirlos en un plazo de una semana, antes de que la congelación les produzca quemaduras.

2 cucharadas soperas de manzanilla seca

1 cucharada sopera de hibisco seco

3 o 4 cucharadas soperas de miel o al gusto*

Una pizca de sal

1 cucharada sopera de zumo de limón

1 taza de yogur griego

* Si los vas a preparar para niños menores de dos años, sustituye la miel por azúcar para evitar el posible riesgo de botulismo.

dulces

BEE LIGHT HONEY
Methow Valley, WA

RAW
UNFILTERED

2.5 LB

«OBTENEMOS UNA VIDA LARGA, RECUPERAMOS
LA JUVENTUD, CONSEGUIMOS UNA MEMORIA
Y UN INTELECTO AGUDOS Y NOS VEMOS LIBRES
DE ENFERMEDADES, TENEMOS LA PIEL LUSTROSA
Y LA FUERZA DE UN CABALLO».

CHARAKA, SABIO AYURVÉDICO DEL AÑO 100 A.C.

CAPÍTULO 32

Ashwagandha

Desde hace muchísimo tiempo, la ashwagandha es una planta medicinal muy venerada en India y en África y, en los últimos años, ha enamorado a los herboristas occidentales con su capacidad para fortalecer a las personas cansadas y calmar a las que están estresadas y angustiadas.

La palabra *ashwagandha* puede traducirse como 'olor a orina o sudor de caballo'. ¡No dejes que esta descripción te impida probar esta planta increíble! Aunque no huela precisamente a rosas, según un dicho muy común, te da la fuerza de un caballo semental. Es una planta segura y poderosamente rejuvenecedora que podría beneficiar a muchas de las personas que sufren problemas de salud crónicos en la sociedad de hoy en día.

Nombre botánico: *Withania somnifera*

Familia: Solanáceas

Partes utilizadas: Raíz (fundamentalmente), hojas, bayas

Energética: Calorífica, humectante

Sabor: Dulce, amargo

Propiedades de la planta: Adaptógena, antiinflamatoria, antioxidante, ansiolítica, afrodisíaca, inmunomoduladora, cardioprotectora

Usos de la planta: Fatiga, emaciación, salud reproductora, hipotiroidismo, insomnio, longevidad, falta de deseo sexual, enfermedades degenerativas, ansiedad, asma, artritis, fibromialgia, resistencia a la insulina

Preparación de la planta: Polvo, tintura, decocción

L a ashwagandha pertenece a la familia de las patatas y los tomates y crece como las toma-
teras (con las mismas condiciones y estructura de cultivo). Las primeras referencias escritas
de esta planta las encontramos en textos ayurvédicos de hace tres o cuatro mil años. El
ayurveda la clasifica como *rasayana*, una planta que rejuvenece profundamente y favorece la
longevidad. Las plantas rasayana son especialmente veneradas por conservar la buena salud
durante la vejez.

ENERGÉTICA Y PROPIEDADES MEDICINALES DE LA ASHWAGANDHA

En la herbología occidental clasificamos la ashwagandha como una planta adaptógena, es
decir, una planta que se utiliza para construir y alimentar a la persona como un todo. Este tipo
de plantas suelen utilizarse para las personas agotadas y fatigadas, es decir, sencillamente
hechas polvo.

PARA MEJORAR EL SUEÑO Y DISMINUIR LA ANSIEDAD

¿Estás cansado, angustiado o hecho fosfa-
tina? ¿Te cuesta dormir bien por las noches? La
ashwagandha fortalece y calma el sistema nervioso. Si se toma durante un cierto tiempo, res-
taura los ciclos de sueño saludables y alivia la
ansiedad. Aunque hay muchas razones que
pueden provocar ansiedad, yo veo muchas personas que muestran síntomas de padecerla y
son al mismo tiempo incapaces de dormir bien.
De este modo se crea un círculo vicioso que la
ashwagandha consigue romper a menudo.

A esta planta se la conoce también como
«ginseng de la India» por su capacidad para
potenciar la vitalidad. Sin embargo, aunque
Panax ginseng puede resultar excesivamente
estimulante para las personas que sufren ansiedad, la ashwagandha en cambio es fantástica para disminuir la ansiedad y calmar el
sistema nervioso.

En un estudio sobre la ansiedad se dividió a
los participantes en dos grupos. El primero tomó
pequeñas dosis de ashwagandha y un multivita-
mínico, hizo ejercicios de respiración profunda y
recibió asesoramiento alimentario. El segundo
fue sometido a psicoterapia, hizo los mismos
ejercicios respiratorios y recibió un placebo
para sustituir a la ashwagandha. Al cabo de
ocho semanas, los que tomaban ashwagandha
mostraron una mayor disminución de la ansiedad que los del grupo placebo[1] (me gusta muchísimo cómo este estudio se centró en la salud
holística, no solo en una dosis de una planta,
para afrontar un problema de salud complejo).

PARA MEJORAR LA ENERGÍA

La ashwagandha alivia la fatiga cotidiana
y mejora los niveles de energía de pacientes
sometidas a quimioterapia para tratar el cáncer de mama. En un estudio concreto, las pacientes que tomaban ashwagandha para
combatir la fatiga relacionada con el cáncer
tuvieron una tasa de supervivencia más alta.
Los investigadores afirmaron que estos datos
no son estadísticamente significativos pero in-
vitan a hacer más estudios que puedan vali-
dar sus hallazgos[2].

La ashwagandha favorece también la
energía gracias a su capacidad para mejorar

la función tiroidea, aunque hacen falta más ensayos clínicos en seres humanos para demostrarlo[3].

PARA LA SALUD REPRODUCTIVA

Desde hace mucho tiempo, la ashwagandha se utiliza para potenciar el deseo sexual y la fertilidad. En la actualidad, la ciencia está avalando estas propiedades. En un estudio, 75 hombres que tomaban ashwagandha mostraron una mejoría en la calidad del semen, un dato que los investigadores atribuyeron a la disminución de los niveles de estrés oxidativo y a la regulación de los niveles hormonales[4]. Otro estudio analizó a 180 hombres que tomaron 5 gramos de ashwagandha durante tres meses. Según los investigadores, «*Withania somnifera* no solo reinicia la actividad enzimática de las vías metabólicas y el metabolismo de la energía, sino que además refuerza el equilibrio armónico de los metabolitos del plasma seminal y las hormonas reproductoras en hombres infértiles»[5].

También se ha comprobado que mejora la función sexual de mujeres sanas. En un estudio piloto se administró a 25 mujeres un concentrado de extracto de raíz de ashwagandha y, a otras 25, un placebo a base de almidón. Al cabo de ocho semanas, las que tomaban la raíz de ashwagandha mostraron numerosas mejoras significativas en la función sexual, en aspectos como, por ejemplo, la lubricación y el orgasmo[6].

PARA EL CEREBRO

La ashwagandha es muy conocida por sus propiedades para reforzar la memoria. En un ensayo clínico doble ciego y controlado por placebo, la capacidad cognitiva de 20 hombres que tomaron un extracto de hojas y raíces

secas de ashwagandha dos veces al día mejoró significativamente. Los autores del ensayo plantean la hipótesis de que la ashwagandha puede resultar útil en el tratamiento de trastornos que afectan al rendimiento cognitivo[7].

Otro ensayo aleatorio, doble ciego y controlado por placebo demostró que mejora la memoria de trabajo, el tiempo de reacción y la función social en personas diagnosticadas con trastorno bipolar[8].

PARA REFORZAR EL SISTEMA INMUNITARIO

Los beneficios de la ashwagandha incluyen el refuerzo del sistema inmunitario. En un ensayo se comprobó que aumenta cuatro células distintas de este sistema, lo que indica un cambio muy importante en la activación de las células inmunitarias[9].

El especialista en cáncer y herborista Donald Yance afirma: «Yo utilizo ashwagandha en fórmulas adaptógenas para todos mis pacientes de cáncer durante las sesiones de quimioterapia y de radioterapia, durante la cirugía y después. Sus propiedades inmunomoduladoras han sido bien investigadas y son significativas»[10].

PARA DAR APOYO A PERSONAS CON ENFERMEDADES DEGENERATIVAS

Los herboristas utilizan esta planta para tratar numerosas enfermedades degenerativas, debilitantes y crónicas como la artritis, la fibromialgia y la fatiga crónica. Como genera tejidos y favorece la salud general, ayuda a los pacientes a recuperar la fuerza. En el libro *The Way of Ayurvedic Herbs*, sus autores, Khalsa y Tierra, escriben: «El ayurveda la conside-

ra una planta «enraizante», es decir, que nutre y regula los procesos metabólicos y estabiliza el estado de ánimo»[11].

Diversos estudios han demostrado que ejerce un efecto hipoglucémico beneficioso y que puede regular los niveles de colesterol, lo que indica que podría ser una planta importante para las personas que sufren resistencia a la insulina y diabetes tipo 2[12].

CÓMO UTILIZAR LA ASHWAGANDHA

La ashwagandha se suele utilizar pulverizada, y así es como yo prefiero usarla. Aunque puede tomarse sola, el ayurveda suele emplearla en fórmulas. Algunas de ellas son muy complicadas, pero a menudo se mezcla simplemente con plantas picantes como la pimienta larga (*Piper longum*) o con la clásica mezcla ayurvédica conocida como trikatu (véase la receta de las Pastillas Trikatu en la página 153).

CANTIDADES RECOMENDADAS

A diferencia de muchas de nuestras plantas aromáticas, la ashwaganda no es nada sabrosa. En lugar de utilizarla para condimentar un plato, solemos más bien usarla en recetas que escondan su sabor.

La dosis terapéutica es la siguiente:

En polvo: De 3 a 6 gramos al día[13].

En decocción: De 20 a 30 gramos al día mezclados con leche caliente[14].

En tintura: 1:4, 60 % de alcohol, de 2 a 8 ml al día[15].

CONSIDERACIONES ESPECIALES

La ashwagandha solo debe usarse en el embarazo bajo la supervisión de un herborista cualificado o de un profesional sanitario.

No debe tomarse junto con barbitúricos porque puede potenciar sus efectos sedantes.

Algunas personas con intolerancia a las solanáceas pueden no tolerarla, aunque el porcentaje es muy pequeño.

Según la teoría ayurvédica, no debe utilizarse cuando existe una infección de las vías respiratorias altas o una gran congestión mucosa.

GHEE DE ASHWAGANDHA

La combinación de ashwagandha con especias picantes y ghee (mantequilla clarificada) es una práctica tradicional del ayurveda. El ghee se puede hacer en casa o comprarlo en herbolarios o por internet. También puedes sustituirlo por aceite de coco.

El trikatu en polvo es una fórmula herbal ayurvédica formada por una combinación de tres hierbas picantes. Se puede comprar, hacer en casa (véase la receta de las Pastillas Trikatu en la página 153) o sustituirlo por la misma cantidad de pimienta negra.

Las especias de esta receta aumentan la absorción de la ashwagandha y el ghee es una buena fuente de grasas saludables. El sabor dulce de la miel se suele añadir para las personas con constitución fría y seca. Yo suelo recomendar una cucharada sopera al día para las personas que sufren ansiedad o insomnio.

Se obtienen 50 g (⅓ de taza)

3 cucharadas soperas de ghee

1 cucharada sopera de miel

25 gramos (½ taza) de ashwagandha en polvo

1 gramo (1 cucharadita) de trikatu en polvo

1. Calienta suavemente el ghee y la miel en un cazo pequeño a fuego muy lento. No lo calientes demasiado. Solo hace falta que se fundan y adquieran una consistencia líquida.

2. Añade los polvos de ashwagandha y trikatu y remueve bien. Vierte en un tarro de vidrio para que se enfríe.

3. Puedes guardarlo a temperatura ambiente y debes consumirlo en un plazo de una semana.

250 gramos (aproximadamente 1,5 tazas) de dátiles sin hueso picados

2 cucharadas soperas de cacao en polvo

40 gramos (⅓ de taza) de ashwagandha en polvo

⅔ de taza de virutas de coco (y un poco más para rebozar)

50 gramos (¼ de taza) de tahini

2 cucharaditas de extracto de vainilla

½ cucharadita de extracto de naranja ecológico

1 cucharadita de canela en polvo

1 cucharadita de jengibre en polvo

Una pizca de sal

CAPRICHOS DE ASHWAGANDHA Y DÁTILES

Pulverizar las hierbas y utilizarlas en una mantequilla de frutas desecadas, frutos secos o semillas es una forma estupenda de disfrutarlas sin necesidad de tomarlas en cápsulas. Estos aperitivos tan deliciosos son una variante de una receta que le gusta mucho preparar a mi amiga Emily. Ella recomienda hacerlos con el estómago lleno. «De lo contrario, puedes acabar comiéndote la mitad de la mezcla antes de hacer las bolitas. Es lo que suele pasar».

Yo recomiendo tomar 2 o 3 al día.

Se obtienen aproximadamente 40 bolitas del tamaño de una cucharadita

1. Pon a remojo los dátiles sin hueso en agua caliente durante 30 minutos.

2. Una vez transcurrido ese tiempo, escúrrelos bien (puedes reservar el agua para cocer arroz dulce o gachas de avena; véase la receta del Arroz con Astrágalo y Cardamomo en la página 312).

3. Introduce los dátiles y el resto de los ingredientes en un robot de cocina. Bate hasta formar una pasta consistente.

4. Refrigera la mezcla durante 30 minutos.

5. Forma unas bolitas del tamaño de una cucharadita y rebózalas con coco. Guárdalas en el frigorífico y consúmelas en el plazo de una semana.

BATIDO DE ASHWAGANDHA
Y PLÁTANO

Este batido tan rico es una forma estupenda de compartir las cualidades nutritivas y potenciadoras de la ashwagandha. Si tienes intolerancia a los productos lácteos, utiliza el yogur sin leche que prefieras. Para la manteca de frutos secos o semillas puedes utilizar una de cacahuete, almendras, anacardos o pipas de girasol.

Se obtienen 5 tazas, para 3-5 personas

1. Introduce todos los ingredientes en el vaso de la batidora. Bate hasta que estén bien triturados.

2. Vierte la mezcla en vasos. Rebaña con una espátula los lados del vaso porque quedan muchas hierbas estupendas.

3. Bebe inmediatamente.

2 plátanos

2 tazas de leche de almendras

1 yogur natural

½ taza de manteca de frutos secos o de semillas

50 g (¼ de taza) de aceite de coco

2 cucharadas soperas de ashwagandha en polvo

2 cucharaditas de canela en polvo

Sirope de arce o miel al gusto

«EL ASTRÁGALO TIENE UN SABOR DULCE TAN SUAVE
QUE SE PRESTA A SER UTILIZADO COMO INGREDIENTE
BÁSICO INMUNOPOTENCIADOR DE CASI CUALQUIER
FÓRMULA Y EN MUCHAS RECETAS. ESTOY CONVENCIDA
DE QUE HA AYUDADO A MIS HIJOS A SUPERAR QUINCE
TEMPORADAS DE RESFRIADOS Y GRIPES SIN QUE
TUVIERA QUE RECURRIR A LA MEDICINA
CONVENCIONAL».

STEPHANY HOFFELT, HERBORISTA Y FUNDADORA DE
NATURALLYSIMPLE.ORG

CAPÍTULO 33

Astrágalo

¿Te sueles resfriar en invierno? ¿Sueles coger la gripe a menudo? Aunque evitar el contacto con personas enfermas y lavarte las manos puede ayudarte a evitar las enfermedades, tu mejor defensa es fortalecer tu sistema inmunitario. El sueño reparador, el ejercicio diario, una dieta a base de alimentos integrales y mantener la vitamina D3 en un nivel óptimo son formas muy potentes de lograrlo. Las plantas, incluido el astrágalo, pueden ser también un factor muy importante para potenciar tu sistema inmunitario.

Nombre botánico: *Astragalus propinquus* (sin. *Astragalus membranaceus*)

Familia: Fabáceas / leguminosas

Partes utilizadas: Raíz

Energética: Ligeramente calorífica, ligeramente secante

Sabor: Dulce

Propiedades de la planta: Inmunomoduladora, antioxidante, hepatoprotectora, cardioprotectora, adaptógena, diurética

Usos de la planta: Disfunción del sistema inmunitario (como consecuencia de resfriados y gripes frecuentes, alergias estacionales, VIH, cáncer), angina de pecho, hipertensión, hepatitis, fatiga, asma, prolapso de órganos, debilidad de las extremidades, anemia

Preparación de la planta: Decocciones, cocinada con los alimentos, polvo, cápsulas, tintura

El astrágalo llegó hasta nosotros procedente de China, donde lleva miles de años utilizándose para fortalecer el sistema inmunitario, y se ha integrado muy rápidamente en la herbología occidental. En una encuesta realizada a herboristas en ejercicio, quedó en el décimo sexto puesto entre las cincuenta hierbas más utilizadas por los terapeutas occidentales. No se ha realizado ningún ensayo clínico de calidad con esta planta y por eso la mayor parte de lo que sabemos de ella procede de su amplio uso en la medicina tradicional china y, más recientemente, en la herbología occidental.

TIPOS DE ASTRÁGALO

El género *Astragalus* comprende más de dos mil especies diferentes. Algunas de ellas son tóxicas y no se conoce ninguna que tenga las mismas cualidades que *Astragalus propinquus* (sin. *Astragalus membranaceus*), aunque unas pocas tienen propiedades medicinales. Cuando compres o cultives astrágalo, asegúrate de que sea esta variedad y no cualquier otra de las muchas que pertenecen a este género.

ENERGÉTICA Y PROPIEDADES MEDICINALES DEL ASTRÁGALO

La raíz de astrágalo es una de las mejores plantas para el sistema inmunitario. Es adaptógena, es decir, ayuda a recuperar la salud general del organismo. Numerosos estudios han demostrado que es un aliado muy útil en enfermedades como el cáncer y que protege contra dolencias frecuentes de las vías respiratorias superiores como el resfriado y la gripe. Además, tiene muchas propiedades protectoras para el corazón, el hígado y los riñones, por lo que es muy adecuada para los cuidados preventivos.

El astrágalo es una de las plantas fundamentales de la fórmula clásica china Yu Ping Feng Pian, también conocida como Fórmula Pantalla de Jade, que se utiliza para formar un escudo protector e impedir la entrada de los patógenos en el organismo. El herborista Paul Bergner explica: «En términos médicos chinos, el astrágalo construye el chi protector. Imagina que tu cuerpo está rodeado por un escudo protector, situado justo debajo de la piel, que evita la entrada del frío y de otras influencias externas. Revitaliza las defensas inmunes no específicas y previene las infecciones. Este es el chi protector, y el astrágalo es la hierba más importante de la herbología china para reforzarlo»[1].

PARA POTENCIAR EL SISTEMA INMUNITARIO

Los herboristas definen el astrágalo como inmunomodulador, un término muy amplio que, en líneas generales, significa que influye positivamente sobre el sistema inmunitario y lo fortalece. A partir de unos ensayos clínicos limitados en seres humanos y de unos estudios *in vitro*, sabemos que aumenta el recuento de leucocitos, disminuye la replicación viral y estimula la producción de células T [2, 3, 4, 5].

Yo solía pasar todo el invierno acatarrada y cogía la gripe prácticamente todos los años. Era evidente que tenía el sistema inmunitario derrotado y que era presa de todo lo que acertaba a pasar a mi lado. Ahora casi nunca cojo una infección de las vías respiratorias altas y lo atribuyo a que tomo té de astrágalo con regularidad y a que tengo siempre la vitamina D3 en el nivel óptimo. He visto cómo mucha gente reduce la frecuencia de los resfriados y las gripes haciendo estas dos cosas (en este capítulo incluyo una receta de Té de Astrágalo).

Los herboristas lo recomiendan para aliviar los efectos secundarios de los tratamientos de quimioterapia. En un estudio se administraron inyecciones de astrágalo junto con la quimioterapia a pacientes con tumores malignos. En comparación con los pacientes que solo recibieron quimioterapia, aquellos a los que se administraron las inyecciones de astrágalo habían inhibido el desarrollo del tumor, mostraron menos deficiencias funcionales y mejoraron su calidad de vida [6].

PARA AUMENTAR LA ENERGÍA

Los herboristas suelen recomendar el astrágalo a las personas que sufren fatiga adrenal, fibromialgia y síndrome de fatiga crónica. De todas formas, no hace falta estar enfermo para beneficiarse de él. En un estudio realizado con dos grupos de deportistas se administró a uno de ellos una fórmula herbal china en la que el astrágalo era el ingrediente principal y al otro, un placebo. Al cabo de ocho semanas, los que tomaron la fórmula con astrágalo mostraron mayor resistencia y una mejor recuperación de la fatiga. Los investigadores concluyeron que actuaba «aumentando la entrada de oxígeno y su utilidad sistémica» [7].

PARA EL CORAZÓN, LOS RIÑONES Y EL HÍGADO

Se han estudiado ampliamente los efectos del astrágalo en la mejoría de la función cardíaca, incluso en pacientes con casos extremos de insuficiencia cardíaca congestiva [8]. En un estudio realizado con dos grupos de pacientes con esta enfermedad, a uno se le administró una inyección de astrágalo (unos 80 gramos de planta) y al otro, el tratamiento convencional. Al cabo de cuatro semanas, ambos grupos mostraron mejoría, pero la función cardíaca era significativamente mejor en el grupo al que se habían administrado las inyecciones de astrágalo [9].

Se ha comprobado que, además, previene y repara los daños producidos por medicaciones o infecciones víricas en los riñones y el hígado. En un estudio se demostró que una combinación de astrágalo y angélica mejoraba la función renal en pacientes con enfermedades renales crónicas [10].

CÓMO UTILIZAR EL ASTRÁGALO

El astrágalo va nutriendo lentamente el organismo, así que no esperes resultados inmediatos. Como es casi un alimento, los herboristas recomiendan tomarlo a diario, en grandes cantidades y durante mucho tiempo. Tiene un suave sabor dulce y puede cocinarse con los alimentos o disfrutarse en infusión.

La raíz de astrágalo se vende a granel en tres presentaciones diferentes: en rodajas, cortada y tamizada y en polvo. No compres aquellas raíces que parezcan depresores linguales porque a menudo contienen tintes amarillos químicos.

A mí me gusta comprarla en rodajas para hacer sopa (porque así resulta fácil de retirar) y muy cortada y tamizada para preparar mezclas para infusión. Cuando utilices en la cocina la raíz entera en rodajas (para hacer sopas, arroces, quinua, etc.), tendrás que retirarla al final porque es demasiado fibrosa y no se puede comer.

CANTIDADES RECOMENDADAS

Yo recomiendo tomar grandes cantidades de astrágalo, entre 10 y 30 gramos al día, tal y como hacen en la medicina tradicional china. Resulta difícil llegar a esa cantidad en tintura o en cápsulas.

CONSIDERACIONES ESPECIALES

Asegúrate de comprar o cultivar *Astragalus membranaceus* y no cualquier otra de las muchas variedades que componen este género.

Tómalo para prevenir los resfriados y la gripe; sin embargo, evítalo si ya estás en la fase aguda de la enfermedad (con una excepción: si la persona está enferma y tiene muchos síntomas de deficiencias, puede utilizarse para fortalecerla y ayudarla a ponerse bien).

No utilices el astrágalo junto con fármacos inmunosupresores (interactúa con la interleucina-2 recombinante y con el interferón alfa 1 y 2 recombinante).

TÉ DE ASTRÁGALO

Tomar este té tan delicioso es una forma estupenda de fortalecer el sistema inmunitario durante los meses de inverno. Las especias te calientan de dentro afuera, por lo que es una infusión perfecta para las épocas más frías del año. Como la raíz de astrágalo se puede adquirir en tamaños y formas muy diversos y resulta difícil medirla por volumen, te recomiendo que utilices una báscula para medirla al peso.

Para 1 persona

1. *En el fuego:* Introduce todos los ingredientes en un cazo con 2,5 tazas de agua. Pon a calentar y, cuando rompa a hervir, reduce el fuego, tapa y deja que hierva lentamente durante 20 minutos. Una vez transcurrido ese tiempo, cuela y añade leche y miel al gusto. Debes consumirlo en un plazo de 36 horas.

2. *En olla de cocción lenta:* Introduce todos los ingredientes en una olla de cocción lenta junto con 2,5 tazas de agua. Pon la olla a poca potencia y deja cocer tapado durante toda la noche. A la mañana siguiente, comprueba la cantidad de líquido que queda. Si te parece poco, añade más agua. Cuela y añade leche y miel al gusto. Debes consumirlo en un plazo de 36 horas.

De 20 a 30 gramos de raíz de astrágalo (entre 15 y 20 rodajas pequeñas aproximadamente)

1 cucharada sopera de cáscara de naranja seca*

2 cucharaditas de jengibre fresco picado o seco

½ cucharadita de trocitos de canela

½ cucharadita de granos de pimienta enteros

1 o 2 vainas de cardamomo

2 clavos enteros

 * La cáscara de naranja seca que se compra en las tiendas viene en trozos pequeños y uniformes. Si vas a prepararla tú mismo, asegúrate de picar muy fino las cáscaras antes de secarlas porque resultan difíciles de cortar una vez secas.

Astragalus Chai

15-20 slices

cinnamon chips (1/2 Tbsp)

whole peppercorns (1/2 tsp)

amom ods (1-2)

dried ginger root (2 tsp)

whole cloves (2)

1 taza de arroz basmati

1 lata de 400 ml (13,5 oz) de
leche de coco

2 cucharadas soperas de raíz
de astrágalo en polvo

2 cucharadas soperas de
cardamomo en polvo

2 cucharadas soperas de miel
o al gusto

ARROZ CON ASTRÁGALO
Y CARDAMOMO

A mi marido y a mí nos encanta este postre tan sencillo que
incluye una de mis especias favoritas, el cardamomo, y aporta
las cualidades alimenticias del astrágalo. Es muy fácil de hacer
y estupendo para darnos un caprichito dulce después de cenar.
Tiene una consistencia cremosa o densa.

Se obtienen 4 tazas, para 4-8 personas

1. Introduce el arroz, la leche de coco y el astrágalo en una cazuela y añade 400 ml (1 ⅔ tazas) de agua.

2. Calienta a fuego medio-alto hasta que empiece a hervir. Reduce
   el fuego, remueve el arroz, tapa y deja cocer durante 20 minutos o hasta que el arroz esté bien hecho.

3. Retira la cazuela del fuego. Añade el cardamomo y la miel. Mezcla bien.

4. Disfrútalo mientras esté todavía templado y consúmelo en un
   plazo de 3 días.

CALDO DE HUESOS CON ASTRÁGALO

El caldo de huesos es al mismo tiempo el secreto para preparar una sopa deliciosa y una forma estupenda de incluir en tu dieta hierbas inmunomoduladoras como el astrágalo. Es rico en calcio, magnesio, fósforo, silicio, azufre, oligoelementos, sulfatos de condroitina y glucosamina. El vinagre de sidra ayuda a extraer los minerales y el calcio de los huesos. Al hervir, la gelatina que contienen pasa al caldo (por eso se queda gelatinoso al enfriar).

Esta receta es más bien una orientación general porque hay muchas formas distintas de hacer caldo de huesos. Puedes preparar la cantidad que quieras. A mí me gusta hacer mucho y congelar lo que no voy a usar en ese momento. Luego puedes emplearlo como base para una sopa o tomarlo tal cual, quizá con un poco de miso. ¡Para chuparse los dedos!

Se obtiene una cantidad variable

Huesos de pollo o de ternera suficientes para llenar ⅓ de una olla grande

2 cucharadas soperas de vinagre de sidra

1 cebolla picada en trozos gruesos (con piel)

2 zanahorias, sin hojas, picadas en trozos gruesos

3 puñados grandes de raíz de astrágalo seca en rodajas (unos 75 gramos o 2,5 onzas)

1. Precalienta el horno a 190 °C (375 °F). Coloca los huesos en una fuente de horno y ásalos entre 20 y 30 minutos.

2. Introduce los huesos asados, el vinagre de sidra, la cebolla, las zanahorias y el astrágalo en una olla grande. Llénala con agua y ponla a calentar. Cuando rompa a hervir, reduce el fuego para que siga cociendo lentamente.

3. Al cabo de un rato verás que se ha formado espuma. Retírala con suavidad cada dos minutos, más o menos.

4. Cuando el caldo esté limpio, tapa la olla. Sigue cociendo a fuego lento entre 12 y 24 horas. Cuando esté listo, cuela y retira los ingredientes sólidos.

5. Guarda el caldo en el frigorífico o en el congelador hasta que vayas a utilizarlo. Si vas a tardar más de 2 días, congélalo.

EPÍLOGO

Ya has llegado al final del libro, pero esto no es más que el comienzo de una aventura emocionante. A medida que vayas experimentando con las distintas plantas, irás conociendo mejor cómo eres y qué hierbas y especias te van bien porque irás notando cambios beneficiosos en tu cuerpo. La observación y las habilidades de atención que has desarrollado te aportarán la sabiduría necesaria para elegir de una forma eficaz los remedios que mejor te van. Es un tipo de sabiduría que no se puede comprar y que no se olvida con tanta facilidad como cuando memorizamos listas de las propiedades de las plantas y de los beneficios de los «superalimentos». Se trata más bien de tu propia transformación personal. La posees. ¡Eres el experto especializado en ti!

A medida que vayas descubriendo lo que de verdad te funciona, es probable que observes también cómo cambian tus preferencias. Comprobarás que lo que te va bien puede variar según la hora del día, la estación del año o la época de tu vida en la que estés o en situaciones especiales como una enfermedad. Por ejemplo, es posible que observes que las bayas de saúco son lo mejor para un resfriado concreto y que, en otra ocasión, necesitas recurrir al jengibre. No hay ninguna norma fija. En lugar de identificarte con tu solución única mística, ahora dispones de la capacidad para tomar las mejores decisiones en unas situaciones que cambian constantemente. Gracias a esta transformación, profundizarás tu conexión con la naturaleza y reconocerás aún mejor tus ciclos dentro de ella.

Una de las mejores formas de seguir aprendiendo es crear una comunidad con la que compartir la inspiración herbal. Yo he visto cómo la gente aprende cada vez más (y se divierte muchísimo) reuniéndose con amigos para recolectar plantas, cuidarlas y preparar remedios herbales. En la página LearningHerbs.com encontrarás siempre más inspiración herbal gratuita. Si quieres conectarte con otras personas por internet, te sugiero que te unas a la comunidad de apoyo de HerbMentor.com.

Espero que las técnicas y las recetas que has aprendido en este libro te sirvan el resto de tu vida; que a partir de ahora consideres tus comidas como oportunidades para incluir hierbas y especias deliciosas y curativas en tu dieta; y si recurres a las plantas para tratar dolencias menores como un dolor de garganta o una molestia muscular, ahora ya sabrás que dispones de soluciones seguras y naturales que están esperando a que las invites a entrar en tu cocina.

TABLAS DE CONVERSIÓN DE MEDIDAS

Aunque en este libro se indican las cantidades según el Sistema Internacional (SI) y el sistema estadounidense (cucharaditas, cucharadas soperas y tazas), las siguientes tablas servirán para resolver posibles dudas. Todas las equivalencias son aproximadas.

Taza	Polvo fino (p. ej. harina)	Granos (p. ej. arroz)	Granulados (p. ej. azúcar)	Líquidos solidificados (p. ej. mantequilla)	Líquidos (p. ej. leche)
1	140 g	150 g	190 g	200 g	240 ml
¾	105 g	113 g	143 g	150 g	180 ml
⅔	93 g	100 g	125 g	133 g	160 ml
½	70 g	75 g	95 g	100 g	120 ml
⅓	47 g	50 g	63 g	67 g	80 ml
¼	35 g	38 g	48 g	50 g	60 ml
⅛	18 g	19 g	24 g	25 g	30 ml

Equivalencias útiles para ingredientes líquidos según volumen				
1 ml	¼ cucharadita			
2 ml	½ cucharadita			
5 ml	1 cucharadita			
15 ml	3 cucharaditas	1 cucharada sopera		½ fl oz
30 ml		2 cucharadas soperas	⅛ de taza	1 fl oz
60 ml		4 cucharadas soperas	¼ de taza	2 fl oz
80 ml		5 ⅓ cucharadas soperas	⅓ de taza	3 fl oz
120 ml		8 cucharadas soperas	½ taza	4 fl oz
160 ml		10 ⅔ cucharadas soperas	⅔ de taza	5 fl oz
180 ml		12 cucharadas soperas	¾ de taza	6 fl oz
240 ml		16 cucharadas soperas	1 taza	8 fl oz
480 ml		1 pinta	2 tazas	16 fl oz
960 ml		1 quart	4 tazas	32 fl oz
1.000 ml	1 l			33 fl oz

Equivalencias útiles para ingredientes secos según peso		
(Para convertir gramos a onzas, divide entre 30)		
30 g	1 oz	1/16 lb
120 g	4 oz	¼ lb
240 g	8 oz	½ lb
360 g	12 oz	¾ lb
480 g	16 oz	1 lb

Equivalencias de temperaturas de cocción y horneado			
Proceso	Celsius	Fahrenheit	Horno de gas
Congelación del agua	0 °C	32 °F	
Temperatura ambiente	20 °C	68 °F	
Ebullición del agua	100 °C	212 °F	
Cocción	160 °C	325 °F	3
	180 °C	350 °F	4
	190 °C	375 °F	5
	200 °C	400 °F	6
	220 °C	425 °F	7
	230 °C	450 °F	8
Asado			Grill

Equivalencias de longitud				
(Para convertir centímetros a pulgadas, divide entre 2,5)				
2,5 cm		1 in		
15 cm		6 in	½ ft	
30 cm		12 in	1 ft	
90 cm		36 in	3 ft	1 yd
100 cm	1 m	40 in		

GLOSARIO

Este glosario es una guía rápida de algunos de los términos utilizados en este libro y con los que quizá no estés familiarizado. Aunque he incluido todos los básicos —los que necesitas conocer para sacarle el máximo partido a este libro—, muchos de ellos tienen un significado más complejo o matizado que aprenderás cuando profundices más en la herbología.

A

Aceite esencial: Los aceites esenciales son líquidos volátiles concentrados y naturales que suelen obtenerse mediante la destilación de plantas aromáticas.

Adaptógeno: A grandes rasgos, es básicamente algo que ayuda al cuerpo a adaptarse bien al estrés. Los adaptógenos se consideran plantas que refuerzan el organismo y suelen utilizarse para personas que muestran señales de debilidad o déficit como, por ejemplo, la fatiga crónica. Las plantas pertenecientes a esta categoría tienen una energética muy amplia y resultan más eficaces cuando se eligen para una persona en concreto. El astrágalo, la ashwagandha, la albahaca sagrada y el ginseng son ejemplos de plantas adaptógenas.

AINE: Antiinflamatorios no esteroideos. Entre ellos están la aspirina, el ibuprofeno y el naproxeno sódico.

Alterativo: Por lo general, las plantas alterativas potencian la depuración facilitando unas vías específicas de eliminación. Son varias las plantas que fortalecen distintos órganos o sistemas del cuerpo como el hígado, el aparato urinario, la piel, la linfa, los pulmones y el colon, entre otros. Muchas de estas plantas son amargas. Entre ellas podemos citar la alcachofa, el diente de león y la equinácea.

Amenorrea: Este trastorno se caracteriza por la falta de menstruación en una mujer en edad fértil.

Analgésico: Un analgésico es cualquier sustancia que calma el dolor. Las plantas analgésicas lo hacen de diversas formas. Algunas alivian la tensión muscular, otras resuelven el estancamiento de la sangre (hematomas o contusiones) y otras actúan sobre el sistema nervioso.

Ansiolítico: Estas plantas calman la ansiedad actuando sobre el sistema nervioso. Un ejemplo es la lavanda.

Antiemético: Las plantas antieméticas alivian las náuseas y las ganas de vomitar. El jengibre es un ejemplo de ellas.

Antiespasmódico: Las plantas antiespasmódicas alivian la tensión muscular y los calambres. Un ejemplo es la manzanilla.

Antitusivo: Un antitusivo combate la tos. Las plantas lo hacen de distintas formas. Algunas humedecen la tos seca, otras son antiespasmódicas e inhiben la tos espasmódica y otras son expectorantes y alivian la congestión que provoca la tos. El tomillo es un ejemplo de antitusivo.

Astringente: La astringencia es una propiedad importante de las hierbas. Está relacionada con la tensión y la tonificación de las mucosas. Resulta útil para curar heridas o reducir las secreciones excesivas (por ejemplo, el moqueo nasal o la diarrea). La salvia, la rosa y la corteza de roble son plantas astringentes.

B

Biodisponibilidad: Este término hace referencia a lo bien que una sustancia (nutrientes, fármacos, etc.) es asimilada por el organismo. Algunas plantas, como la pimienta negra, aumentan la biodisponibilidad de otras plantas o nutrientes.

C

Carminativo: Los carminativos son plantas que alivian los síntomas del estancamiento de la digestión. ¿Alguna vez has tenido la sensación de que la comida se te había quedado atascada en el estómago? ¿Te ha dolido la tripa por culpa de los gases? Ahí es donde resultan muy útiles los carminativos. Estas plantas suelen ser aromáticas (es decir, tienen un olor fuerte) y contienen aceites volátiles. El hinojo, el jengibre, el perejil y la manzanilla son ejemplos de plantas carminativas.

Cataplasma: Masa suave y húmeda de hierbas que se aplica externamente sobre el cuerpo para obtener un efecto terapéutico. Ayuda a llevar las hierbas directamente a la zona donde más se necesitan.

Colagogo: Las plantas colagogas estimulan la secreción de bilis por parte de la vesícula biliar. Resultan útiles para aquellas personas a las que les cuesta digerir las grasas. No deben utilizarse si se sabe de la existencia de una obstrucción en la vesícula. Algunos ejemplos de este tipo de plantas son la cúrcuma, el diente de león y la alcachofa.

Colerético: Las plantas coleréticas favorecen la salud hepática incrementando la producción de bilis. Muchas de las plantas amargas pertenecen a esta categoría.

Constitución: Tu constitución personal es tu mezcla exclusiva de cualidades energéticas relacionadas con el calor y el frío y con la sequedad y la humedad.

D

Decocción: Preparado herbal que implica cocer a fuego lento (o a veces hervir) las plantas durante mucho tiempo.

Demulcente: Las plantas demulcentes son humectantes y a menudo tienen un tacto baboso. Se utilizan para recubrir y proteger las membranas mucosas. Algunos ejemplos son la canela, las gachas de avena y el gel de aloe.

Diaforético: Los diaforéticos inducen la sudoración y a menudo se utilizan para ayudar en los procesos febriles. En la herbología se dividen en dos categorías: diaforéticos relajantes y diaforéticos estimulantes. (*Véanse también* Diaforético estimulante, Diaforético relajante).

Diaforético estimulante: Los diaforéticos estimulantes suelen utilizarse durante la fiebre cuando la persona tiene frío y está tiritando. Estas hierbas propagan el calor desde el núcleo del organismo hacia la periferia y ayudan al cuerpo a calentarse. El jengibre, la cayena y el ajo son diaforéticos estimulantes.

Diaforético relajante: Este tipo de plantas suelen utilizarse durante una fiebre cuando la persona está caliente y tensa pero no suda. Abren la periferia del cuerpo y permiten que salga el calor. Un ejemplo de ellas es la flor de saúco.

Difusor: Las plantas difusoras rompen la energía estancada y la mueven por todo el cuerpo. ¿Alguna vez has tomado una guindilla y has notado el calor en los dedos de las manos y de los pies? Eso es la difusión. Las plantas difusoras se utilizan a menudo para combatir el estancamiento de la digestión y suelen añadirse en pequeñas cantidades a las fórmulas herbales. El jengibre es un ejemplo de planta difusora.

Digestión estancada: A las personas con digestión fría y estancada les cuesta mucho trabajo transformar los alimentos en los nutrientes que necesitan para gozar de buena salud. Entre los síntomas de este trastorno están la sensación de pesadez en el estómago (como si tuvieras una roca inmóvil en la tripa), la hinchazón, las náuseas, la disminución del apetito, los eructos, la flatulencia, los gases dolorosos y el estreñimiento.

Disbiosis: La disbiosis es un desequilibrio de las bacterias beneficiosas (flora intestinal) del tracto digestivo que está provocando problemas digestivos generales.

Diurético: Las plantas diuréticas estimulan la micción. Un ejemplo es el diente de león.

E

Edema: Este trastorno se caracteriza por un exceso de líquido retenido en los tejidos del cuerpo, lo que provoca una inflamación.

Emenagogo: Este tipo de sustancias estimulan el flujo sanguíneo en el útero; algunas de las plantas pertenecientes a esta categoría pueden inducir la menstruación.

Ensayos *in vitro*: Ensayos realizados en un entorno controlado fuera de un organismo vivo. Por ejemplo, los ensayos de células en una placa de Petri.

Ensayos *in vivo*: Ensayos realizados en un organismo vivo, ya sea un animal, un ser humano o una planta.

Estíptico: Sustancia que detiene las hemorragias.

Expectorante: Las plantas expectorantes ayudan a expulsar del organismo el exceso de mucosidad. Los herboristas las dividen en dos categorías: expectorantes relajantes y expectorantes estimulantes. (*Véanse también* Expectorante estimulante, Expectorante relajante).

Expectorante estimulante: Los expectorantes estimulantes son plantas por lo general picantes. Licúan la mucosidad para que se pueda expulsar del cuerpo. El jengibre, la mostaza y el tomillo son ejemplos de este tipo de plantas.

Expectorante relajante: Los expectorantes relajantes o humectantes son plantas que incrementan el flujo mucoso saludable para combatir la congestión seca y pegada a los pulmones. Entre ellos encontramos la raíz de malvavisco y el plátano macho.

F

Flora intestinal: Este término hace referencia a las diversas bacterias que habitan en los intestinos de las personas. El cuerpo humano tiene una relación importante con su flora intestinal. Muchos problemas de salud están relacionados con los daños en esta flora. Por eso es importante tener cuidado con los antibióticos, que matan indiscriminadamente todo tipo de bacterias, incluidas las beneficiosas. Consumir alimentos fermentados, vivir en un entorno no excesivamente desinfectado (¡jugar con la tierra es muy bueno!), evitar el uso frecuente e innecesario de antibióticos y llevar una dieta nutritiva que incluya prebióticos son factores que contribuyen a tener una flora intestinal sana.

Fomento: Preparado herbal que se realiza empapando un paño en una infusión herbal y aplicándolo a una zona concreta. Se utilizan para combatir el dolor, las erupciones y el dolor de cabeza. Véase el Fomento de Menta en la página 122.

Función endotelial: El endotelio es una capa de células que recubre diversos órganos y también los vasos sanguíneos y linfáticos. Se produce una disfunción del endotelio cuando su capacidad de vasodilatar ante una estimulación se ve perjudicada; está asociada con las enfermedades cardiovasculares.

G

Galactogogo: Las plantas galactogogas estimulan la producción de leche materna. El hinojo es un ejemplo de ellas.

Ghee: Un tipo de mantequilla clarificada.

H

Hemostático: Las plantas hemostáticas detienen el sangrado. Entre ellas están la cúrcuma y la milenrama.

Hepatoprotector: Las plantas hepatoprotectoras protegen el hígado. El diente de león, el astrágalo y el cardo mariano son ejemplos de este tipo de plantas.

Hidrosol: Un hidrosol es una solución acuosa que se obtiene al destilar con vapor plantas aromáticas y es a menudo un subproducto de la elaboración de aceites esenciales. También se denominan aguas florales. La rosa, la lavanda y el azahar se utilizan a menudo como hidrosoles.

Homocisteína: La homocisteína es un aminoácido. Los niveles elevados de homocisteína se han relacionado con las enfermedades cardiovasculares.

I

Infusión: Extracción en agua de una hierba o especia. Por lo general se prepara con una cantidad pequeña de planta (1 cucharadita) y un tiempo de reposo breve (de 5 a 10 minutos).

Inmunomodulador: Las plantas pertenecientes a esta categoría refuerzan en un sentido amplio el sistema inmunitario. Suelen utilizarse para personas que enferman con frecuencia o que sufren alergias estacionales o dolencias autoinmunes. Entre ellas encontramos el astrágalo, la ashwagandha y la albahaca sagrada.

L

Linimento: Este preparado herbal es un producto de uso tópico elaborado con alcohol.

N

Nervino: Este término puede hacer referencia a un medicamento que calma los nervios, pero en herbología es muy amplio y designa cualquier planta que influya sobre el sistema nervioso. Los herboristas los dividen en dos categorías: relajantes y estimulantes. (*Véanse también* Nervino estimulante, Nervino relajante).

Nervino estimulante: Los nervinos estimulantes son plantas que aceleran el sistema nervioso. Algunas lo consiguen gracias a un componente como la cafeína (café, té) y otras, como el romero, poseen cualidades aromáticas específicas de naturaleza estimulante.

Nervino relajante: Los nervinos relajantes son plantas que calman el sistema nervioso y suelen utilizarse para personas con mucho estrés, ansiedad o dificultades para dormir. Entre ellos encontramos la manzanilla, la lavanda y el espino albar.

O

Ojimiel: Preparado herbal elaborado con miel y vinagre. En la página 183 encontrarás un ejemplo.

P

Partes aéreas: Este término hace referencia a todas las partes de la planta que crecen por encima de la tierra (en contraposición a las raíces).

Peristalsis: Acción normal de contracción del tracto digestivo que transporta los alimentos desde la boca hasta el ano.

Prebiótico: Sustancias ricas en hidratos de carbono que alimentan a las bacterias beneficiosas del tracto digestivo (flora intestinal). El diente de león es una planta rica en prebióticos.

R

Rasayana: Término ayurvédico para designar a las plantas que potencian la salud general y aumentan la longevidad.

Recolección silvestre: Identificación y recolección de plantas medicinales en la naturaleza.

Reconstituyente: Este tipo de plantas potencian la salud de un órgano concreto devolviéndole su funcionamiento normal, muchas veces gracias a sus cualidades nutritivas. El espino albar, por ejemplo, es un reconstituyente del corazón porque favorece a este órgano de muchas formas distintas.

Resistencia a la insulina: Estado de disfunción metabólica del organismo en el cual las células no responden correctamente ante la hormona insulina. Puede ser precursora de la diabetes.

Rubefaciente: Las plantas rubefacientes se aplican tópicamente para aumentar la circulación de la sangre en una zona. Provocan la dilatación de los capilares y aumentan la circulación sanguínea. Entre ellas están la cayena, el jengibre, la mostaza y el árnica.

S

Síndrome metabólico: Estado de disfunción metabólica en el que la persona presenta tres o más síntomas de un grupo de determinados factores de riesgo que eleva el peligro de sufrir una enfermedad cardiovascular y otros problemas de salud como la diabetes tipo 2.

Sinérgico: Sustancia que aumenta la potencia de las hierbas y fármacos.

Sistema nervioso parasimpático: Es la parte del sistema nervioso encargada del descanso y la relajación. (*Véase también* Sistema nervioso simpático).

Sistema nervioso simpático: Es la parte del sistema nervioso encargada de la lucha o huida. (*Véase también* Sistema nervioso parasimpático).

T

Tintura: Extracto alcohólico de una planta.

V

Vasoconstricción: Estrechamiento de los vasos sanguíneos.

Vermífugo: Las plantas vermífugas ayudan a expulsar lombrices y otros parásitos del cuerpo. Entre ellas están el ajo, el jengibre y el tomillo.

Vulnerario: Las plantas vulnerarias ayudan a curar las heridas. Ejemplos de este tipo de plantas son la cúrcuma, la manzanilla y la rosa.

NOTAS BIBLIOGRÁFICAS

Introducción

1. «Number of U.S. Farmers' Markets Continues to Rise». U.S. Department of Agriculture Economic Research Service. 4 de agosto de 2014. Consultado el 18 de octubre de 2015.
2. «Chronic Disease Overview». Centers for Disease Control and Prevention. 26 de agosto de 2015. Consultado el 18 de octubre de 2015.
3. «Health Expenditure, Total (% of GDP)». Banco Mundial. Consultado el 18 de octubre de 2015. http://data.worldbank.org/indicator/SH.XPD.TOTL.ZS.
4. Edelson, Mat. «Take Two Carrots and Call Me in the Morning». Hopkins Medicine, invierno de 2010. Consultado el 18 de octubre de 2015.

Capítulo 1: Los beneficios de las hierbas y las especias

1. Salleh, Mohd Razali. «Life Event, Stress and Illness». Malaysian Journal of Medical Sciences 15, no. 4 (2008): 9-18.
2. «Antibiotic Resistance Threats in the United States, 2013». Centers for Disease Control and Prevention. 17 de julio de 2014. Consultado el 18 de octubre de 2015.
3. Stermitz, F. R. et al. «Synergy in a Medicinal Plant: Antimicrobial Action of Berberine Potentiated by 5'-methoxyhydnocarpin, a Multidrug Pump Inhibitor». Proceedings of the National Academy of Sciences of the United States of America 97, no. 4 (2000). doi:10.1073/pnas.030540597.

Capítulo 2: ¿Cómo sabemos que las hierbas son capaces de esto?

1. Snitz, Beth E. et al. «Ginkgo Biloba for Preventing Cognitive Decline in Older Adults: A Randomized Trial». JAMA 302, no. 24 (2009). doi:10.1001/jama.2009.1913.
2. Rabin, Roni. «Ginkgo Biloba Ineffective Against Dementia, Researchers Find». New York Times, 18 de noviembre de 2008. Consultado el 18 de octubre de 2015.
3. «Herbal Science Organization Clarifies New Ginkgo Study». American Botanical Council. 29 de diciembre de 2009. Consultado el 18 de octubre de 2015.

Capítulo 4: Cómo sacar el máximo partido a este libro

1. Robinson, Jo. Eating on the Wild Side: The Missing Link to Optimum Health (Nueva York: Little Brown, 2014).
2. Aubrey, Allison. «The Average American Ate (Literally) a Ton This Year». National Public Radio. Diciembre de 2011. Consultado el 18 de octubre de 2015.
3. «By Any Other Name It's Still Sweetener». American Heart Association. Consultado el 22 de febrero de 2016. http://www.heart.org/HEARTORG/HealthyLiving/HealthyEating/Nutrition/By-Any-Other-Name-Its-Still-Sweetener_UCM_437368_Article.jsp#.

Capítulo 5: Ajo

1. Bergner, Paul. The Healing Power of Garlic (Roseville, CA: Prima Lifestyles, 1996).
2. Ishikawa, Hideki, et al. «Aged Garlic Extract Prevents a Decline of NK Cell Number and Activity in Patients with Advanced Cancer». Journal of Nutrition 136, no. 3 (2006): 816S-820S.

3. Mozaffari-Khosravi, Hassan, et al. «The Effect of Garlic Tablet on Pro-Inflammatory Cytokines in Postmenopausal Osteoporotic Women: A Randomized Controlled Clinical Trial». Journal of Dietary Supplements 9, no. 4 (2012): 262-71. doi:10.3109/19390211.2012.726703.
4. Bakhshi, Mahin, et al. «Comparison of Therapeutic Effect of Aqueous Extract of Garlic and Nystatin Mouthwash in Denture Stomatitis». Gerodontology 29, no.2(2012):e680-84doi:10.1111/j.1741-2358.2011.00544.x.
5. Chavan, S. D., N. L. Shetty y M. Kanuri. «Comparative Evaluation of Garlic Extract Mouthwash and Chlorhexidine Mouthwash on Salivary Streptococcus Mutans Count-An in Vitro Study». Oral Health & Preventive Dentistry 8, no. 4 (2009): 369-74.
6. Ishikawa, Hideki, et al. «Aged Garlic Extract Prevents a Decline of NK Cell Number and Activity in Patients with Advanced Cancer». Journal of Nutrition 136, no. 3 (2006): 816S-820S.
7. Andrianova, I. V., et al. «[Effect of Long-Acting Garlic Tablets 'Allicor' on the Incidence of Acute Respiratory Viral Infections in Children]». Terapevticheskii Arkhiv 75, no. 3 (2002): 53-56.
8. Nantz, Meri P., et al. «Supplementation with Aged Garlic Extract Improves Both NK and γδ-T Cell Function and Reduces the Severity of Cold and Flu Symptoms: A Randomized, Double-Blind, Placebo-Controlled Nutrition Intervention». Clinical Nutrition 31, no. 3 (2012): 337-44. doi:10.1016/j.clnu.2011.11.019.
9. Ried, K., O. R. Frank, y N. P. Stocks. «Aged Garlic Extract Reduces Blood Pressure in Hypertensives: A Dose-Response Trial». European Journal of Clinical Nutrition 67, no. 1 (2013): 64-70. doi:10.1038/ejcn.2012.178.
10. Ried, Karin, Oliver R. Frank y Nigel P. Stocks. «Aged Garlic Extract Lowers Blood Pressure in Patients with Treated but Uncontrolled Hypertension: A Randomised Controlled Trial». Maturitas 67, no. 2 (2010): 144-50. doi:10.1016/j.maturitas.2010.06.001.
11. Ashraf, Rizwan, Rafeeq Alam Khan e Imran Ashraf. «Garlic (Allium sativum) Supplementation with Standard Antidiabetic Agent Provides Better Diabetic Control in Type 2 Diabetes Patients». Pakistan Journal of Pharmaceutical Sciences 24 (2011): 565-70.
12. Hoffmann, David. Medical Herbalism: The Science and Practice of Herbal Medicine (Rochester, VT: Healing Arts Press, 2003).
13. Mohammed, Abdul M. I., et al. «Pharmacodynamic Interaction of Warfarin with Cranberry but Not with Garlic in Healthy Subjects». British Journal of Pharmacology 154, no. 8 (1 de agosto de 2008): 1691-1700. doi:10.1038/bjp.2008.210.
14. Scharbert, Gisela, et al. «Garlic at Dietary Doses Does Not Impair Platelet Function». Anesthesia & Analgesia 105, no. 5 (2007): 1214-18. doi:10.1213/01.ane.0000287253.92211.06.
15. Wojcikowski, Ken, Stephen Myers y Lyndon Brooks. «Effects of Garlic Oil on Platelet Aggregation: A Double-blind, placebo-controlled Crossover Study». Platelets 18, no. 1 (2007): 29-34. doi:10.1080/09537100600800636.

Capítulo 6: Albahaca sagrada o india

1. Winston, David, y Steven Maimes. Adaptogens: Herbs for Strength, Stamina, and Stress Relief (Rochester, VT: Healing Arts Press, 2007).

2. Bhattacharyya, D., *et al.* «Controlled Programmed Trial of Ocimum Sanctum Leaf on Generalized Anxiety Disorders». *Nepal Medical College Journal* 10, no. 3 (2008): 176-79.

3. Winston, David, y Steven Maimes. *Adaptogens: Herbs for Strength, Stamina, and Stress Relief* (Rochester, VT: Healing Arts Press, 2007), 170.

4. Khalsa, Karta Purkh Singh, y Michael Tierra. *The Way of Ayurvedic Herbs: The Most Complete Guide to Natural Healing and Health With Traditional Ayurvedic Herbalism* (Twin Lakes, WI: Lotus, 2008), 98.

5. Agrawal, P., V. Rai y R. B. Singh. «Randomized Placebo-Controlled, Single Blind Trial of Holy Basil Leaves in Patients with Noninsulin-Dependent Diabetes Mellitus». *International Journal of Clinical Pharmacology and Therapeutics* 34, no. 9 (1996): 406-9.

6. Rai, V., U. V. Mani y U.M. Iyer. «Effect of Ocimum Sanctum Leaf Powder on Blood Lipoproteins, Glycated Proteins and Total Amino Acids in Patients with Non-Insulin-Dependent Diabetes Mellitus». *Journal of Nutritional & Environmental Medicine* 7, no. 2 (1997): 113-18. doi:10.1080/13590849762709.

7. Kelm, M. A., *et al.* «Antioxidant and Cyclooxygenase Inhibitory Phenolic Compounds from Ocimum Sanctum Linn». *Phytomedicine* 7, no. 1 (2000): 7-13. doi:10.1016/S0944-7113(00)80015-X.

8. Mondal, Shankar, *et al.* «Double-Blinded Randomized Controlled Trial for Immunomodulatory Effects of Tulsi (Ocimum Sanctum Linn.) Leaf Extract on Healthy Volunteers». *Journal of Ethnopharmacology* 136, no. 3 (2011): 452-56. doi:10.1016/j.jep.2011.05.012.

9. Bhat, Jyoti, *et al.* «In Vivo Enhancement of Natural Killer Cell Activity through Tea Fortified with Ayurvedic Herbs». *Phytotherapy Research* 24, no. 1 (1 de enero de 2010): 129-35. doi:10.1002/ptr.2889.

10. Jadhav, Priyanka, *et al.* «Antiviral Potential of Selected Indian Medicinal (Ayurvedic) Plants Against Herpes Simplex Virus 1 and 2». *North American Journal of Medical Sciences* 4, no. 12 (2012): 641-47. doi:10.4103/1947-2714.104316.

11. Shimizu, Tomohiro, *et al.* «Holy Basil Leaf Extract Decreases Tumorigenicity and Metastasis of Aggressive Human Pancreatic Cancer Cells in Vitro and in Vivo: Potential Role in Therapy». *Cancer Letters* 336, no. 2 (agosto de 2013): 270-80. doi:10.1016/j.canlet.2013.03.017.

Capítulo 7: Canela

1. Wood, Matthew. *The Earthwise Herbal: A Complete Guide to Old World Medicinal Plants*. (Berkeley, CA: North Atlantic Books, 2008).

2. Tierra, Lesley. *Healing with the Herbs of Life* (Nueva York: Crossing Press/Random House, 2003).

3. mcdonald, jim. «Herbs, Vitalism & Holistic Immunity», seminario, White Lake, Michigan, 2011.

4. McIntyre, Anne. «Preparing for the Cold Season». *Positive Health* 69, octubre de 2001. http://www.positivehealth.com/article/herbal-medicine/preparing-for-the-cold-season.

5. «National Diabetes Statistics Report: Estimates of Diabetes and Its Burden in the United States, 2014». Centers for Disease Control and Prevention, 10 de junio de 2014. http://www.cdc.gov/diabetes/pubs/statsreport14/national-diabetes-report-web.pdf.

6. Akilen, R., *et al.* «Glycated Haemoglobin and Blood Pressure-Lowering Effect of Cinnamon in Multi-Ethnic Type 2 Diabetic Patients in the UK: A Randomized, Placebo-Controlled, Double-Blind Clinical Trial». *Diabetic Medicine* 27, no. 10 (1 de octubre de 2010): 1159-67. doi:10.1111/j.1464-5491.2010.03079.x.

7. Khan, Alam, *et al.* «Cinnamon Improves Glucose and Lipids of People with Type 2 Diabetes». *Diabetes Care* 26, no. 12 (2003): 3215-18. doi:10.2337/diacare.26.12.3215.

8. Solomon, Thomas P. J. y Andrew K. Blannin. «Changes in Glucose Tolerance and Insulin Sensitivity Following 2 Weeks of Daily Cinnamon Ingestion in Healthy Humans». *European Journal of Applied Physiology* 105, no. 6 (2009): 969-76. doi:10.1007/s00421-009-0986-9

Capítulo 8: Cayena

1. Bortolotti, M., y S. Porta. «Effect of Red Pepper on Symptoms of Irritable Bowel Syndrome: Preliminary Study». *Digestive Diseases and Sciences* 56, no. 11 (2011): 3288-95. doi:10.1007/s10620-011-1740-9.

2. Bortolotti, M., *et al.* «The Treatment of Functional Dyspepsia with Red Pepper». *Alimentary Pharmacology & Therapeutics* 16, no. 6 (2002): 1075-82. doi:10.1046/j.1365-2036.2002.01280.x.

3. Yeoh, K. G., *et al.* «Chili Protects against Aspirin-Induced Gastroduodenal Mucosal Injury in Humans». *Digestive Diseases and Sciences* 40, no. 3 (1995): 580-83. doi:10.1007/BF02064374.

4. Kang, J. Y., *et al.* «Chili-Protective Factor against Peptic Ulcer?». *Digestive Diseases and Sciences* 40, no. 3 (1995): 576-79. doi:10.1007/BF02064373.

5. Snitker, Soren, *et al.* «Effects of Novel Capsinoid Treatment on Fatness and Energy Metabolism in Humans: Possible Pharmacogenetic Implications». *American Journal of Clinical Nutrition* 89, no. 1 (2009): 45-50. doi:10.3945/ajcn.2008.26561.

6. Ludy, Mary-Jon, y Richard D. Mattes. «The Effects of Hedonically Acceptable Red Pepper Doses on Thermogenesis and Appetite». *Physiology & Behavior* 102, no. 3-4 (2011): 251-58. doi:10.1016/j.physbeh.2010.11.018.

7. Ahuja, K. D. K., *et al.* «The Effect of 4-Week Chilli Supplementation on Metabolic and Arterial Function in Humans». *European Journal of Clinical Nutrition* 61, no. 3 (2007): 326-33.

8. Ahuja, Kiran D. K., y Madeleine J. Ball. «Effects of Daily Ingestion of Chili on Serum Lipoprotein Oxidation in Adult Men and Women». *British Journal of Nutrition* 96, no. 02 (2006): 239-42. doi:10.1079/BJN20061788.

9. Raghavendra, R. H., y K. Akhilender Naidu. «Spice Active Principles as the Inhibitors of Human Platelet Aggregation and Thromboxane Biosynthesis». *Prostaglandins, Leukotrienes and Essential Fatty Acids* 81, no. 1 (2009): 73-78. doi:10.1016/j.plefa.2009.04.009.

10. Ahuja, Kiran D.K., *et al.* «Effects of Chili Consumption on Postprandial Glucose, Insulin, and Energy Metabolism». *American Journal of Clinical Nutrition* 84, no. 1 (2006): 63-69.

11. Weerapan Khovidhunkit, M. D. «Pharmacokinetic and the Effect of Capsaicin in Capsicum frutescens on Decreasing Plasma Glucose Level». *J Med Assoc Thai* 92, no. 1 (2009): 108-13.

12. Landis, Robyn, y Karta Purkh Singh Khalsa. *Herbal Defense: Positioning Yourself to Triumph over Illness and Aging* (Nueva York: Hachette, 1997).

13. Frerick, Helmut, *et al.* «Topical Treatment of Chronic Low Back Pain with a Capsicum Plaster». *Pain* 106, no. 1-2 (2003): 59-64. doi:10.1016/S0304-3959(03)00278-1.

14. Chrubasik, S., T. Weiser y B. Beime. «Effectiveness and Safety of Topical Capsaicin Cream in the Treatment of Chronic Soft Tissue Pain». *Phytotherapy Research* 24, no. 12 (2010): 1877-85. doi:10.1002/ptr.3335.

15. Forst, T., *et al.* «The Influence of Local Capsaicin Treatment on Small Nerve Fibre Function and Neurovascular Control in Symptomatic Diabetic Neuropathy». *Acta Diabetologica* 39, no. 1 (2002): 1-6. doi:10.1007/s005920200005.

16. Tandan, Rup, *et al.* «Topical Capsaicin in Painful Diabetic Neuropathy: Controlled Study with Long-Term Follow-Up». *Diabetes Care* 15, no. 1 (1992): 8-14. doi:10.2337/diacare.15.1.8.

17. Henson, Shari. «Re: Use of Herbs to Treat Shingles-A Review». American Botanical Council. Diciembre de 2005. http://cms.herbalgram.org/herbclip/295/review 4338.html.

Capítulo 9: Cúrcuma

1. Khansari, Nemat, Yadollah Shakiba y Mahdi Mahmoudi. «Chronic Inflammation and Oxidative Stress as a Major Cause of Age-Related

Diseases and Cancer». *Recent Patents on Inflammation & Allergy Drug Discovery* 3, no. 1 (2009): 73-80.doi:10.2174/187221309787158371.

2. Prasad, Sahdeo, y Bharat B. Aggarwal. «Turmeric, the Golden Spice: From Traditional Medicine to Modern Medicine». En *Herbal Medicine: Biomolecular and Clinical Aspects*. Editado por Iris F. F. Benzie y Sissi Wachtel-Galor (Boca Ratón, FL: CRC Press/Taylor & Francis, 2011).

3. Patel, Deepak, y Adrian, Brian. «Do NSAIDs Impair Healing of Musculoskeletal Injuries?». Rheumatology Network. 6 de junio de 2011. http://www.rheumatologynetwork.com/articles/do-nsaids-impair-healing-musculoskeletal-injuries.

4. Hauser, Ross. «When NSAIDs Make Pain Worse-A Significant Public Health Concern». Caring Medical Regenerative Medicine Clinics. Consultado el 26 de septiembre de 2015. http://www.caringmedical.com/prolotherapy-news/nsaids-chronic-pain-medications.

5. McNeil Consumer & Specialty Pharmaceuticals. «McNeil-FDA NSAID Briefing». 20 de septiembre de 2002. http://www.fda.gov/ohrms/dockets/ac/02/briefing/3882b2_02_mcneil-nsaid.htm.

6. Biswas, Saibal K., *et al.* «Curcumin Induces Glutathione Biosynthesis and Inhibits NF-kB Activation and Interleukin-8 Release in Alveolar Epithelial Cells: Mechanism of Free Radical Scavenging Activity». *Antioxidants & Redox Signaling* 7, no. 1-2 (2004): 32-41. doi:10.1089/ars.2005.7.32.

7. Kim, Sang-Wook, *et al.* «The Effectiveness of Fermented Turmeric Powder in Subjects with Elevated Alanine Transaminase Levels: A Randomised Controlled Study». *BMC Complementary and Alternative Medicine* 13, no. 1 (2013): 58. doi:10.1186/1472-6882-13-58.

8. Prucksunand, C., *et al.* «Phase II Clinical Trial on Effect of the Long Turmeric (Curcuma Longa Linn.) on Healing of Peptic Ulcer». *Southeast Asian Journal of Tropical Medicine and Public Health* 32, no. 1 (marzo de 2001): 208-15. http://www.tm.mahidol.ac.th/seameo/2001_32_1/34-2714.pdf.

9. Hanai, Hiroyuki, *et al.* «Curcumin Maintenance Therapy for Ulcerative Colitis: Randomized, Multicenter, Double-Blind, Placebo-Controlled Trial». *Clinical Gastroenterology and Hepatology* 4, no. 12 (2006): 1502-6. doi:10.1016/j.cgh.2006.08.008.

10. Wickenberg, Jennie, Sandra Ingemansson y Joanna Hlebowicz. «Effects of Curcuma Longa (Turmeric) on Postprandial Plasma Glucose and Insulin in Healthy Subjects». *Nutrition Journal* 9, no. 1 (2010): 43. doi:10.1186/1475-2891-9-43.

11. National Institute of Diabetes and Digestive and Kidney Diseases. «Kidney Disease of Diabetes». National Institutes of Health Publication No. 14-3925. 2 de abril de 2014. http://www.niddk.nih.gov/health-information/health-topics/kidney-disease/kidney-disease-of-diabetes/Pages/facts.aspx.

12. Khajehdehi, Parviz, *et al.* «Oral Supplementation of Turmeric Attenuates Proteinuria, Transforming Growth Factor-β and Interleukin-8 Levels in Patients with Overt Type 2 Diabetic Nephropathy: A Randomized, Double-Blind and Placebo-Controlled Study». *Scandinavian Journal of Urology and Nephrology* 45, no. 5 (2011): 365-70. doi: 10.3109/00365599.2011.585622.

13. Wongcharoen, Wanwarang, *et al.* «Effects of Curcuminoids on Frequency of Acute Myocardial Infarction after Coronary Artery Bypass Grafting». *American Journal of Cardiology* 110, no. 1 (2012): 40-44. doi:10.1016/j.amjcard.2012.02.043.

14. DiSilvestro, *et al.* «Diverse Effects of a Low Dose Supplement of Lipidated Curcumin in Healthy Middle Aged People». *Nutrition Journal* 11, no. 1 (2012): 79.

15. Akazawa, Nobuhiko, *et al.* «Curcumin Ingestion and Exercise Training Improve Vascular Endothelial Function in Postmenopausal Women». *Nutrition Research* 32, no. 10 (2012): 795-99. doi:10.1016/j.nutres.2012.09.002.

16. Lee, Meei-Shyuan, *et al.* «Turmeric Improves Post-Prandial Working Memory in Pre-Diabetes Independent of Insulin». *Asia Pacific Journal of Clinical Nutrition* 23, no. 4 (2014): 581-91.

17. Li, William. «Can We Eat to Starve Cancer?». Charla TED, presentada en febrero de 2010. http://www.ted.com/talks/william_li?language=en.

18. Kuptniratsaikul, Vilai, *et al.* «Efficacy and Safety of Curcuma Domestica Extracts in Patients with Knee Osteoarthritis». *Journal of Alternative and Complementary Medicine* 15, no. 8 (2009): 891-97. doi:10.1089/acm.2008.0186.

19. Kuptniratsaikul, Vilai, *et al.* «Efficacy and Safety of Curcuma Domestica Extracts Compared with Ibuprofen in Patients with Knee Osteoarthritis: A Multicenter Study». *Clinical Interventions in Aging* 9 (20 de marzo de 2014): 451-58. doi:10.2147/CIA.S58515.

20. Shoba, G., *et al.* «Influence of Piperine on the Pharmacokinetics of Curcumin in Animals and Human Volunteers». *Planta Medica* 64, no. 4 (1998): 353-56. doi:10.1055/s-2006-957450.

21. Kuhn, Merrily A., y David Winston. *Winston & Kuhn's Herbal Therapy & Supplements: A Scientific & Traditional Approach*. 2.ª ed. (Filadelfia: Lippincott Williams & Wilkins, 2008), 449.

Capítulo 10: Hinojo

1. Von Bingen, Hildegard. *Hildegard Von Bingen's Physica: The Complete English Translation of Her Classic Work on Health and Healing*, traducido por Priscilla Throop (Rochester, VT: Healing Arts Press, 1998).

2. Hoffmann, David. Medical *Herbalism: The Science and Practice of Herbal Medicine* (Rochester, VT: Healing Arts Press, 2003).

3. Modaress, Nejad V., y M. Asadipour. «Comparison of the Effectiveness of Fennel and Mefenamic Acid on Pain Intensity in Dysmenorrhoea», 2006.

4. Nordqvist, Christian. «What Is Colic? What Causes Colic?». *Medical News Today*, 8 de septiembre de 2014. http://www.medical-newstoday.com/articles/162806. php.

5. Alexandrovich, Irina, *et al.* «The Effect of Fennel (Foeniculum vulgare) Seed Oil Emulsion in Infantile Colic: A Randomized, Placebo-Controlled Study». *Alternative Therapies in Health and Medicine* 9, no. 4 (2003): 58-61.

6. Savino, Francesco, *et al.* «A Randomized Double-blind, placebo-controlled Trial of a Standardized Extract of Matricariae recutita, Foeniculum vulgare and Melissa officinalis (ColiMil®) in the Treatment of Breastfed Colicky Infants». *Phytotherapy Research* 19, no. 4 (2005): 335-40.

7. «Fennel». En *The World's Healthiest Foods*, George Mateljan Foundation. Consultado el 26 de junio de 2015. http://www.whfoods.com/genpage.php?tname= foodspice&dbid= 23.

Capítulo 11: Jengibre

1. Bode, Ann M., y Zigang Dong. «The Amazing and Mighty Ginger». En *Herbal Medicine: Biomolecular and Clinical Aspects*. Editado por Iris F. F. Benzie y Sissi Wachtel-Galor (Boca Ratón, FL: CRC Press/Taylor & Francis, 2011).

2. Buhner, Stephen Harrod. *Antibióticos herbales: alternativas naturales para tratar las bacterias fármaco-resistentes* (Gaia Ediciones, Madrid, 2014).

3. Jenabi, Ensiyeh. «The Effect of Ginger for Relieving of Primary Dysmenorrhoea». *J Pak Med Assoc* 63, no. 1 (2013): 8-10.

4. Paramdeep, G. I. L. L. «Efficacy and Tolerability of Ginger (Zingiber officinale) in Patients of Osteoarthritis of Knee». *Indian J Physiol Pharmacol* 57, no. 2 (2013): 177-83.

5. Al-Nahain, Abdullah, Rownak Jahan y Mohammed Rahmatullah. «Zingiber Officinale: A Plant against Rheumatoid Arthritis». *Arthritis* 2014 (2014): e159089. doi:10.1155/2014/159089.

6. Therkleson, Tessa. «Topical Ginger Treatment with a Compress or Patch for Osteoarthritis Symptoms». *Journal of Holistic Nursing* 32, no. 3 (2014): 173-82. doi:10.1177/0898010113512182.

7. Black, Christopher D., *et al.* «Ginger (Zingiber Officinale) Reduces Muscle Pain Caused by Eccentric Exercise». *Journal of Pain* 11, no. 9 (2010): 894-903. doi:10.1016/j.jpain.2009.12.013.

8. Sritoomma, Netchanok, *et al.* «The Effectiveness of Swedish Massage with Aromatic Ginger Oil in Treating Chronic Low Back Pain in Older Adults: A Randomized Controlled Trial». *Complementary Therapies in Medicine* 22, no. 1 (2014): 26-33. doi:10.1016/j.ctim.2013.11.002.

9. Maghbooli, Mehdi, *et al.* «Comparison between the Efficacy of Ginger and Sumatriptan in the Ablative Treatment of the Common Migraine». *Phytotherapy Research* 28, no. 3 (2014): 412-15. doi:10.1002/ptr.4996.

10. Khalsa, Karta Purkh Singh. «Culinary Herbalism Course», en LearningHerbs.com. Consultado el 31 de agosto de 2016. http://courses.learningherbs.com/culinary-herbalism.

11. Wu, Keng-Liang, *et al.* «Effects of Ginger on Gastric Emptying and Motility in Healthy Humans». *European Journal of Gastroenterology & Hepatology* 20, no. 5 (mayo 2008): 436-40. doi:10.1097/MEG.0b013e3282f4b224.

12. Hu, Ming-Luen, *et al.* «Effect of Ginger on Gastric Motility and Symptoms of Functional Dyspepsia». *World Journal of Gastroenterology* 17, no. 1 (2011): 105-10. doi:10.3748/wjg.v17.i1.105.

13. Ozgoli, Giti, Marjan Goli y Masoumeh Simbar. «Effects of Ginger Capsules on Pregnancy, Nausea, and Vomiting». *Journal of Alternative and Complementary Medicine* 15, no. 3 (28 de febrero de 2009): 243-46. doi:10.1089/acm.2008.0406.

14. Dabaghzadeh, Fatemeh, *et al.* «Ginger for Prevention of Antiretroviral-Induced Nausea and Vomiting: A Randomized Clinical Trial». *Expert Opinion on Drug Safety* 13, no. 7 (1 de julio de 2014): 859-66. doi:10.1517/14740338.2014.914170.

15. Ryan, Julie L., et al. «Ginger (Zingiber officinale) Reduces Acute Chemotherapy-Induced Nausea: A URCC CCOP Study of 576 Patients». *Supportive Care in Cancer* 20, no. 7 (2011): 1479-89. doi:10.1007/s00520-011-1236-3.

16. Pillai, Anu Kochanujan, *et al.* «Anti-Emetic Effect of Ginger Powder versus Placebo as an Add-on Therapy in Children and Young Adults Receiving High Emetogenic Chemotherapy». *Pediatric Blood & Cancer* 56, no. 2 (1 de febrero de 2011): 234-38. doi:10.1002/pbc.22778.

17. Mozaffari-Khosravi, Hassan, *et al.* «The Effect of Ginger Powder Supplementation on Insulin Resistance and Glycemic Indices in Patients with Type 2 Diabetes: A Randomized, Double-Blind, Placebo-Controlled Trial». *Complementary Therapies in Medicine* 22, no. 1 (febrero de 2014): 9-16. doi:10.1016/j.ctim.2013.12.017.

18. Arablou, Tahereh, *et al.* «The Effect of Ginger Consumption on Glycemic Status, Lipid Profile and Some Inflammatory Markers in Patients with Type 2 Diabetes Mellitus». *International Journal of Food Sciences and Nutrition* 65, no. 4 (1 de junio de 2014): 515-20. doi:10.3109/09637486.2014.880671.

19. Alizadeh-Navaei, Reza, *et al.* «Investigation of the Effect of Ginger on the Lipid Levels. A Double-blind Controlled Clinical Trial». *Saudi Medical Journal* 29, no. 9 (2008): 1280-84.

20. Giriraju, Anjan y G. Y. Yunus. «Assessment of Antimicrobial Potential of 10% Ginger Extract against Streptococcus mutans, Candida albicans, and Enterococcus faecalis: An in Vitro Study». *Indian Journal of Dental Research* 24, no. 4 (2013): 397. doi:10.4103/0970-9290.118356.

21. Karuppiah, Ponmurugan, y Shyamkumar Rajaram. «Antibacterial Effect of Allium Sativum Cloves and Zingiber officinale Rhizomes against Multiple-Drug Resistant Clinical Pathogens». *Asian Pacific Journal of Tropical Biomedicine* 2, no. 8 (2012): 597-601. doi:10.1016/S2221-1691(12)60104-X.

22. Chang, Jung San, *et al.* «Fresh Ginger (Zingiber officinale) Has Anti-Viral Activity against Human Respiratory Syncytial Virus in Human Respiratory Tract Cell Lines». *Journal of Ethnopharmacology* 145, no. 1 (2013): 146-51. doi:10.1016/j.jep.2012.10.043.

23. Kuhn, Merrily A. y David Winston. *Winston & Kuhn's Herbal Therapy & Supplements: A Scientific & Traditional Approach.* 2.ª ed. (Filadelfia: Lippincott Williams & Wilkins, 2008), 217.

24. Shalansky, Stephen, *et al.* «Risk of Warfarin-Related Bleeding Events and Supratherapeutic International Normalized Ratios Associated with Complementary and Alternative Medicine: A Longitudinal Analysis». *Pharmacotherapy: The Journal of Human Pharmacology and Drug Therapy* 27, no. 9 (2007): 1237-47. doi:10.1592/phco.27.9.1237.

Capítulo 12: Lavanda

1. Hardin, Kiva Rose. «The Soothing Magic of Lavender». *The Medicine Womans Roots.* Consultado el 31 de agosto de 2016. http://bearmedicine-herbals.com/tag/lavender.

2. Lehrner, J., *et al.* «Ambient Odors of Orange and Lavender Reduce Anxiety and Improve Mood in a Dental Office». *Physiology & Behavior* 86, no. 1-2 (15 de septiembre de 2005): 92-95. doi:10.1016/j.physbeh.2005.06.031.

3. Lytle, Jamie, Catherine Mwatha y Karen K. Davis. «Effect of Lavender Aromatherapy on Vital Signs and Perceived Quality of Sleep in the Intermediate Care Unit: A Pilot Study». *American Journal of Critical Care* 23, no. 1 (2014): 24-29. doi:10.4037/ajcc2014958.

4. Woelk, H., y S. Schläfke. «A Multi-Center, Double-Blind, Randomised Study of the Lavender Oil Preparation Silexan in Comparison to Lorazepam for Generalized Anxiety Disorder». *Phytomedicine* 17, no. 2 (2010): 94-99. doi:10.1016/j.phy-med.2009.10.006.

5. Pham, M., Winai Sayorwan y Vorasith Siripornpanich. «The Effects of Lavender Oil Inhalation on Emotional States, Autonomic Nervous System, and Brain Electrical Activity». *J Med Assoc Thai* 95, no. 4 (2012): 598-606.

6. Lagopoulos, Jim, *et al.* «Increased Theta and Alpha EEG Activity during Nondirective Meditation». *Journal of Alternative and Complementary Medicine* 15, no. 11 (2009): 1187-92. doi:10.1089/acm.2009.0113.

7. Atsumi, Toshiko, y Keiichi Tonosaki. «Smelling Lavender and Rosemary Increases Free Radical Scavenging Activity and Decreases Cortisol Level in Saliva». *Psychiatry Research* 150, no. 1 (2007): 89-96. doi:10.1016/j.psychres.2005.12.012.

8. Winston, David. «Differential Treatment of Depression and Anxiety with Botanical and Nutritional Medicines». En *17th Annual AHG Symposium Proceedings Book.* Millennium Hotel, Boulder, Colorado, 2006.

9. Conrad, Pam, y Cindy Adams. «The Effects of Clinical Aromatherapy for Anxiety and Depression in the High Risk Postpartum Woman-A Pilot Study». *Complementary Therapies in Clinical Practice* 18, no. 3 (2012): 164-68. doi:10.1016/j.ctcp.2012.05.002.

10. Salmon, William. *Botanologia. The English Herbal or History of Plants* (Londres: Dawks, Rhodes and Taylor, 1710).

11. Grieve, Maud. *A Modern Herbal: The Medicinal, Culinary, Cosmetic and Economic Properties, Cultivation and Folk-Lore of Herbs, Grasses, Fungi, Shrubs, & Trees with All Their Modern Scientific Uses.* Vol. 2. (Nueva York: Dover, 1971).

12. Sheikhan, Fatemeh, *et al.* «Episiotomy Pain Relief: Use of Lavender Oil Essence in Primiparous Iranian Women». *Complementary Therapies in Clinical Practice* 18, no. 1 (2012): 66-70. doi:10.1016/j.ctcp.2011.02.003.

13. Vakilian, Katayon, *et al.* «Healing Advantages of Lavender Essential Oil during Episiotomy Recovery: A Clinical Trial». *Complementary Therapies in Clinical Practice* 17, no. 1 (2011): 50-53. doi:10.1016/j.ctcp.2010.05.006.

14. Altaei, D. T. «Topical Lavender Oil for the Treatment of Recurrent Aphthous Ulceration». *American Journal of Dentistry* 25, no. 1 (2012): 39-43.

15. Tisserand, Robert. «Gattefossé's Burn». roberttisserand.com. 22 de abril de 2011. http://roberttisserand.com/2011/04/gattefosses-burn.

16. Culpeper, Nicholas. *The English Physician: OR An Astrologo-Physical Discourse of the Vulgar Herbs of This Nation* (Londres: Commonwealth of England, 1652).

17. Sasannejad, Payam, *et al.* «Lavender Essential Oil in the Treatment of Migraine Headache: A Placebo-Controlled Clinical Trial». *European Neurology* 67, no. 5 (2012): 288-91. doi:10.1159/000335249.

18. Hadi, Niaz, y Ali Akbar Hanid. «Lavender Essence for Post-Cesarean Pain». *Pakistan Journal of Biological Sciences* 14, no. 11 (2011): 664.

19. Soltani, Rasool, *et al.* «Evaluation of the Effect of Aromatherapy with Lavender Essential Oil on Post-Tonsillectomy Pain in Pediatric Patients: A Randomized Controlled Trial». *International Journal of Pediatric Otorhinolaryngology* 77, no. 9 (2013): 1579-81. doi:10.1016/j.ijporl.2013.07.014.

20. Apay, Serap Ejder, *et al.* «Effect of Aromatherapy Massage on Dysmenorrhea in Turkish Students». *Pain Management Nursing* 13, no. 4 (2012): 236-40. doi:10.1016/j.pmn.2010.04.002.

21. Kuhn, Merrily A., y David Winston. *Winston & Kuhn's Herbal Therapy & Supplements: A Scientific & Traditional Approach*. 2.ª ed. (Filadelfia: Lippincott Williams & Wilkins, 2008), 286.

22. Gardner, Zoë, y Michael McGuffin, editores. *American Herbal Products Association's Botanical Safety Handbook*. 2.ª ed. (Boca Ratón, FL: CRC Press, 2013).

Capítulo 13: Menta

1. Merat, Shahin, *et al.* «The Effect of Enteric-Coated, Delayed-Release Peppermint Oil on Irritable Bowel Syndrome». *Digestive Diseases and Sciences* 55, no. 5 (2009): 1385-90. doi:10.1007/s10620-009-0854-9.

2. Alam, M. S., *et al.* «Efficacy of Peppermint Oil in Diarrhea Predominant IBS —A Double-blind Randomized Placebo-Controlled Study». *Mymensingh Medical Journal* 22, no. 1 (2013): 27-30.

3. Papathanasopoulos, A., *et al.* «Effect of Acute Peppermint Oil Administration on Gastric Sensorimotor Function and Nutrient Tolerance in Health». *Neurogastroenterology & Motility* 25, no. 4 (2013): e263-71. doi:10.1111/nmo.12102.

4. Kline, Robert M., *et al.* «Enteric-Coated, pH-Dependent Peppermint Oil Capsules for the Treatment of Irritable Bowel Syndrome in Children». *Journal of Pediatrics* 138, no. 1 (2001): 125-28. doi:10.1067/mpd.2001.109606.

5. Moss, Mark, *et al.* «Modulation of Cognitive Performance and Mood by Aromas of Peppermint and Ylang-Ylang». *International Journal of Neuroscience* 118, no. 1 (2008): 59-77. doi:10.1080/00207450601042094.

6. Varney, Elizabeth, y Jane Buckle. «Effect of Inhaled Essential Oils on Mental Exhaustion and Moderate Burnout: A Small Pilot Study». *Journal of Alternative and Complementary Medicine* 19, no. 1 (2012): 69-71. doi:10.1089/acm.2012.0089.

7. Gladstar, Rosemary. *Plantas medicinales: guía para principiantes.* (Gaia Ediciones, Madrid, 2017).

8. Göbel, H., G. Schmidt y D. Soyka. «Effect of Peppermint and Eucalyptus Oil Preparations on Neurophysiological and Experimental Algesimetric Headache Parameters». *Cephalalgia* 14, no. 3 (1994): 228-34. doi:10.1046/j.1468-2982.1994.014003228.x.

9. Davies, Simon J., Louise M. Harding y Andrew P. Baranowski. «A Novel Treatment of Postherpetic Neuralgia Using Peppermint Oil». *Clinical Journal of Pain* 18, no. 3 (2002): 200-202.

10. Kuhn, Merrily A., y David Winston. *Winston & Kuhn's Herbal Therapy & Supplements: A Scientific & Traditional Approach*. 2.ª ed. (Filadelfia: Lippincott Williams & Wilkins, 2008), 342.

Capítulo 14: Mostaza

1. Saul, Hayley, *et al.* «Phytoliths in Pottery Reveal the Use of Spice in European Prehistoric Cuisine». *PloS One* 8, no. 8 (2013). doi:10.1371/journal.pone.0070583.

2. Jordan, Michele Anna. *The Good Cook's Book of Mustard: One of the World's Most Beloved Condiments, with More than 100 Recipes* (Nueva York: Skyhorse Publishing, 2015).

3. Robinson, Jo. *Eating on the Wild Side: The Missing Link to Optimum Health* (Boston: Little, Brown, 2013).

4. Lamy, Evelyn, *et al.* «Antigenotoxic Action of Isothiocyanate-Containing Mustard as Determined by Two Cancer Biomarkers in a Human Intervention Trial». *European Journal of Cancer Prevention* 21, no. 4 (2012): 400-406. doi:10.1097/CEJ.0b013e32834ef140.

5. Singh, Ram B., *et al.* «Randomized, Double-Blind, Placebo-Controlled Trial of Fish Oil and Mustard Oil in Patients with Suspected Acute Myocardial Infarction: The Indian Experiment of Infarct Survival-4». *Cardiovascular Drugs and Therapy* 11, no. 3 (1997): 485-91. doi:10.1023/A:1007757724505.

6. Huo, G. R., L. Q. Ma y C. H. Huang. «[Clinical Study on Treatment of Chronic Bronchitis by Tracheitis Plaster]». *Zhongguo Zhong Xi Yi Jie He Za Zhi [Chinese Journal of Integrated Traditional and Western Medicine]* 21, no. 11 (noviembre de 2001): 816-818.

Capítulo 15: Nuez moscada

1. Lad, Vasant, y David Frawley. *The Yoga of Herbs: An Ayurvedic Guide to Herbal Medicine* (Santa Fe, NM: Lotus Press), 1986.

2. Von Bingen, Hildegard. *Hildegard Von Bingen's Physica: The Complete English Translation of Her Classic Work on Health and Healing.* Traducido por Priscilla Throop (Rochester, VT: Healing Arts Press, 1998).

3. Gardner, Zoë y Michael GcGuffin, editores. *American Herbal Products Association's Botanical Safety Handbook*. 2.ª ed. (Boca Ratón, FL: CRC Press, 2013), 587.

Capítulo 16: Perejil

1. George Mateljan Foundation. «Parsley». *The World's Healthiest Foods.* Consultado el 15 de agosto de 2015. http://www.whfoods.com/genpage.php?tnamefoodspice&dbid=100.

2. Shea, M. Kyla, *et al.* «Vitamin K Supplementation and Progression of Coronary Artery Calcium in Older Men and Women». *The American Journal of Clinical Nutrition* 89, no. 6 (2009): 1799-1807. doi:10.3945/ajcn.2008.27338.

3. Nielsen, S. E., *et al.* «Effect of Parsley (Petroselinum Crispum) Intake on Urinary Apigenin Excretion, Blood Antioxidant Enzymes and Biomarkers for Oxidative Stress in Human Subjects». *British Journal of Nutrition* 81, no. 06 (1999): 447-55. doi:10.1017/S000711459900080X.

4. Aggarwal, Bharat B., y Debora Yost. *Especias curativas: propiedades y aplicaciones terapéuticas de las 50 especias más saludables* (Gaia Ediciones, Madrid, 2015).

5. Gadi, Dounia, *et al.* «Flavonoids Purified from Parsley Inhibit Human Blood Platelet Aggregation and Adhesion to Collagen under Flow». *Journal of Complementary and Integrative Medicine* 9, no. 1 (2012).

Capítulo 17: Pimienta negra

1. Jaffee, Steven. «Delivering and Taking the Heat: Indian Spices and Evolving Product and Process Standards». Banco Mundial. 2005. Consultado el 12 de octubre de 2015.

2. Kasibhatta, Ravisekhar, y M. U. R. Naidu. «Influence of Piperine on the Pharmacokinetics of Nevirapine under Fasting Conditions: A Randomised, Crossover, Placebo-Controlled Study». *Drugs in R&D* 8, no. 6 (2007): 383-91.

3. Shoba, G. *et al.* «Influence of Piperine on the Pharmacokinetics of Curcumin in Animals and Human Volunteers». *Planta Medica* 64, no. 4 (mayo de 1998): 353-56. doi:10.1055/s-2006-957450.

4. Buhner, Stephen Harrod. *Antibióticos herbales: alternativas naturales para tratar las bacterias fármaco-resistentes* (Gaia Ediciones, Madrid, 2014).

5. Ibíd.

6. Badmaev, V., M. Majeed y L. Prakash. «Piperine Derived from Black Pepper Increases the Plasma Levels of Coenzyme Q10 Following

Oral Supplementation». *Journal of Nutritional Biochemistry* 11, no. 2 (febrero de 2000): 109-13.

7. Badmaev, Vladimir, Muhammed Majeed, y Edward P. Norkus. «Piperine, an Alkaloid Derived from Black Pepper Increases Serum Response of Beta-Carotene during 14 Days of Oral Beta-Carotene Supplementation». *Nutrition Research* 19, no. 3 (1999): 381-88. doi:10.1016/S0271-5317(99)00007-X.

8. Umesh, Patil, Amrit Singh, y Anup Chakraborty. «Role of Piperine as a Bioavailability Enhancer». *International Journal of Recent Advances in Pharm. Research* 1, no. 4 (octubre de 2011): 16-23.

9. Ibíd.

10. Jin, Cheng-Qiang, *et al.* «Stir-Fried White Pepper Can Treat Diarrhea in Infants and Children Efficiently: A Randomized Controlled Trial». *American Journal of Chinese Medicine* 41, no. 4 (2013): 765-72. doi:10.1142/S0192415X13500511.

Capítulo 18: Romero

1. Karpińska-Tymoszczyk, M. «Effect of the Addition of Ground Rosemary on the Quality and Shelf-Life of Turkey Meatballs during Refrigerated Storage». *British Poultry Science* 49, no. 6 (2008): 742-50. doi:10.1080/00071660802454665.

2. Puangsombat, Kanithaporn, y J. Scott Smith. «Inhibition of Heterocyclic Amine Formation in Beef Patties by Ethanolic Extracts of Rosemary». *Journal of Food Science* 75, no. 2 (2010): T40-47. doi:10.1111/j.1750-3841.2009.01491.x.

3. Pérez-Sánchez, A., *et al.* «Protective Effects of Citrus and Rosemary Extracts on UV-Induced Damage in Skin Cell Model and Human Volunteers». *Journal of Photochemistry and Photobiology B: Biology* 136 (5 de julio de 2014): 12-18. doi:10.1016/j.jphotobiol.2014.04.007.

4. Ross, Jeremy. *Combining Western Herbs and Chinese Medicine* (Bristol, UK: Greenfields Press, 2010), 640.

5. Lukaczer, Daniel, *et al.* «A Pilot Trial Evaluating meta050, a Proprietary Combination of Reduced Iso-Alpha Acids, Rosemary Extract and Oleanolic Acid in Patients with Arthritis and Fibromyalgia». *Phytotherapy Research* 19, no. 10 (2005): 864-69. doi:10.1002/ptr.1709.

6. Gedney, Jeffrey J., Toni L. Glover y Roger B. Fillingim. «Sensory and Affective Pain Discrimination after Inhalation of Essential Oils». *Psychosomatic Medicine* 66, no. 4 (2004): 599-606.

7. Park, M. K., y E. S. Lee. «[The Effect of Aroma Inhalation Method on Stress Responses of Nursing Students]». *Taehan Kanho Hakhoe Chi* 34, no. 2 (2004): 344-51.

8. McCaffrey, Ruth, Debra J. Thomas y Ann Orth Kinzelman. «The Effects of Lavender and Rosemary Essential Oils on Test-Taking Anxiety among Graduate Nursing Students». *Holistic Nursing Practice* 23, no. 2 (2009): 88-93. doi:10.1097/HNP.0b013e3181a110aa.

9. Moss, Mark, *et al.* «Aromas of Rosemary and Lavender Essential Oils Differentially Affect Cognition and Mood in Healthy Adults». *International Journal of Neuroscience* 113, no. 1 (2003): 15-38. doi:10.1080/00207450390161903.

10. «Alzheimer's Statistics». Alzheimers.net. Consultado el 27 de septiembre de 2015. http://www.alzheimers.net/resources/alzheimers-statistics.

11. Pengelly, Andrew, *et al.* «Short-Term Study on the Effects of Rosemary on Cognitive Function in an Elderly Population». *Journal of Medicinal Food* 15, no. 1 (2011): 10-17. doi:10.1089/jmf.2011.0005.

12. Jimbo, Daiki, *et al.* «Effect of Aromatherapy on Patients with Alzheimer's Disease». *Psychogeriatrics* 9, no. 4 (2009): 173-79. doi:10.1111/j.1479-8301.2009.00299.x.

13. Hay, I. C., M. Jamieson, y A. D. Ormerod. «Randomized Trial of Aromatherapy: Successful Treatment for Alopecia Areata». *Archives of Dermatology* 134, no. 11 (1998): 1349-52. doi:10.1001/archderm.134.11.1349.

14. Tierra, Lesley. *Healing with the Herbs of Life* (Nueva York: Crossing Press/Random House, 2003).

15. Kuhn, Merrily A., y David Winston. *Winston & Kuhn's Herbal Therapy & Supplements: A Scientific & Traditional Approach.* 2.ª ed. (Filadelfia: Lippincott Williams & Wilkins, 2008).

16. Gardner, Zoë, y Michael McGuffin, editores. *American Herbal Products Association's Botanical Safety Handbook.* 2.ª ed. (Boca Ratón, FL: CRC Press, 2013).

17. Ibíd.

18. Ibíd.

Capítulo 19: Salvia

1. Grieve, M. *A Modern Herbal: The Medicinal, Culinary, Cosmetic and Economic Properties, Cultivation and Folklore of Herbs, Grasses, Fungi, Shrubs and Trees with All Their Modern Scientific Uses* (Nueva York: Dover Publications, 1971).

2. Aggarwal, Bharat B., y Debora Yost. *Especias curativas: propiedades y aplicaciones terapéuticas de las especias más saludables* (Gaia Ediciones, Madrid, 2015).

3. Scholey, Andrew B., *et al.* «An Extract of Salvia (Sage) with Anticholinesterase Properties Improves Memory and Attention in Healthy Older Volunteers». *Psychopharmacology* 198, no. 1 (2008): 127-39. doi:10.1007/s00213-008-1101-3.

4. Akhondzadeh, S., *et al.* «Salvia Officinalis Extract in the Treatment of Patients with Mild to Moderate Alzheimer's Disease: A Double-blind, Randomized and Placebo-Controlled Trial». *Journal of Clinical Pharmacy and Therapeutics* 28, no. 1 (2003): 53-59. doi:10.1046/j.1365-2710.2003.00463.x.

5. Kennedy, David O., *et al.* «Effects of Cholinesterase Inhibiting Sage (*Salvia officinalis*) on Mood, Anxiety and Performance on a Psychological Stressor Battery.». *Neuropsychopharmacology* 31, no. 4 (2005): 845-52. doi:10.1038/sj.npp.1300907.

6. Gerard, John. *The Herbal, or General History of Plants: The Complete 1633 Edition.* Revisado por Thomas Johnson. (Nueva York: Dover Publications, 1975), 766.

7. Kianbakht, S., y F. Hashem Dabaghian. «Improved Glycemic Control and Lipid Profile in Hyperlipidemic Type 2 Diabetic Patients Consuming Salvia Officinalis L. Leaf Extract: A Randomized, Placebo-controlled Clinical Trial». *Complementary Therapies in Medicine* 21, no. 5 (2013): 441-46. doi:10.1016/j.ctim.2013.07.004.

8. Sá, Carla M., *et al.* «Sage Tea Drinking Improves Lipid Profile and Antioxidant Defences in Humans». *International Journal of Molecular Sciences* 10, no. 9 (2009): 3937-50. doi:10.3390/ijms10093937.

9. Schapowal, A., *et al.* «Echinacea/Sage or Chlorhexidine/Lidocaine for Treating Acute Sore Throats: A Randomized Double-Blind Trial». *European Journal of Medical Research* 14, no. 9 (2009): 406-12.

10. Hubbert, M., *et al.* «Efficacy and Tolerability of a Spray with *Salvia Officinalis* in the Treatment of Acute Pharyngitis-A Randomised, Double-Blind, Placebo-Controlled Study with Adaptive Design and Interim Analysis». *European Journal of Medical Research* 11, no. 1 (2006): 20-26.

11. Bommer, S., P. Klein, y A. Suter. «First Time Proof of Sage's Tolerability and Efficacy in Menopausal Women with Hot Flushes». *Advances in Therapy* 28, no. 6 (2011): 490-500. doi:10.1007/s12325-011-0027-z.

12. Reuter, Juliane, *et al.* «Sage Extract Rich in Phenolic Diterpenes Inhibits Ultraviolet-Induced Erythema in Vivo». *Planta Medica* 73, no. 11 (2007): 1190-91. doi:10.1055/s-2007-981583.

13. Kuhn, Merrily A., y David Winston. *Winston & Kuhn's Herbal Therapy & Supplements: A Scientific & Traditional Approach.* 2.ª ed. (Filadelfia: Lippincott Williams & Wilkins, 2008).

Capítulo 20: Tomillo

1. Romm, Aviva Jill. *Botanical Medicine for Women's Health* (St. Louis, MO: Churchill Livingstone/Elsevier, 2010).

2. Buhner, Stephen Harrod. *Antibióticos herbales: alternativas naturales para tratar las bacterias fármaco-resistentes* (Gaia Ediciones, Madrid, 2014).

3. Rajkowska, Katarzyna, *et al.* «The Effect of Thyme and Tea Tree Oils on Morphology and Metabolism of Candida Albicans». *Acta Biochimica Polonica* 61, no. 2 (2014): 305-10.

4. Thosar, Nilima, *et al.* «Antimicrobial Efficacy of Five Essential Oils against Oral Pathogens: An in Vitro Study». *European Journal of Dentistry* 7, no. suppl. 1 (2013): S71-77. doi:10.4103/1305-7456.119078.

5. Fadli, Mariam, *et al.* «Antibacterial Activity of Thymus Maroccanus and Thymus Broussonetii Essential Oils against Nosocomial Infection-Bacteria and Their Synergistic Potential with Antibiotics». *Phytomedicine* 19, no. 5 (2012): 464-71. doi:10.1016/j.phymed.2011.12.003.

6. Sienkiewicz, Monika, *et al.* «The Antimicrobial Activity of Thyme Essential Oil against Multidrug Resistant Clinical Bacterial Strains». *Microbial Drug Resistance* 18, no. 2 (2011): 137-48. doi:10.1089/mdr.2011.0080.

7. Kavanaugh, Nicole L., y Katharina Ribbeck. «Selected Antimicrobial Essential Oils Eradicate Pseudomonas spp. and Staphylococcus Aureus Biofilms». *Applied and Environmental Microbiology* 78, no. 11 (1 de junio de 2012): 4057-61. doi:10.1128/AEM.07499-11.

8. «Antibiotic Resistance Threats in the United States, 2013». Centers for Disease Control and Prevention. 17 de julio de 2014. Consultado el 18 de octubre de 2015.

9. Ross, Jeremy. *Combining Western Herbs and Chinese Medicine: A Clinical Materia Medica: 120 Herbs in Western Use* (Regensburg, Alemania: Verlag Für Ganzheitliche Medizin, 2010).

10. Dioscórides. *De Materia Medica-Five Books in One Volume: A New English Translation*. Traducido por T. A. Osbaldeston (Johannesburgo: IBIDIS Press, 2000).

11. Kemmerich, B. «Evaluation of Efficacy and Tolerability of a Fixed Combination of Dry Extracts of Thyme Herb and Primrose Root in Adults Suffering from Acute Bronchitis with Productive Cough. A Prospective, Double-Blind, Placebo-Controlled Multicentre Clinical Trial». *Arzneimittel-Forschung* 57, no. 9 (2006): 607-15.

12. Kemmerich, B., R. Eberhardt, y H. Stammer. «Efficacy and Tolerability of a Fluid Extract Combination of Thyme Herb and Ivy Leaves and Matched Placebo in Adults Suffering from Acute Bronchitis with Productive Cough. A Prospective, Double-Blind, Placebo-Controlled Clinical Trial». *Arzneimittel-Forschung* 56, no. 9 (2005): 652-60.

13. Marzian, O. «[Treatment of Acute Bronchitis in Children and Adolescents. Non-Interventional Postmarketing Surveillance Study Confirms the Benefit and Safety of a Syrup Made of Extracts from Thyme and Ivy Leaves]». *MMW Fortschritte der Medizin* 149, no. 27-28 suppl. (2007): 69-74.

14. McIntyre, Anne. «Thymus vulgaris: Thyme». Anne McIntyre: Herbal Medicine, Ayurveda. Consultado el 20 de abril de 2015. http://annem-cintyre.com/thymus-vulgaris-thyme.

15. Kuhn, Merrily A., y David Winston. *Winston & Kuhn's Herbal Therapy & Supplements: A Scientific & Traditional Approach*. 2.ª ed. (Filadelfia: Lippincott Williams & Wilkins, 2008).

16. Ibíd.

17. Ibíd.

18. Gardner, Zoë, y Michael McGuffin, editores. *American Herbal Products Association's Botanical Safety Handbook*. 2.ª ed. (Boca Ratón, FL: CRC Press, 2013).

Capítulo 21: Ortiga

1. Weed, Susun. *Healing Wise* (Woodstock, NY: Ash Tree Publishing, 1989).

2. Pedersen, Mark. *Nutritional Herbology: A Reference Guide to Herbs* (Varsovia, IN: Wendell W. Whitman Company, 1998).

3. Ibíd.

4. Helms, Steve, y A. Miller. «Natural Treatment of Chronic Rhinosinusitis». *Alternative Medicine Review: A Journal of Clinical Therapeutics* 11, no. 3 (2006): 196-207.

5. Roschek, Bill, *et al.* «Nettle Extract (Urtica Dioica) Affects Key Receptors and Enzymes Associated with Allergic Rhinitis». *Phytotherapy Research* 23, no. 7 (julio de 2009): 920-26. doi:10.1002/ptr.2763.

6. Bergner, Paul. «Urtica Dioica, Insulin Resistance and Systemic Inflammation». *Medical Herbalism Journal* 17, no. 1 (2014/2013): 1.

7. Namazi, N., A. Tarighat y A. Bahrami. «The Effect of Hydro Alcoholic Nettle (Urtica Dioica) Extract on Oxidative Stress in Patients with Type 2 Diabetes: A Randomized Double-Blind Clinical Trial». *Pakistan Journal of Biological Sciences* 15, no. 2 (2012): 98-102.

8. Namazi, N., *et al.* «The Effect of Hydro Alcoholic Nettle (Urtica Dioica) Extracts on Insulin Sensitivity and Some Inflammatory Indicators in Patients with Type 2 Diabetes: A Randomized Double-Blind Control Trial». *Pakistan Journal of Biological Sciences* 14, no. 15 (2011): 775-79.

9. Kianbakht, Saeed, Farahnaz Khalighi-Sigaroodi y Fataneh Hashem Dabaghian. «Improved Glycemic Control in Patients with Advanced Type 2 Diabetes Mellitus Taking Urtica Dioica Leaf Extract: A Randomized Double-blind, placebo-controlled Clinical Trial». *Clinical Laboratory* 59, no. 9-10 (2013): 1071-76.

10. Safarinejad, Mohammad Reza. «Urtica Dioica for Treatment of Benign Prostatic Hyperplasia: A Prospective, Randomized, Double-Blind, Placebo-Controlled, Crossover Study». *Journal of Herbal Pharmacotherapy* 5, no. 4 (2005): 1-11.

11. Rapp, Cathleen. «Special Saw Palmetto and Stinging Nettle Root Combination as Effective as Pharmaceutical Drug for Prostate Symptoms». *American Botanical Council's Herbalgram* 72 (2006): 20-21.

12. Culpeper, Nicholas. *Culpeper's Complete Herbal: A Book of Natural Remedies for Ancient Ills* (Ware, Inglaterra: Wordsworth Editions, 1995).

13. Randall, C., *et al.* «Randomized Controlled Trial of Nettle Sting for Treatment of Base-of-Thumb Pain». *Journal of the Royal Society of Medicine* 93, no. 6 (2000): 305-9.

14. Weed, Susun S. *Healing Wise* (Woodstock, NY: Ash Tree Pub., 2003).

Capítulo 22: Espino albar

1. Hoffmann, David. *Medical Herbalism: The Science and Practice of Herbal Medicine* (Rochester, VT: Healing Arts Press, 2003).

2. Dalli, E., *et al.* «Crataegus Laevigata Decreases Neutrophil Elastase and Has Hypolipidemic Effect: A Randomized, Double-Blind, Placebo-Controlled Trial». *Phytomedicine* 18, no. 8-9 (2011): 769-75. doi:10.1016/j.phymed.2010.11.011.

3. Asgary, S., *et al.* «Antihypertensive Effect of Iranian Crataegus Curvisepala Lind.: A Randomized, Double-Blind Study». *Drugs under Experimental and Clinical Research* 30, no. 5-6 (2003): 221-25.

4. Walker, Ann F., *et al.* «Hypotensive Effects of Hawthorn for Patients with Diabetes Taking Prescription Drugs: A Randomised Controlled Trial». *British Journal of General Practice* 56, no. 527 (2006): 437-43.

5. Kane, Charles W. *Herbal Medicine: Trends and Traditions* (Tucson, AZ: Lincoln Town Press, 2009).

6. Tauchert, Michael, Amnon Gildor y Jens Lipinski. «[High-Dose Crataegus Extract WS 1442 in the Treatment of NYHA Stage II Heart Failure]». *Herz* 24, no. 6 (1999): 465-74.

7. Habs, M. «Prospective, Comparative Cohort Studies and Their Contribution to the Benefit Assessments of Therapeutic Options: Heart Failure Treatment with and without Hawthorn Special Extract WS 1442». *Forschende komplementrmedizin und klassische Naturheilkunde [Research in Complementary and Classical Natural Medicine]* 11, no. suppl. 1 (2004): 36-39. doi:10.1159/000080574.

8. Kuhn, Merrily A., y David Winston. *Winston & Kuhn's Herbal Therapy & Supplements: A Scientific & Traditional Approach*. 2.ª ed. (Filadelfia: Lippincott Williams & Wilkins, 2008).

Capítulo 23: Melisa

1. Akhondzadeh, S., *et al.* «Melissa Officinalis Extract in the Treatment of Patients with Mild to Moderate Alzheimer's Disease: A Double-blind, Randomised, Placebo-controlled Trial». *Journal of Neurology, Neurosurgery & Psychiatry* 74, no. 7 (2003): 863-66. doi:10.1136/jnnp.74.7.863.

2. Ballard, Clive G., *et al.* «Aromatherapy as a Safe and Effective Treatment for the Management of Agitation in Severe Dementia: The Results of a Double-Blind, Placebo-Controlled Trial with Melissa». *Journal of Clinical Psychiatry* 63, no. 7 (2002): 553-58.

3. Kennedy, D. O., *et al.* «Modulation of Mood and Cognitive Performance following Acute Administration of Melissa Officinalis (Lemon Balm)». *Pharmacology, Biochemistry, and Behavior* 72, no. 4 (2002): 953-64. doi:10.1016/S0091-3057(02)00777-3.

4. Kennedy, D. O., *et al.* «Modulation of Mood and Cognitive Performance following Acute Administration of Single Doses of Melissa Officinalis (Lemon Balm) with Human CNS Nicotinic and Muscarinic Receptor-Binding Properties». *Neuropsychopharmacology* 28, no. 10 (2003): 1871-81.

5. Taavoni, S., N. Nazem Ekbatani y H. Haghani. «Valerian/Lemon Balm Use for Sleep Disorders during Menopause». *Complementary Therapies in Clinical Practice* 19, no. 4 (2013): 193-96. doi: 10.1016/j.ctcp.2013.07.002.

6. Müller, S. F., y S. Klement. «A Combination of Valerian and Lemon Balm Is Effective in the Treatment of Restlessness and Dyssomnia in Children». *Phytomedicine* 13, no. 6 (2006): 383-87. doi:10.1016/j.phymed.2006.01.013.

7. Koytchev, R., R. G. Alken y S. Dundarov. «Balm Mint Extract (Lo-701) for Topical Treatment of Recurring Herpes Labialis». *Phytomedicine* 6, no. 4 (1999): 225-30. doi:10.1016/S0944-7113(99)80013-0.

8. Khalsa, Kharta Purka Singh. Comunicación personal, 10 de septiembre de 2015.

9. Zeraatpishe, Akbar, *et al.* «Effects of Melissa Officinalis L. on Oxidative Status and DNA Damage in Subjects Exposed to Long-Term Low-Dose Ionizing Radiation». *Toxicology and Industrial Health* 27. no. 3 (abril 2011): 205-12. doi:10.1177/0748233710383889.

Capítulo 24: Rosa

1. Brenner, Douglas, y Stephen Scanniello. *A Rose by Any Name* (Chapel Hill, NC: Algonquin Books of Chapel Hill, 2009).

2. Allen, Kathy Grannis. «Cupid to Shower Americans with Jewelry, Candy This Valentine's Day». National Retail Federation. 26 de enero de 2015. https://nrf.com/media/press-releases/cupid-shower-americans-jewelry-candy-this-valentines-day.

3. Andersson, U., *et al.* «Effects of Rose Hip Intake on Risk Markers of Type 2 Diabetes and Cardiovascular Disease: A Randomized, Double-Blind, Cross-Over Investigation in Obese Persons». *European Journal of Clinical Nutrition* 66, no. 5 (2012): 585-90. doi:10.1038/ejcn.2011.203.

4. Hongratanaworakit, T. «Relaxing Effect of Rose Oil on Humans». *Natural Product Communications* 4, no. 2 (2009): 291-96.

5. Winston, David. «Differential Treatment of Depression and Anxiety with Botanical and Nutritional Medicines». En *17th Annual AHG Symposium Proceedings Book*. Millennium Hotel, Boulder, Colorado, 2006.

6. Conrad, Pam, y Cindy Adams. «The Effects of Clinical Aromatherapy for Anxiety and Depression in the High Risk Postpartum Woman-A Pilot Study». *Complementary Therapies in Clinical Practice* 18, no. 3 (2012): 164-68. doi:10.1016/j.ctcp.2012.05.002.

7. Moerman, Daniel E. *Native American Ethnobotany* (Portland, OR: Timber Press, 1998).

8. Hoseinpour, H., *et al.* «Evaluation of Rosa Damascena Mouthwash in the Treatment of Recurrent Aphthous Stomatitis: A Randomized, Double-Blinded, Placebo-Controlled Clinical Trial». *Quintessence International* 42, no. 6 (2011): 483-91.

9. Kharazmi, Arsalan, y Kaj Winther. «Rose Hip Inhibits Chemotaxis and Chemiluminescence of Human Peripheral Blood Neutrophils in Vitro and Reduces Certain Inflammatory Parameters in Vivo». *Inflammopharmacology* 7, no. 4 (1999): 377-86. doi:10.1007/s10787-999-0031-y

10. Rein, E., A. Kharazmi y K. Winther. «A Herbal Remedy, Hyben Vital (Stand. Powder of a Subspecies of Rosa Canina Fruits), Reduces Pain and Improves General Wellbeing in Patients with Osteoarthritis-A Double-Blind, Placebo-Controlled, Randomised Trial». *Phytomedicine* 11, no. 5 (2004): 383-91. doi:10.1016/j.phymed.2004.01.001.

11. Winther, K., K. Apel y G. Thamsborg. «A Powder Made from Seeds and Shells of a Rosehip Subspecies (Rosa Canina) Reduces Symptoms of Knee and Hip Osteoarthritis: A Randomized, Double-Blind, Placebo-Controlled Clinical Trial». *Scandinavian Journal of Rheumatology* 34, no. 4 (2005): 302-8. doi:10.1080/03009740510018624.

12. Willich, S. N., *et al.* «Rose Hip Herbal Remedy in Patients with Rheumatoid Arthritis-A Randomised Controlled Trial». *Phytomedicine* 17, no. 2 (2010): 87-93. doi:10.1016/j.phymed.2009.09.003.

13. Winther, K., E. Rein y A. Kharazmi. «The Anti-Inflammatory Properties of Rose-Hip». *Inflammopharmacology* 7, no. 1 (1999): 63-68. doi:10.1007/s10787-999-0026-8.

14. Tseng, Ying-Fen, Chung-Hey Chen y Yi-Hsin Yang. «Rose Tea for Relief of Primary Dysmenorrhea in Adolescents: A Randomized Controlled Trial in Taiwan». *Journal of Midwifery & Women's Health* 50, no. 5 (2005): e51-57. doi:10.1016/j.jmwh.2005.06.003.

Capítulo 25: Saúco

1. Bertrand, Bernard, y Annie Bertrand. *Sous la protection du sureau*. 2.ª ed. (Escalquens, France: Éditions de Terran, 2000).

2. Ho, Giang Thanh Thi, *et al.* «Structure-Activity Relationship of Immunomodulating Pectins from Elderberries». *Carbohydrate Polymers* 125 (10 de julio de 2015): 314-22. doi:10.1016/j.carbpol.2015. 02.057.

3. Balasingam, S., *et al.* «Neutralizing Activity of SAMBUCOL® against Avian NIBRG-14 (H5N1) Influenza Virus». En *IV International Conference on Influenza, Preventing the Pandemic, Bird Flu Vaccines* (Londres, junio de 2006), 23-24.

4. Zakay-Rones, Zichria, *et al.* «Inhibition of Several Strains of Influenza Virus in Vitro and Reduction of Symptoms by an Elderberry Extract (Sambucus Nigra L.) during an Outbreak of Influenza B Panama». *Journal of Alternative and Complementary Medicine* 1, no. 4 (1995): 361-69. doi:10.1089/acm.1995.1.361.

5. Zakay-Rones, Z., *et al.* «Randomized Study of the Efficacy and Safety of Oral Elderberry Extract in the Treatment of Influenza A and B Virus Infections». *Journal of International Medical Research* 32, no. 2 (2004): 132-40. doi:10.1177/147323000403200205.

6. Krawitz, Christian, *et al.* «Inhibitory Activity of a Standardized Elderberry Liquid Extract against Clinically-Relevant Human Respiratory Bacterial Pathogens and Influenza A and B Viruses». *BMC Complementary and Alternative Medicine* 11, no. 1 (2011): 16. doi:10.1186/1472-6882-11-16.

7. Roschek Jr., Bill, *et al.* «Elderberry Flavonoids Bind to and Prevent H1N1 Infection in Vitro». *Phytochemistry* 70, no. 10 (2009): 1255-61. doi:10.1016/j.phytochem.2009.06.003.

8. Jarzycka, Anna, Agnieszka LewiĐska, Roman Gancarz y Kazimiera A Wilk. «Assessment of Extracts of Helichrysum Arenarium, Crataegus Monogyna, Sambucus Nigra in Photoprotective UVA and UVB; Photostability in Cosmetic Emulsions». *Journal of photochemistry and photobiology. B, Biology* 128 (2013): doi:10.1016 /j.jphotobiol.2013.07.029.

9. Harokopakis, Evlambia, *et al.* «Inhibition of Proinflammatory Activities of Major Periodontal Pathogens by Aqueous Extracts from Elderflower (Sambucus Nigra)». *Journal of Periodontology* 77, no. 2 (2006): 271-79. doi:10.1902/jop.2006.050232.

Capítulo 26: Té

1. Hodgson, Jonathan M., *et al.* «Short-Term Effects of Polyphenol-Rich Black Tea on Blood Pressure in Men and Women». *Food & Function* 4, no. 1 (19 de diciembre de 2012): 111-15. doi:10.1039/C2FO30186E.

2. Hodgson, Jonathan M., *et al.* «Black Tea Lowers the Rate of Blood Pressure Variation: A Randomized Controlled Trial». *American Journal of Clinical Nutrition* 97, no. 5 (1 de mayo de 2013): 943-50. doi:10.3945/ajcn.112.051375.

3. Gomikawa, Syuzou, *et al.* «Effect of Ground Green Tea Drinking for 2 Weeks on the Susceptibility of Plasma and LDL to the Oxidation Ex Vivo in Healthy Volunteers». *Kobe Journal of Medical Sciences* 54, no. 1 (2008): E62-72.

4. Bahorun, Theeshan, *et al.* «Black Tea Reduces Uric Acid and C-Reactive Protein Levels in Humans Susceptible to Cardiovascular Diseases». *Toxicology* 278, no. 1 (2010): 68-74. doi:10.1016/j.tox.2009.11.024.

5. Narotzki, Baruch, *et al.* «Green Tea and Vitamin E Enhance Exercise-Induced Benefits in Body Composition, Glucose Homeostasis, and Antioxidant Status in Elderly Men and Women». *Journal of the American College of Nutrition* 32, no. 1 (2013): 31-40. doi:10.1080/07315724.2013.767661.

6. Basu, Arpita, *et al.* «Green Tea Supplementation Affects Body Weight, Lipids, and Lipid Peroxidation in Obese Subjects with Metabolic Syndrome». *Journal of the American College of Nutrition* 29, no. 1 (2010): 31-40.

7. Eshghpour, Majid, *et al.* «Effectiveness of Green Tea Mouthwash in Postoperative Pain Control following Surgical Removal of Impacted Third Molars: Double-blind Randomized Clinical Trial». *DARU Journal of Pharmaceutical Sciences* 21, no. 1 (2013): 59. doi:10.1186/2008-2231-21-59.

8. Awadalla, H. I., *et al.* «A Pilot Study of the Role of Green Tea Use on Oral Health». *International Journal of Dental Hygiene* 9, no. 2 (2011): 110-16. doi:10.1111/j.1601-5037.2009.00440.x.

9. Mohd, Razali Salleh. «Life Event, Stress and Illness». *Malaysian Journal of Medical Sciences* 15, no. 4 (2008): 9-18.

10. «Stress a Major Health Problem in the U.S., Warns APA». Comunicado de prensa de la American Psychological Association. 24 de octubre de 2007. http://www.apa.org/news/press/releases/2007/10/stress.aspx.

Capítulo 27: Alcachofa

1. Holtmann, G., *et al.* «Efficacy of Artichoke Leaf Extract in the Treatment of Patients with Functional Dyspepsia: A Six-Week Placebo-Controlled, Double-Blind, and Multicentre Trial». *Alimentary Pharmacology & Therapeutics* 18, no. 11-12 (diciembre de 2003): 1099-1105.

2. Walker, A. F., R. W. Middleton y O. Petrowicz. «Artichoke Leaf Extract Reduces Symptoms of Irritable Bowel Syndrome in a Post-Marketing Surveillance Study». *Phytotherapy Research* 15, no. 1 (febrero de 2001): 58-61.

3. Bernard, Christophe. Comunicación personal, 2 de julio de 2015.

4. Rondanelli, Mariangela, *et al.* «Beneficial Effects of Artichoke Leaf Extract Supplementation on Increasing HDL-Cholesterol in Subjects with Primary Mild Hypercholesterolaemia: A Double-Blind, Randomized, Placebo-Controlled Trial». *International Journal of Food Sciences and Nutrition* 64, no. 1 (febrero de 2013): 7-15. doi:10.3109/09637486.2012.700920.

5. Lupattelli, G., *et al.* «Artichoke Juice Improves Endothelial Function in Hyperlipemia». *Life Sciences* 76, no. 7 (31 de diciembre de 2004): 775-82. doi:10.1016/j.lfs.2004.07.018.

6. Kuhn, Merrily A., y David Winston. *Winston & Kuhn's Herbal Therapy & Supplements: A Scientific & Traditional Approach.* 2.ª ed. (Filadelfia: Lippincott Williams & Wilkins, 2008).

Capítulo 28: Cacao

1. Szogyi, Alex. *Chocolate: Food of the Gods* (Westport, CT: Greenwood Press, 1997).

2. Shrime, Mark G., *et al.* «Flavonoid-Rich Cocoa Consumption Affects Multiple Cardiovascular Risk Factors in a Meta-Analysis of Short-Term Studies». *Journal of Nutrition* 141, no. 11 (2011): 1982-88. doi:10.3945/jn.111.145482.

3. Aggarwal, Bharat B., y Debora Yost. *Especias curativas: propiedades y aplicaciones terapéuticas de las 50 especias más saludables* (Gaia Ediciones, Madrid, 2015).

4. Desch, Steffen, *et al.* «Effect of Cocoa Products on Blood Pressure: Systematic Review and Meta-Analysis». *American Journal of Hypertension* 23, no. 1 (2010): 97-103. doi:10.1038/ajh.2009.213.

5. Sarriá, Beatriz, *et al.* «Regular Consumption of a Cocoa Product Improves the Cardiometabolic Profile in Healthy and Moderately Hypercholesterolaemic Adults». *British Journal of Nutrition* 111, no. 01 (2014): 122-34. doi:10.1017/S000711451300202X.

6. Grassi, Davide, *et al.* «Short-Term Administration of Dark Chocolate Is Followed by a Significant Increase in Insulin Sensitivity and a Decrease in Blood Pressure in Healthy Persons». *American Journal of Clinical Nutrition* 81, no. 3 (2005): 611-14.

7. Selmi, Carlo, *et al.* «The Anti-Inflammatory Properties of Cocoa Flavanols». *Journal of Cardiovascular Pharmacology* 47 (2006): S163-71.

8. Scholey, Andrew, y Lauren Owen. «Effects of Chocolate on Cognitive Function and Mood: A Systematic Review». *Nutrition Reviews* 71, no. 10 (2013): 665-81. doi:10.1111/nure.12065.

9. Desideri, Giovambattista, *et al.* «Benefits in Cognitive Function, Blood Pressure, and Insulin Resistance through Cocoa Flavanol Consumption in Elderly Subjects with Mild Cognitive Impairment: The Cocoa, Cognition, and Aging (CoCoA) Study». *Hypertension* 60, no. 3 (2012): 794-801.

10. Field, David T., Claire M. Williams y Laurie T. Butler. «Consumption of Cocoa Flavanols Results in an Acute Improvement in Visual and Cognitive Functions». *Physiology & Behavior* 103, no. 3-4 (2011): 255-60. doi:10.1016/j.physbeh.2011.02.013.

11. Sathyapalan, Thozhukat, *et al.* «High Cocoa Polyphenol Rich Chocolate May Reduce the Burden of the Symptoms in Chronic Fatigue Syndrome». *Nutrition Journal* 9, no. 1 (2010): 55.

12. Miller, Kenneth B., *et al.* «Impact of Alkalization on the Antioxidant and Flavanol Content of Commercial Cocoa Powders». *Journal of Agricultural and Food Chemistry* 56, no. 18 (2008): 8527-33. doi:10.1021/jf801670p.

13. EFSA, NDA Panel. «Scientific Opinion on the Substantiation of a Health Claim Related to Cocoa Flavanols and Maintenance of Normal Endothelium-Dependent Vasodilation Pursuant to Article 13 (5) of Regulation (EC) No 1924/2006». *EFSA Journal* 10, no. 2809 (2012): b52.

Capítulo 29: Café

1. Walsh, James K., *et al.* «Effect of Caffeine on Physiological Sleep Tendency and Ability to Sustain Wakefulness at Night». *Psychopharmacology* 101, no. 2 (1990): 271-73. doi:10.1007/BF02244139.

2. Muehlbach, Mark J., y James K. Walsh. «The Effects of Caffeine on Simulated Night-Shift Work and Subsequent Daytime Sleep». *Sleep: Journal of Sleep Research & Sleep Medicine* 18, no. 1 (1995): 22-29.

3. Pham, Ngoc Minh, *et al.* «Green Tea and Coffee Consumption Is Inversely Associated with Depressive Symptoms in a Japanese Working Population». *Public Health Nutrition* 17, no. 03 (2014): 625-33. doi:10.1017/S1368980013000360.

4. Smith, Andrew P. «Caffeine, Extraversion and Working Memory». *Journal of Psychopharmacology* 7, no. 21 (enero de 2013): 71-6. doi:10.1177/0269881112460111.

5. Wills, Anne-Marie A., *et al.* «Caffeine Consumption and Risk of Dyskinesia in CALM-PD». *Movement Disorders* 28, no. 3 (2013): 380-83. doi:10.1002/mds.25319.

6. Eskelinen, Marjo H., y Miia Kivipelto. «Caffeine as a Protective Factor in Dementia and Alzheimer's Disease». *Journal of Alzheimer's Disease* 20, no. suppl. 1 (2010): S167-S174.

7. Klatsky, Arthur L., *et al.* «Coffee, Cirrhosis, and Transaminase Enzymes». *Archives of Internal Medicine* 166, no. 11 (2006): 1190-95. doi:10.1001/archinte.166.11.1190.

8. Xiao, Qian, *et al.* «Inverse Associations of Total and Decaffeinated Coffee with Liver Enzyme Levels in National Health and Nutrition Examination Survey 1999-2010». *Hepatology* 60, no. 6 (2014): 2091-98. doi:10.1002/hep.27367.

9. Sasaki, Yachiyo, *et al.* «Effect of Caffeine-Containing Beverage Consumption on Serum Alanine Aminotransferase Levels in Patients with Chronic Hepatitis C Virus Infection: A Hospital-Based Cohort Study». *PLoS One* 8, no. 12 (2013): e83382. doi:10.1371/journal.pone.0083382.

10. Cardin, Romilda, *et al.* «Effects of Coffee Consumption in Chronic Hepatitis C: A Randomized Controlled Trial». *Digestive and Liver Disease* 45, no. 6 (2013): 499-504. doi:10.1016/j.dld.2012.10.021.

11. Killer, Sophie C., Andrew K. Blannin y Asker E. Jeukendrup. «No Evidence of Dehydration with Moderate Daily Coffee Intake: A Counterbalanced Cross-Over Study in a Free-Living Population». *PLoS One* 9, no. 1 (2014): e84154. doi:10.1371/journal.pone.0084154.

12. Corrêa, Telma Angelina Faraldo, *et al.* «Medium Light and Medium Roast Paper-Filtered Coffee Increased Antioxidant Capacity in Healthy Volunteers: Results of a Randomized Trial». *Plant Foods for Human Nutrition* 67, no. 3 (2012): 277-82. doi:10.1007/s11130-012-0297-x.

13. Mišík, Miroslav, *et al.* «Impact of Paper Filtered Coffee on Oxidative DNA-Damage: Results of a Clinical Trial». *Mutation Research/Fundamental and Molecular Mechanisms of Mutagenesis* 692, no. 1-2 (2010): 42-48. doi:10.1016/j.mrfmmm.2010.08.003.

14. Van Dam, R. M., y F. B. Hu. «Coffee Consumption and Risk of Type 2 Diabetes: A Systematic Review». *JAMA* 294, no. 1 (2005): 97-104. doi:10.1001/jama.294.1.97.

15. Van Dam, Rob M., y Edith J. M. Feskens. «Coffee Consumption and Risk of Type 2 Diabetes Mellitus». *The Lancet* 360, no. 9344 (2002): 1477-78. doi:10.1016/S0140-6736(02)11436-X.

16. Bertoia, Monica L., *et al.* «Long-Term Alcohol and Caffeine Intake and Risk of Sudden Cardiac Death in Women». *American Journal of Clinical Nutrition* 97, no. 6 (junio de 2013): 1356-63. doi:10.3945/ajcn.112.044248.

17. Shechter, Michael, *et al.* «Impact of Acute Caffeine Ingestion on Endothelial Function in Subjects with and without Coronary Artery Disease». *American Journal of Cardiology* 107, no. 9 (1 de mayo de 2011): 1255-61. doi:10.1016/j.amjcard.2010.12.035.

Capítulo 30: Diente de león

1. Clare, Bevin A., Richard S. Conroy y Kevin Spelman. «The Diuretic Effect in Human Subjects of an Extract of Taraxacum Officinale Folium over a Single Day». *Journal of Alternative and Complementary Medicine* 15, no. 8 (2009): 929-34. doi:10.1089/acm.2008.0152.

2. Piao, Taikui, *et al.* «Taraxasterol Inhibits IL-1β-Induced Inflammatory Response in Human Osteoarthritic Chondrocytes». *European Journal of Pharmacology* 756 (junio de 2015): 38-42. doi:10.1016/j.ejphar.2015.03.012.

3. Kuhn, Merrily A., y David Winston. *Winston & Kuhn's Herbal Therapy & Supplements: A Scientific & Traditional Approach.* 2.ª ed. (Filadelfia: Lippincott Williams & Wilkins, 2008).

4. Ibíd.

Capítulo 31: Manzanilla

1. Gladstar, Rosemary. *Plantas medicinales: guía para principiantes.* (Gaia Ediciones, Madrid, 2017).

2. Hardy, Karen, *et al.* «Neanderthal Medics? Evidence for Food, Cooking, and Medicinal Plants Entrapped in Dental Calculus». *Die Naturwissenschaften* 99, no. 8 (2012). doi:10.1007/s00114-012-0942-0.

3. Amsterdam, Jay D., *et al.* «Chamomile (Matricaria Recutita) May Have Antidepressant Activity in Anxious Depressed Humans-An Exploratory Study». *Alternative Therapies in Health and Medicine* 18, no. 5 (2012): 44-49.

4. Amsterdam, Jay D., *et al.* «A Randomized, Double-Blind, Placebo-Controlled Trial of Oral Matricaria Recutita (Chamomile) Extract Therapy for Generalized Anxiety Disorder». *Journal of Clinical Psychopharmacology* 29, no. 4 (2009): 378-82. doi:10.1097/JCP.0b013e3181ac935c.

5. Sharifi, Farangis, *et al.* «Comparison of the Effects of Matricaria Chamomila (Chamomile) Extract and Mefenamic Acid on the Intensity of Premenstrual Syndrome». *Complementary Therapies in Clinical Practice* 20, no. 1 (2014): 81-88. doi:10.1016/j.ctcp.2013.09.002.

6. Dos Reis, Paula Elaine Diniz, *et al.* «Clinical Application of Chamomilla Recutita in Phlebitis: Dose Response Curve Study». *Revista Latino-Americana de Enfermagem* 19, no. 1 (2011): 03-10. doi:10.1590/S0104-11692011000100002.

7. Charousaei, F., A. Dabirian y F. Mojab. «Using Chamomile Solution or a 1% Topical Hydrocortisone Ointment in the Management of Peristomal Skin Lesions in Colostomy Patients: Results of a Controlled Clinical Study». *Ostomy/Wound Management* 57, no. 5 (2011): 28-36.

8. Batista, Ana Luzia Araújo, *et al.* «Clinical Efficacy Analysis of the Mouth Rinsing with Pomegranate and Chamomile Plant Extracts in the Gingival Bleeding Reduction». *Complementary Therapies in Clinical Practice* 20, no. 1 (2014): 93-98. doi:10.1016/j.ctcp.2013.08.002.

9. Becker, B., U. Kuhn y B. Hardewig-Budny. «Double-Blind, Randomized Evaluation of Clinical Efficacy and Tolerability of an Apple Pectin-Chamomile Extract in Children with Unspecific Diarrhea». *Arzneimittel-Forschung* 56, no. 6 (2005): 387-93.

10. Kuhn, Merrily A., y David Winston. *Winston & Kuhn's Herbal Therapy & Supplements: A Scientific & Traditional Approach.* 2.ª ed. (Filadelfia: Lippincott Williams & Wilkins, 2008).

Capítulo 32: Ashwagandha

1. Cooley, Kieran, *et al.* «Naturopathic Care for Anxiety: A Randomized Controlled Trial ISRCTN78958974». *PLoS One* 4, no. 8 (2009):e6628. doi:10.1371/journal.pone.0006628.

2. Biswal, Biswa Mohan, *et al.* «Effect of Withania Somnifera (Ashwagandha) on the Development of Chemotherapy-Induced Fatigue and Quality of Life in Breast Cancer Patients». *Integrative Cancer Therapies* 12, no. 4 (julio de 2013): 312-22. doi:10.1177/1534735412464551.

3. Gannon, Jessica M., Paige E. Forrest y K. N. Roy Chengappa. «Subtle Changes in Thyroid Indices during a Placebo-Controlled Study of an Extract of Withania Somnifera in Persons with Bipolar Disorder». *Journal of Ayurveda and Integrative Medicine* 5, no. 4 (diciembre de 2014): 241-45. doi:10.4103/0975-9476.146566.

4. Ahmad, Mohammad Kaleem, *et al.* «Withania Somnifera Improves Semen Quality by Regulating Reproductive Hormone Levels and Oxidative Stress in Seminal Plasma of Infertile Males». *Fertility and Sterility* 94, no. 3 (agosto de 2010): 989-96. doi:10.1016/j.fertnstert.2009.04.046.

5. Gupta, Ashish, *et al.* «Efficacy of Withania Somnifera on Seminal Plasma Metabolites of Infertile Males: A Proton NMR Study at 800 MHz». *Journal of Ethnopharmacology* 149, no. 1 (26 de agosto de 2013): 208-14. doi:10.1016/j.jep.2013.06.024.

6. Dongre, Swati, Deepak Langade y Sauvik Bhattacharyya. «Efficacy and Safety of Ashwagandha (Withania Somnifera) Root Extract in Improving Sexual Function in Women: A Pilot Study». *BioMed Research International* 2015 (2015). doi:10.1155/2015/284154.

7. Pingali, Usharani, Raveendranadh Pilli y Nishat Fatima. «Effect of Standardized Aqueous Extract of Withania Somnifera on Tests of Cognitive and Psychomotor Performance in Healthy Human Participants». *Pharmacognosy Research* 6, no. 1 (enero de 2014): 12-18. doi:10.4103/0974-8490.122912.

8. Chengappa, K. N. Roy, *et al.* «Randomized Placebo-Controlled Adjunctive Study of an Extract of Withania Somnifera for Cognitive Dysfunction in Bipolar Disorder». *Journal of Clinical Psychiatry* 74, no. 11 (noviembre de 2013): 1076-83. doi:10.4088/JCP.13m08413.

9. Mikolai, Jeremy, *et al.* «In Vivo Effects of Ashwagandha (Withania Somnifera) Extract on the Activation of Lymphocytes». *Journal of Alternative and Complementary Medicine* 15, no. 4 (abril de 2009): 423-30. doi:10.1089/acm.2008.0215.

10. Yance, Donald R. *Adaptogens in Medical Herbalism: Elite Herbs and Natural Compounds for Mastering Stress, Aging, and Chronic Disease* (Rochester, VT: Inner Traditions/Bear, 2013).

11. Khalsa, Karta Purkh Singh, y Michael Tierra. *The Way of Ayurvedic Herbs*.

12. Andallu, B., y B. Radhika. «Hypoglycemic, Diuretic and Hypocholesterolemic Effect of Winter Cherry (Withania Somnifera, Dunal) Root». *Indian Journal of Experimental Biology* 38, no. 6 (junio de 2000): 607-609.

13. Upton, Roy, y Petrone, Cathirose, eds. *Ashwagandha Root: Withania Somnifera—Analytical, Quality Control, and Therapeutic Monograph*. American Herbal Pharmacopoeia and Therapeutic Compendium (Scotts Valley, CA: American Herbal Pharmacopoeia, 2000).

14. Ibíd.

15. Yance, Donald R. *Adaptogens in Medical Herbalism: Elite Herbs and Natural Compounds for Mastering Stress, Aging, and Chronic Disease* (Rochester, VT: Inner Traditions/Bear, 2013).

Capítulo 33: Astrágalo

1. Bergner, Paul. *Healing Power of Echinacea and Goldenseal and Other Immune System Herbs*. Healing Power Series (Roseville, CA: Prima Lifestyles, 1997).

2. Weng, X. S. «[Treatment of Leucopenia with Pure Astragalus Preparation-An Analysis of 115 Leucopenic Cases]». *Zhongguo Zhong Xi Yi Jie He Za Zhi [Chinese Journal of Integrated Traditional and Western Medicine]* 15, no. 8 (agosto de 1995): 462-64.

3. Zwickey, Heather, *et al.* «The Effect of Echinacea Purpurea, Astragalus Membranaceus and Glycyrrhiza Glabra on CD25 Expression in Humans: A Pilot Study». *Phytotherapy Research* 21, no. 11 (noviembre de 2007): 1109-12. doi:10.1002/ptr.2207.

4. Poon, P. M. K., *et al.* «Immunomodulatory Effects of a Traditional Chinese Medicine with Potential Antiviral Activity: A Self-Control Study». *American Journal of Chinese Medicine* 34, no. 1 (2006):13-21. doi:10.1142/S0192415X0600359X.

5. Lau, T. F., *et al.* «Using Herbal Medicine as a Means of Prevention Experience during the SARS Crisis». *American Journal of Chinese Medicine* 33, no. 3 (2005): 345-56. doi:10.1142/S0192415X05002965.

6. Duan, Ping, y Zai-mo Wang. «[Clinical Study on Effect of Astragalus in Efficacy Enhancing and Toxicity Reducing of Chemotherapy in Patients of Malignant Tumor]». *Zhongguo Zhong Xi Yi Jie He Za Zhi [Chinese Journal of Integrated Traditional and Western Medicine]* 22, no. 7 (julio de 2002): 515-17.

7. Chen, Kung-Tung, *et al.* «Reducing Fatigue of Athletes Following Oral Administration of Huangqi Jianzhong Tang». *Acta Pharmacologica Sinica* 23, no. 8 (agosto de 2002): 757-61.

8. Zhou, Z. L., P. Yu, y D. Lin. «[Study on effect of Astragalus injection in treating congestive heart failure]». *Zhongguo Zhong Xi Yi Jie He Za Zhi [Chinese Journal of Integrated Traditional and Western Medicine]* 21, no. 10 (2001): 747-49.

9. Zhang, Jin-guo, *et al.* «[Effect of Astragalus Injection on Plasma Levels of Apoptosis-Related Factors in Aged Patients with Chronic Heart Failure]». *Chinese Journal of Integrative Medicine* 11, no. 3 (2005): 187-90.

10. Li, Shen, *et al.* «[Therapeutic Effect of Astragalus and Angelica Mixture on the Renal Function and TCM Syndrome Factors in Treating Stage 3 and 4 Chronic Kidney Disease Patients]». *Zhongguo Zhong Xi Yi Jie He Za Zhi [Chinese Journal of Integrated Traditional and Western Medicine]* 34, no. 7 (2014): 780-85.

ÍNDICE TEMÁTICO

Los números en *cursiva* indican recetas; los números en **negrita** indican resúmenes de datos sobre una planta (energética, propiedades, usos, formas de preparación, etc.); los paréntesis indican referencias no contiguas sobre el tema.

AGRADECIMIENTOS

Ahora que he escrito mi primer libro soy más consciente que nunca de que, aunque en la cubierta aparezca el nombre del autor, para elaborar un libro hacen falta un montón de personas.

Me siento increíblemente afortunada por haber conocido a John y Kimberly Gallagher al principio de mi aventura herbal. Desde el primer momento creyeron en mí y me proporcionaron una salida para seguir aprendiendo y creciendo. Sin su constante apoyo a lo largo de todos estos años, este libro no habría llegado a tus manos. Del mismo modo, la comunidad de LearningHerbs y HerbMentor ha conseguido que me siguiera sintiendo inspirada para crear nuevas recetas y nuevas formas de enseñar. Una parte fundamental de mi propio crecimiento y aprendizaje ha tenido lugar junto a esta comunidad popular de herboristas. Mi agradecimiento a Debbie, Althea, Jan y Savannah por su ayuda no visible en LearningHerbs.

He podido escribir este libro porque he tenido el honor y el privilegio de estudiar con muchos maestros herbales muy sabios, incluidos, por orden de aparición, Karen Sherwood, Michael y Lesley Tierra, Paul Bergner, Karta Purkh Singh Khalsa, jim mcdonald y el P.H. Group.

Ha sido un inmenso honor que Rosemary Gladstar accediera a escribir el prólogo, porque con sus muchas e importantes contribuciones al mundo herbal constituye una gran fuente de inspiración para mí.

He tenido la fortuna de asistir a conferencias herbales y de aprender de muchos herboristas de gran talento como 7Song, Rebecca Altman, Juliet Blankespoor, Robin Rose Bennett, Kristine Brown, Larken Bunce, Chanchal Cabrera, Todd Caldecott, Bevin Clare, Amanda McQuade Crawford, Sean Donahue, Cascade Anderson Geller, Kiva Rose Hardin, Christopher Hobbs, Phyllis Hogan, Phyllis D. Light, Guido Masé, Sajah Popham, Anna Rosa Robertsdottir, Robert Rogers, Christa Sinadinos, Cathy Skipper, John Slattery, Dr. Kevin Spelman, Susun Weed, David Winston, Matthew Wood y Ben Zappin. Muchas gracias a todos.

Para mí ha sido una gran suerte trabajar con Hay House. Mi agradecimiento a su presidente, Reid Tracy, por creer en este libro y por apostar por una autora novel. Doy las gracias también a mi editora, Nicolette Salamanca Young, que fue quien dio forma a este libro con sus habilidades organizativas y editoriales. La cubierta del libro me enamoró en cuanto la vi y quiero mostrar mi agradecimiento a Tricia Briedenthal y al equipo de diseño de Hay House por habérseles ocurrido esa idea. Y también quiero dar las gracias a Jan Bosman por su ayuda con el diseño.

Al principio trabajé con Tracy Teel, de Finesse Writing and Publishing, que me ayudó a crear la organización general y contribuyó a dar coherencia al libro. En esas primeras etapas, Kurt Koenings fue fundamental para ayudarme a enmarcar conceptos clave para darles mayor claridad.

Escribir un libro no siempre resulta fácil. Doy las gracias a mi *coach*, Lexi Koch, por sus sabias palabras y por ayudarme a transformar el estancamiento y el miedo en flujo y gratitud.

Una parte importante de este libro fue la investigación y la búsqueda de muchos estudios científicos. Mi agradecimiento a Emer McKenna por recopilar muchos de estos estudios científicos y también a Stephany Hoffelt, que dio forma a mis notas bibliográficas con gran maestría.

Otra faceta de este libro fueron las recetas. Mi gratitud más profunda para Valorie Paul, que asumió la inmensa tarea de organizar y orquestar a los probadores voluntarios (me ayudó también a encontrar muchas de las citas). Mi agradecimiento más sincero a todas las personas que con gran generosidad se ofrecieron como voluntarias para probar las recetas porque sus comentarios mejoraron enormemente muchas de ellas: Amber Tapley, Amy Marquardt, Amy Tompkins, Barbara Elder, Barbara Schmidt, Calla Harris, Cary & Anna Hayes, Cathy Izzi, Cathy Sciglibaglio, Charmaine Koehler-Lodge, Christeena Braucht, Christina Chencharik, Chris Durham, Christine Borosh, Cindy Aragon, Cora Anderson, Deb Soper, Deborah Kravig, Delinda Tonelotti, Dianne Brenner, Dianne Willett, Elaine Pollard, Emiko Luisi, Gabriela Rios, Gary Fisher, Gretchen Beaubier, Heather Davis, Ilka Mendoza, Jennifer Stanek, Jennifer Warnick, Jodi Howells, Kara Hughes, Karen Garcia, Karen Mezzano, Karen Vandergrift, Kate Briggs, Kathleen Payne, Keisha Forbes, Kelley Estes, Keri Mae Lamar, Kim Reid, Kimberly Padgett-Shaw, Kristina Cool, Krystal Beers, Laura Cole, Laurel Beck, Lauren Henderson, Laurie Murray, Leanne Holcomb, Lesa Wischmeyer, Lora Bonicelli, Lynne Lacroix, Mary Anne Leary, Mary Souder, Morgan Mays, Pamela Roberts, Rebecca Ingalls, Renée Otte, Shelly Langton, Sofia Gonzales, Tamara White, Tanya Thampi Sen, Vanessa Nixon Klein, Victoria Sandz, Wendy Chu y Wendy Joubert.

Uno de los aspectos más difíciles de este libro fue tener que hacer yo misma muchas fotografías, pero por suerte conté con una gran ayuda. Gracias a Matt Burke por darme lecciones de fotografía de alimentos (y, por si fuera poco, estando de vacaciones) y por editar muchas de las fotos... ¡dos veces! Gracias a Matt Burke y a Larken Bunce por dejarme utilizar sus bellas fotografías. Y gracias también a Sol Gutiérrez por las fotos que hizo de mí y por las tomas divertidas de plantas que ha hecho en estos años.

Muchas gracias a Rebecca Altman, Christophe Bernard, Dan Donohue y Emily Han por darme recetas. Es un honor teneros a cada uno de vosotros representados en este libro. Además, quiero agradecer a Emily Han sus buenos consejos acerca de cómo escribir un libro y acerca de los probadores de recetas. Y mi gratitud profunda a Rebecca Altman, que, durante el tiempo en que estuve escribiendo el libro, me alegró a menudo con su amistad, sus risas y su apoyo. Mi agradecimiento de corazón también para Stephanie Manteufel Beasley por nuestras largas conversaciones y por creer en mí hasta tal punto que ya había reservado diez ejemplares del libro... ¡antes incluso de que estuviera acabado!

Kari Bown, Ed Welch, Leslie Channing, Kosma Channing, Teague Channing, Anne LeFevre y Ellen Brand, sabiéndolo o sin saberlo, cultivaron muchas de las plantas que aparecen en este libro para que yo pudiera fotografiarlas. Me gusta muchísimo poder contar con unos granjeros tan centrados en el corazón y tan trabajadores.

Hay en mi corazón un lugar muy especial para el equipo de Myer Creek y todo el amor y el apoyo (y las grandes comidas) que me aportan. Gracias especialmente a Susie por compartir conmigo su sabiduría y la miel de sus abejas. Escribir suele resultar más fácil con música, así que quiero expresar mi gratitud a Tori Amos y a Ani DiFranco por ser la banda sonora de este libro (y de mi vida).

Gracias a mi padre por el apoyo incondicional que ha ofrecido siempre a los senderos poco habituales que sigue mi vida y por enseñarme que las mejores comidas provienen de los mejores ingredientes.

Parte del apoyo que recibo ya no está visible pero sigue sintiéndose. En memoria de mi madre, de mi Papa Jack, de Jay, de Patrick y de Cole.

Y por último, mi agradecimiento más profundo a Xavier, mi marido y mi mejor amigo. Él ha hecho posible este libro en muchos aspectos logísticos porque ha sido una caja de resonancia, me ha ofrecido sus consejos y ha preparado muchas comidas. Pero, por encima de todo, me inspira a vivir de la mejor forma que puedo; aparece cada día con su presencia y su amor para hacerme sentir la mujer más afortunada de la tierra.

ACERCA DE LA AUTORA

A **Rosalee de la Forêt** le apasiona ayudar a la gente a descubrir el mundo de la her-bología y la salud natural. Es herborista certificada en la American Herbalist Guild y directora educativa de LearningHerbs. Es también la autora de los cursos por internet *The Taste of Herbs, Herbal Cold Care, and Apothecary: The Alchemy of Herbs Video Companion.* Cuando no está inmersa en las hierbas, puedes encontrarla haciendo fotografías de la naturaleza, navegando en kayak con su marido o acurrucada en una hamaca con un buen libro.

En www.HerbsWithRosalee.com y www.LearningHerbs.com encontrarás más artículos y recetas suyos.

Otros títulos de Gaia ediciones

Gaia ediciones

ESPECIAS CURATIVAS

Propiedades y aplicaciones terapéuticas de las 50 especias más saludables

BHARAT B. AGGARWAL Y DEBORA YOST

Los hallazgos de la más reciente investigación bioquímica junto con el saber del ayurveda y de otras medicinas tradicionales.

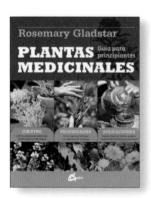

PLANTAS MEDICINALES

Guía para principiantes

ROSEMARY GLADSTAR

Esta guía práctica incluye también fáciles recetas para la elaboración de infusiones reconstituyentes, jarabes y pastillas naturales. Gracias a este libro descubrirás que el uso doméstico de las plantas medicinales resulta efectivo, seguro y económico.

TISANAS

Tés de hierbas para depurar, nutrir y sanar

PAULA GRAINGER Y KAREN SULLIVAN

Los tés y las infusiones de hierbas representan desde hace milenios una excelente alternativa para tratar las más diversas afecciones físicas y emocionales, así como para potenciar la salud y el bienestar a múltiples niveles debido a sus poderosas cualidades medicinales y sus numerosos nutrientes. Esta obra contiene más de 70 recetas de tés y tisanas.

Gaia ediciones

LA CIENCIA DEL AYURVEDA

Guía completa de la medicina india tradicional

ACHARYA BALKRISHNA

La ciencia del Ayurveda describe los fundamentos de esta ancestral medicina india en un lenguaje accesible tanto para quienes buscan introducirse en esta disciplina como para aquellos que desean profundizar en sus enseñanzas.

DIETA CETOGÉNICA, RECETAS DE 30 MINUTOS (O MENOS)

100 recetas de bajo contenido en carbohidratos, fácil de preparar y cocinar en pocos minutos, para mejorar la salud y perder peso

MARTINA SLAJEROVA

La dieta cetogénica se está convirtiendo a pasos agigantados en el plan alimenticio de referencia para mantener una buena salud, revertir enfermedades y lograr el peso ideal.

LA COCINA AUTOINMUNE

Recetas paleo para tratar las enfermedades autoinmunes

MICKEY TRESCOTT

La cocina autoinmune explica detalladamente cómo llegar a la causa raíz de las enfermedades autoinmunes y controlarlas —e incluso revertirlas— mediante el protocolo paleo, gracias al cual la autora consiguió recuperarse de sus dolencias. Para facilitar al lector la incorporación de este nuevo estilo de vida y nutrición, Trescott propone 112 exquisitas recetas paleo que prescinden de los alérgenos más comunes.

Para más información
sobre otros títulos de
GAIA EDICIONES

visita

www.alfaomega.es

Email: alfaomega@alfaomega.es
Tel.: 91 614 53 46